晨曦.

1991.8.3. 收

劃撥得書. 160元.

近代思想圖書館系列
005

寫作的零度
——結構主義文學理論文選

羅蘭・巴爾特◉著
李幼蒸◉譯

ISBN 957-13-0230-9

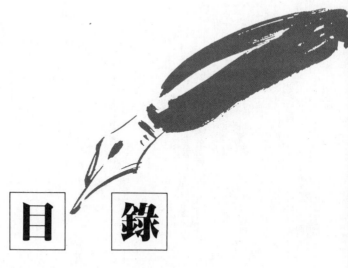

目　錄

《寫作的零度》導讀

李幼蒸（中國北京社會科學院哲學研究所研究員）

　　羅蘭・巴爾特(1915—1980)是當代法國著名文學理論家和批評家，法國結構主義人文思潮的主要代表人物之一。他的文藝理論思想目前在歐美各國有著廣泛的影響。其文學活動涉及理論、批評與創作各個方面。在文學研究方面，巴爾特的工作是布朗肖、巴什拉等現代法國文學批評與理論傳統的繼續；就文學創作來說，巴爾特雖不是詩人、小說家或劇作家，卻是蒙田以來法國隨筆散文傳統的繼承者；此外，他還是法國現代派文學的一位頗具權威性的解釋者。作爲六十年代法國結構主義運動五位主要角色之一的巴爾特（另外四位是文化人類學家列維・斯特勞斯，精神分析學家拉康，思想史哲學家福柯和馬克思學說研究者阿爾杜塞），儘管是法國當代新批評潮流的開創者之一，但他卻秉承了純粹法國的文學思考傳統。因此，我們不妨把他豐富多彩的文學生涯看作是今日法國文學精神新趨向的一個縮影。我迻譯這本選集的目的在於通過巴爾特的幾種代表性作品，使我國讀者了解巴爾特其人及其文學思想的一個概貌，以及了解當代西方文學生命的衰退和面臨的危機。

　　儘管在自然科學的影響下，十九世紀的法國出現過實證主義的科學式文學研究，但一般而言，法國研究者一直欠缺使文學研究系統化的興趣，這一點與毗鄰的德國形成對照。在德國近代文化史上始終存在著從哲學和科學兩種角度對歷史和文學進行系統的、概括的整理的傾向，其結果是，我們看到了各種附屬於哲學的文學美學（從康德、

黑格爾直到現象學派）和今日德國甚爲發達的「文學科學」。的確，沒有任何一位德、法哲學家能像柏格森那樣強烈地影響著現代法國文學家與批評家的思想，但是這種影響，主要表現爲人生觀和哲學觀方面，而不是文學研究的策略方面。法國與英國一樣有著豐富的「文論」傳統，主要表現爲批評散文或隨筆的寫作，這類寫作與文學史著作一起構成了法國文學研究史的主流。

　　二十世紀以來，隨著科學思想方式日益深入人心，歐美各國傳統上那種零敲碎打式的「文論」風格也發生了改變。首先英美兩國的「新批評派」思潮成爲現代最有力的文學反省形態之一，從此「批評」發展爲「理論」，文學研究的系統性、概括性、科學性都明顯增強。在英美「新批評派」崛起的二、三十年內，法國文學批評界並無類似的建樹。一方面存在著學院派的考據式和文學史式的研究，另一方面仍然存在著法國的文論批評，如雷維里、梯包德、杜波等人的隨筆散文。二次大戰後，當薩特的存在主義籠罩著整個法國文化生活時，文學的反省變成了哲學的反省。薩特對法國文學研究的影響正與柏格森的影響類似，這主要是在思想內容方面的影響，文學研究本身性格的變化並不大。

　　二十世紀四十年代，當韋萊克企圖把歐洲大陸的現象學與結構主義文學研究方法同英美「新批評派」和「心理學派」的文學研究方法結合起來時，一門比較全面的文學理論或文學科學的建立似乎已經在望。四十年後的今日來看，韋萊克的名著《文學理論》與其說是成熟的集大成之作，不如說是在文學反省急劇演變歷史上的一次暫時性總結。《文學理論》不是文學思考的結束，而是文學思考的新起點。結果五十年代以來不論在西方哪個國家裡，文學研究的內容和方式都在迅速改變之中，其中尤以法國的情況最爲突出。

　　比較而言，法國的文論家更具有主觀的性格。「文論」往往成爲借

題發揮的手段，批評活動本身成爲批評家「介入」文學（而不只是「觀察」文學）和生活的方式。當結構主義思潮取代了存在主義思潮之後，思想家的興趣似乎從關心和改變社會文化生活轉爲對生活的冷靜、客觀的思考。語言學、社會學、心理學的影響，似乎使結構主義更像是科學式的探討了。毋庸置疑，法國結構主義（包括文學結構主義）具有較強的科學性格，但與此同時它也具有哲學的和非科學的性格，對於文學結構主義思潮來說尤其如此。一般而論，法國文學結構主義是哲學、科學和法國批評傳統的綜合產物；或者說是法國研究者借助於各種知識手段對一些重要文學問題進行綜合性思考的產物。法國結構主義的文學思考既反映了現代西方文學研究的共同成果，又反映了法國特有的文學批評傳統，巴爾特本人的文學活動集中體現了各種文學研究態度與方式的交互作用。

　　西方各國近代文學史的研究，是一種歷史上的綜合研究，其中既包括歷史事件與人物傳記的記敍，又包括各種準科學式的考察。其中屬於科學研究的部分，逐漸分化爲各種專科類型的研究，於是文學史、文學社會學、文學心理學、文學語言學等均應運而生。儘管文學研究科學化的趨勢使文學現象的說明更準確、更富概括力，但人們逐漸認識到，科學式的研究往往是對文學作品的各種外部條件所做的因果式說明，文學作品本身的各種美學特質並不必然因此而使人獲得充分理解。至於韋萊克早年取自茵格頓的文學本體論觀念，仍然也是取自文學以外的哲學領域的，這類哲學式的文學思考，往往會失去許多文學本身固有的東西；同時，文學與人類生活其他方面的各種聯繫，也並不由於科學式文學研究的進步而變得更爲明顯。這種困惑的產生首先是由於文學實體本身的內涵還需作深入探討；其次，文學的理解似乎越來越有待於人類文化全面理解的提高。這大概就是後來文學解釋學廣爲擴展的根源之一。正是由於人們越來越認識到文學研究本身的困

境，才傾向於對文學研究的內界與外界劃出更適當的區分線來。

在各種科學式的文學研究中語言學方法佔據特殊地位，這是由文學與語言的特定關係所決定的。文學就是語言的藝術，語言似乎自然地被劃入文學研究的「內界」了。不論是韻律學、風格學的研究，還是俄國形式主義所說的「文學性」探討，都突出著文學語言本身特點的重要性。結構主義以來的文學語言學研究與古典語言學研究完全不同，後者具有從歷史生活各方面進行外在的文學語言資料考證的性質。而由結構主義語言學發展而來的符號學卻進一步發展了文學語言形式面探討的趨勢。其結果導致了文學研究的重點從內容面轉到了形式面。法國的存在主義文學研究向法國結構主義文學研究的過渡就體現了從內容面向形式面的轉移。文學形式面研究的側重不僅輕忽了傳統的哲學式與歷史學式的文學研究，也輕忽了各種「外在的」文學科學式研究(包括韋萊克的各種研究方式)。結果，客觀的、全面的、系統的科學式文學探討在法國文學發展的新條件下減少了吸引力。

但是我們看到，法國結構主義文學理論，的確表現出了另外一種系統化與精確化傾向，這個新特點反映於今日法國的「新詩學」之中。「新詩學」與文學科學的主要區別在於前者只關注文學形式面的系統考察，後者則兼顧到內容面或以內容面爲主。但是「新詩學」並不等於法國文學結構主義，前者是一種純理論研究，後者則包括了各種其他的批評、描述與分析活動。正是在這種區別中我們看到了托多洛夫與巴爾特的差異。托多洛夫只是研究家，巴爾特首先是「文士」，其次才是研究家。如果我們的「文學理論」含義，大致指那些系統性的、概括性的研究，「文學批評」大致指那些零散的、具體性的考察；那麼可以說，二十世紀的法國文學研究思想始終是在這兩個極端間搖擺，而巴爾特就是這種搖擺運動的突出代表之一。

巴爾特的確是一位當代法國文學理論家，因爲他曾對包括文學在

內的一般文化對象進行過十分系統的考察（如《符號學原理》、《時裝系統》），同時他又對具體文學作品進行過系統性的本文分析（如《S/Z》）。當我們說巴爾特是批評家時，也有幾層意思。首先，他對具體作品（如巴爾札克的《薩拉辛》）、人物（如對《茶花女》中女主人翁的分析）和作家（如拉辛）都作過許多評述。其次，他還對文學以外的其他社會文化現象進行過大量的分析，在此意義上他又被稱作社會文化批評家。巴爾特發表的為數甚多的文學隨筆使他成為法國六十年代以來最負盛名的「批評家」。在巴爾特畢生的文學著述活動中同時表現出這兩種表面上看來有些對立的思考傾向：即系統整理和個別思索。這一對立既是現代科學精神和法國「文論」傳統之間對立的反映，又是當代法國文學思考內在張力的反映。因為對文學本身有豐富經驗和實踐的巴爾特始終認識到，系統化與理論化並非總是適當的，因此他寧肯時時在具體文學本文的「安全島」上休憩與深思，也許這就是巴爾特特有的文學符號學分析產生的緣由之一。

　　巴爾特由於撰寫了大量文筆優美、意蘊深邃的隨筆散文，而成為當之無愧的文學家或「文體學家」。青年時代的巴爾特懷有與馬拉美、紀德和加繆同樣的文學家心靈，他也曾為文學與人生使命這類大問題困擾過。然而他內心紀德式的恬淡很早就勝過了薩特式的熱情。法國現代派文藝的超脫與強烈的分析興趣雕塑出他這樣一位別具一格的文學家形象。同時，對語言本身深度的特殊敏感和銳利的意義剖析能力，又使他成為一種新文學形而上學實體——「寫作」(écriture)論的提出者，從此開闢了文學形式主義研究的新途徑。巴爾特在科學與理論的呼聲越來越強大的時代，堅持表明散文批評有在系統理論之外獨立存在的必要；批評家不同於冷靜的科學分析家，他的身分毋寧是介於詩人、小說家與理論家之間，因此也就是廣義「作家」的一員。在這個問題上，巴爾特既不同於許多純文學理論家，又不同於正統的文學科

學家。他的形式主義文學觀，強調文學研究對象不應是只有歷史學才
能加以處理的「內容」，而是內容的條件，即形式。形式當然是傳達內
容的意義的，但巴爾特認為這個意義是不斷改變的，並不存在科學家
想要找出的那種始終不變的潛在意義。因此文學批評不是科學，科學
研究意義問題，而批評只研究意義的產生方式。巴爾特倡導的文學形
式主義立場在六十年代初曾遭到法國索邦大學學院派權威R. 皮卡爾
的激烈攻擊，結果爆發了 1964 年著名的「批評家論爭事件」。導火線
是拉辛研究方法問題。皮卡爾是法國權威的研究拉辛的專家之一，他
十分討厭巴爾特的形式主義拉辛研究。1965 年皮卡爾更以《新批評還
是新騙術》一書對巴爾特本人進行了人身攻擊，稱新批評「無知」、晦
澀、狂妄、虛偽，同時重申好的批評家應是：博學、清晰、謙虛、真
誠。巴爾特則從更高的角度指出，這場爭論反映了法國批評理論本身
的危機，他強烈批評學院派盲信語義學、心理學、文體學等「科學方
法」的弊病，宣稱一門文學的「元科學」並不成立，認為學院派想一
勞永逸地發現文學本文意義的方法是無效的。這場論戰最終以學院派
敗北而告終。

在文學形式的問題上，巴爾特區別了語言形式與寫作形式。語言
是社會強制性系統，它對作家的規定是否定性的，它同作家在社會與
藝術價值方面的選擇無關。「寫作」則是一種獨立的文化概念，儘管它
具有語言的物質性、社會歷史性與身心方面的特性，但它是超出語言
和心理的，或者說它是各種有關因素的交互作用場，它呈現出各種形
式的特徵。一位作家除了歷史道德的選擇之外，還具有一種寫作形式
或方式方面的選擇。不過，早期受過馬克思主義影響的巴爾特強調，
寫作方式的承諾或選擇不是個人性的或心理性的，它是由經濟與歷史
中各種客觀因素決定的。儘管巴爾特有關寫作方式（或文章形式）的
思想進一步豐富和發展了形式主義的文學研究，但巴爾特主要是一位

「具體的」分析家，而不是理論概述者。巴爾特的寫作理論仍然是以隨筆散文的形式發表的。巴爾特的文學形式主義與其說是某種文學理論的完成，不如說是某種新研究方向的開始。

作爲唯美主義文學家的巴爾特對西方物質主義不滿，他沉浸於寫作不僅是「爲了使自己被人所愛」，同時也是爲了逃脫各種現實苦惱。他曾指出，自己早年寫作與分析的最終目的在於揭示「資產階級價值體系總崩潰的各種象徵表現」。巴爾特早年對薩特、布萊希特、加繆的興趣，表明他本來也具有以作家之筆來干預生活的志趣；然而不久他就像加繆一樣採取了「不介入」態度。馬克思主義對他來說只成了理論分析工具之一。他的寫作於是變成「白色的了」，理論根據不再是內容上的道德原則，而是形式上的「道德原則」。巴爾特想指出當前西方文化與思想的病因，卻無意介入解決之途。這是巴爾特爲自己一生所劃定的界域。值得注意的是，巴爾特的文學態度與選擇，加強了羅伯—格里葉以來各種非現實主義的法國文學創作方向，甚至影響了法國一代人的文藝思想。可以說，巴爾特的美學認識論的相對主義本身就集中地反映了今日西方文藝思想的危機。

這本文選希望把巴爾特這位文學理論家、文學批評家和文化批評家以及符號學家的面貌展現出來。由於巴爾特論著甚爲豐富，本文選只能反映其文學思想的幾個側面，希望這個初步的介紹能引起我國研究者進一步探討的興趣。

1977 年初在法蘭西學院文學符號學講座上所作的這篇著名的《就職講演》，概述了巴爾特自己的基本文學觀點和設想，發表之後引起了正反兩方面的強烈反響。我把這篇演講詞置於本書中，意在讓巴爾特本人直接向讀者談述一下自己的文學思想。

我也選擇了幾篇巴爾特的隨筆散文。關於紀德的一些片斷隨想可

以讓我們了解巴爾特成為理論家之前的基本文學趣味。另外兩篇隨筆散文一短一長，可以介紹一下巴爾特特有的文化分析或批評的寫作風格。最後一篇〈歷史的話語〉是他對歷史學寫作形式結構分析的代表作，本文有助於讀者了解巴爾特的歷史哲學觀。巴爾特大量的隨筆散文今後應當有專門的譯文集加以介紹。

《寫作的零度》這個以語言學術語「零度」標名的著作是巴爾特的第一本書，實際上是一些文章的滙集，算是巴爾特形式主義文學觀的一份綱領性宣言。這時的巴爾特尚未受到語言學的正式洗禮，但他的語言觀已不期而然地接近於索緒爾的語言觀了。許多研究者都指出過，這本書中的主題已包含了他後來加以展開的大部分重要討論，如有關語言結構與寫作方式的關係、歷史與寫作方式的聯繫，思想內容與形式的關係，寫作方式的多重根源，寫作的效力等等。研究者指出，此書的動機之一是企圖間接地回答薩特在幾年前提出的「文學是什麼?」的問題。然而巴爾特這本處理所謂「自由與制約的辯證關係」的書提出了與薩特相反的或補充性的回答。在當時來說，巴爾特的文學形式觀是與流行的存在主義文學觀正相對立的。巴爾特認為薩特對自己的問題只提出了「外部的」回答，他卻要深入到文學內在的核心中去。後來巴爾特曾回憶此書付印前夕他在巴黎街頭獨自漫步時的緊張心情，那時他已意識到這本小書將會給法國文學研究帶來的深遠影響。對於我國讀者，這本書一方面可使我們瞭解，巴爾特是如何通過寫作形式的分析來解剖資產階級文學生命的內在危機的，另一方面也提供了有關文學內容與形式的關係的有用資料。

《符號學原理》最初發表於《通訊》期刊中，後來才發行單行本。這本小書很快使巴爾特贏得了當代文學符號學家的令名。一般來說，巴爾特是符號學概念與方法的應用家，而非純理論家，但是這本書由於論述整齊嚴密，簡潔明瞭，已成為當前西方文學符號學研究的必讀

書和入門書了。由於今日西方符號學派別林立，內容紛繁，巴爾特這部「原理」並不能成爲有關符號學各種理論的全面導論，然而它包含了目前西方文學符號學分析中所用的大部分概念和方法。無論在英美還是在法國，文學符號學都是當代文學理論研究的主要內容之一，因此巴爾特的《符號學原理》對於研究當代西方文學理論來說是必不可少的讀物。

　　最後我們選譯了今日美國和法國兩位著名的女文學理論家評述巴爾特思想的專論。蘇珊·桑塔格是美國著名文學理論家，反解釋論的代表人物之一，她所編選的《巴爾特文選》目前在美國大學裡很流行。《寫作本身：論羅蘭·巴爾特》即是她爲該文撰寫的長篇導言，算是她對巴爾特逝世之後所作的一篇「蓋棺論定」。由於法國文學理論家往往用語抽象，文句晦澀，英美一般讀者習慣於通過英美研究者的解釋來理解法國人的思想。桑塔格這篇文章也寫得比較明白易懂，同時她所側重的是作爲批評家的巴爾特，對於我們很有用處。本選集最後還選譯了當今法國著名文學理論家和符號學家克莉思蒂娃在七十年代初寫的一篇專論〈人怎樣對文學說話〉。當時巴爾特的結構主義思想正在（包括克莉思蒂娃在內的）所謂「後結構主義」影響下開始轉變。克莉思蒂娃這篇長論更能從哲學和文學理論角度闡釋巴爾特的寫作觀，但用語也更抽象難懂一些。兩篇文章配合起來讀，就可從不同方面幫助我們了解巴爾特的文學觀；同時也可展示美、法兩國不同的文學研究風格（對同一人物和同一主題的不同論述態度和方式）。

　　最後談一下本選集中名詞翻譯的問題。六十年代以來由於人文科學領域內跨學科研究傾向和抽象性不斷增加，有關術語名詞漢譯問題較前更爲困難，其中尤以法國的文學理論爲甚。本書的處理與我在其他有關著述中的處理相同，主要依賴同一名詞在不同語境中的普適性，而不是譯名含義的絕對貼切，因爲目前這是很難做到的。原因不僅在

於中西語言本身語義結構的差異性，更主要的在於我們對當代西方人文科學知識的接觸還不夠深廣，現成的漢語名詞還未經過大量的詞義結構的擴大調整。隨著中西文化交流的展開，中西語言詞義對應的程度當會逐漸增加。因此我們希望讀者多從上下文中去領悟一些專有名詞的含義，而不要按漢字通常的詞義幅度來把握它們（如「寫作」這個詞就與漢語中該詞通常的含義很不相同）。本書譯文中的錯誤與不妥之處，敬請讀者不吝指正。本選集中各篇除《歷史的話語》譯出於 1979年外，其他都是今年譯出的。各篇原文出處請見各篇譯注。

1985 年 11 月於北京中國社會科學院哲學研究所

寫作的零度

導　言

　　埃貝爾在開始編寫每一期《杜歇納神父》的時候總要用些「見鬼！」和「媽的！」字眼。這類粗俗字眼並不意指著什麼，但却表示著什麼。爲什麼呢？這是當時整個革命情勢的需要。因此我們看到了這樣一種寫作的例證，其作用不再只是去傳達或表達，而是將一種語言外之物強加予讀者，這種語言外之物旣是歷史的因素又是人們在歷史中所起的作用。

　　世界上並不存在無標記的書寫語言，《杜歇納神父》的分析也同樣適用於文學。文學也能表示某種不同於其內容和其個別化形式的東西，這就是文學自身的界域，正因如此，文學才被人們稱之爲文學。文學中一組記號的表達與思想內容無關，語言也與風格無關，它們都在一切可能的表達方式內，確定著一種定型化語言的孤獨性。書寫記號的這種神聖秩序，使文學呈現爲一種組織體系，並顯然使其進入了歷史的抽象領域，因爲任何界域都有待於一種永恆觀念才能形成。但正是在歷史被排斥之處，文學的表現才最爲明顯。因此有可能探索一種文學語言的歷史，這旣不是語言的歷史，也不是風格的歷史，而只是文學記號的歷史。我們可以推測，這樣一種形式的歷史十分淸晰地表現出了同深層歷史的聯繫。

　　當然，這種聯繫的形式會隨歷史本身而改變。沒有必要依賴一種直接決定論去理解寫作的歷史。這種功能性的特點使事件、情境和觀

＊譯自《寫作的零度》，法文版，1972 年，色伊出版社，巴黎。

念沿著歷史的時間流動，在這裡它所提出的與其說是效果，不如說是一種選擇的界限。於是對作家來說，歷史像是在若干種語言倫理中的一種必要選擇的降臨。歷史迫使作家按照他無法掌握的諸可能因素來意指文學。例如我們看到，資產階級意識形態的統一性產生了一種獨特的寫作，而且在資產階級的（也就是古典的和浪漫主義的）時代，形式不可能分裂，因為人的意識尚未分裂。反之，當作家不再是一種不幸意識的普遍性證明時（大約在 1850 年左右），他的最初姿態就是去選擇其形式的因素，或者是繼承或者是拒絕其過去時代的寫作。因此古典時代的寫作破裂了，從福樓拜到我們時代，整個文學都變成了一種語言的問題。

此時文學（這個詞不久以前才產生）被明確地看成一種對象。古典藝術不可能被理解作一種語言，它就是語言，即透明性、無沉積的流通性，以及一種普遍精神和一種無厚質、無職責的裝飾性記號在觀念上的滙聚。這種語言的界域是社會性的，而非天然的。我們知道，大約在十八世紀末，這種語言的透明性遇到了麻煩。文學形式發展了一種獨立於其機制和其和諧性的第二性能，它使人入迷、困惑、陶醉，它有了一種「重量」。人們不再把文學看成一種具有特殊社會性的流通方式，而看作一種自身一致、深刻和充滿隱密的語言；它既被看作夢一樣的東西又被看作威脅性的表現。

結果，文學的形式自此以後就可激發那些和一切對象內部相聯繫的存在性的情感，如異常感、熟悉性、厭惡、滿足、慣習和謀殺。因此，百年以來，一切寫作都是對這種「形式──對象」加以控制或排斥的運作，對於這種「形式──對象」，作家在前進的道路上必然與其交遇，他必須正視、面對或接受它；他絕不可能將其破壞而不同時使作為作家的本人毀滅。形式在目光之前搖晃，成為了一個對象。雖然人們掌握形式，但它仍然是爭議的話題；儘管它多彩多姿，卻似乎已

經過了時；雖然是「無政府」式的，但也是非社會性的；對於不同的時代和個人來說，它總是特殊的，無論表現方式如何，它總是孤獨的。

　　整個十九世紀中，這種戲劇性的聚結現象取得了進展。對夏多布里昂而言，它還只是一種微弱的沉積，一種輕微的語言欣快感，一種自戀現象，在其中寫作幾乎與其工具性功能分離，它僅只被看成是其本身。福樓拜（在這裡只指出這一過程的一些典型因素）根據一種勞動價值觀的出現，明確地使文學成為對象，使形式成為一種「製作」的項目，猶如一件陶器或一件珠寶一樣（應當說，製作即「所指」，它首先被表現為圖景對象，被強加於讀者）。最後，馬拉美通過一切客觀化的最終行為，即謀殺（meurtre），完成了「文學對象」的構造。我們知道，馬拉美的全部努力都針對著語言的破壞，因此文學在某種意義上變成了僵屍。

　　思想似乎在一片虛空中愉快地升起於裝飾性字詞之上，於是寫作從這片虛空出發，越過了整個逐漸凝固的狀態：首先是一種目光的對象，然後是一種勞作的對象，最終是一種「謀殺」的對象，今日它達到了其最後的變體──「不在」。在我們於本書中稱作「寫作的零度」的中性寫作中，不難發現一種否定的運動和在時延過程中無力將其完成的狀況，似乎文學在一個世紀以後越來越在一種無傳統的形式中改變其外表，除了在一切記號的不在中之外再也看不到純粹性了，於是文學最終完成了俄耳菲的如下夢想：一位無需文學的作家。這就是白色的文學，加繆的文學，布朗肖的文學或凱洛爾的文學，或奎諾的口頭語言寫作；這也就是一種寫作情熱的最後殘餘，它一步步地追隨著資產階級意識的解體。

　　我們在本書中企圖對寫作和歷史的這種聯繫加以描述，這就是肯定一種形式性現實的存在，它獨立於語言和風格，也就是企圖指出，形式的這個第三維面（並非不附加一種悲劇性地），使作家與其社會產

生了聯繫。最後還要說明，任何文學都具有一種語言的倫理。本書使用材料的有限性（其中有幾部分曾發表於 1947 年和 1950 年的《戰鬥》雜誌上）足以表明，它僅只是一部可能的寫作史的導論而已。

第一部分
(一)什麼是寫作

　　我們知道，語言結構是某一時代一切作家共同遵從的一套規定和習慣。這就是說，語言結構像是一種「自然」，它全面貫穿於作家的言語表達之中，然而却並不賦予後者以任何形式，甚至也不包含形式。語言結構像是一種抽象的真實領域，只是在它之外個別性語言的厚質才開始沉澱下來。語言結構含括著全部文學創作，差不多就像天空、大地、天地交接線為人類構成了一個熟悉的生態環境一樣。與其說它像是一種材料的儲存所，不如說像是一條地平線，也就是，既是一個界限又是一塊棲止地，簡言之，某種機構中的可靠地段。作家實際上不從它汲取任何東西，對他來說，語言結構相當於一界限，越過了這條界限或許就進入了語言的一個超自然領域。語言結構是一種行為的場所，是一種可能性的確定和期待。它不是一種社會性承諾的場所，而只是一種無選擇餘地的反射，是人類的而非作家的共同性質。它存在於文學禮俗之外，它是按其本性而非按照選擇而成為社會性對象的。沒有任何作家可以自自然然地將其自由插入語言結構的濃厚介質之中去，因為穿過語言結構的乃是整個歷史，其完整性和統一性猶如自然本身。因此對作家來說，語言結構僅只是一種人類的地平線，它從遠處建立了某種熟悉性(familiarité)，而且其性質是否定性的。當我們說

加繆和奎諾說著同一種語言時，只是按照一種不同的程序去假定，他們都不說古代的或未來派的語言。作家的語言搖擺在廢棄的形式與未知的形式之間，與其說它是一種基礎，不如說是一種極限；它是作家不可能說出來而不像俄爾菲回頭時那樣失去其活動穩定意義和其社會性基本姿態的全部幾何場。

因此，語言結構在文學以內，而風格則幾乎在文學以外。形象、敍述方式、辭彙都是從作家的身體和經歷中產生的，並逐漸成爲其藝術規律的組成部分。於是在風格的名義下形成了一種自足性的語言，它只侵入作者個人的和隱私的神話學中，浸入這樣一種言語的形而上學中，在這裡形成著語言與事物的最初對偶關係，在這裡一勞永逸地形成著其生存中重要的語言主題。風格不管多麼精緻，它總含有某種粗糙的東西，它是一種無目標的形式，是一種衝動性的而非一種意圖性的產物；它很像是思想的垂直的和單一的維面。風格的所指物存在於一種生物學或一種個人經歷的水平上，而不是存在於歷史的水平上，它是作家的「事物」、光彩和牢房；它是他的孤獨自我。風格和社會無涉，却向社會顯現，它是一種個人的、封閉的過程，絕非進行選擇和對文學進行反省的結果。它是文學慣習的私人性部分，產生於作家神秘的內心深處，却伸延到他的控制之外。它是一個未知而又隱密的、本能的裝飾性聲音；它就像是在某種花蕾生長過程中按必然規律起著作用似的，風格僅僅是一種盲目的和固執的變化的結果，一個從本能與世界交界處滋生的「亞語言」的部分。風格其實是一種發生學的現象，是一種性情的蛻變。因此風格的泛音迴盪於深處；而言語却有一個水平的結構，它的奧秘和字詞存在於同一水平上，言語所隱藏的東西爲言語流的綿延本身所揭示。在言語中一切都被呈現，都注定要立即加以耗用，而語詞、沉默的間隙以及二者的運動都被拋入一種廢棄的意義之中，後者則是一種不落痕跡，從不遲誤的轉換過程。反之，

風格只有一個垂直面，它浸入個人的封閉的回憶之中，它從某種對事物的經驗中積成了它的密度。風格永遠只是隱喻，即作者的文學意向和軀體結構之間的一種等階關係(應當記住，結構是一種時延的沉積)於是風格就永遠是一種秘密了，但是它的所指物的沉默部分不具有語言的運動的和不斷遷延的性質。它的秘密是一種閉鎖於作家軀體內的記憶。風格的暗示性功效並非像在言語中似的是一種速度現象，在言語中未說出的部分仍然屬於語言內的間隙部分；風格的暗示性功效却是一種密度現象，因爲在風格之下牢固存在的、在其修詞法內直接和間接聚集著的東西，是絕對屬於語言之外的現實的。這種蛻變的奇蹟使風格成爲一種超文學的作用，它把人們帶到了力量和魔術之前。按其生物學的起源來說，風格位於藝術之外，即位於把作家和社會聯繫在一起的那種契約關係之外。於是我們可以想像那樣一些作者，他們喜愛藝術的安全性甚於風格的孤獨性。紀德就屬於那種無風格的作家之列，他以自己的技巧方式探討了從某種古典精神氣質中引發的現代性愉悅，正像聖‧桑按照巴哈的音樂或普朗克按照舒伯特的音樂所進行的再創造一樣。與此相反，現代詩歌（如雨果、倫姆堡或沙爾的詩歌）是飽含著風格的，它只是由於一種詩歌創作的意圖才成爲藝術的。正是風格的威權作用，即語言和其在軀體內對應物之間絕對自由的聯繫支配著作家，有如一種新穎之因素加於歷史傳統之上。

因此，語言結構的水平性與風格的垂直性爲作家描繪出一種天性，因爲他並不偏選任何一方。語言結構起著一種否定性作用，即作爲可能性的最初限制，而風格則是一種必然性，它使作家的性情同其語言結合了起來。在語言結構中他發現了歷史的熟悉性，在風格中則發現了本人經歷的熟悉性。在兩種情況下都同一種天性，即同一種熟悉的姿態有關，在其中耗費的能量只表現在運用程序方面，它有時被用於

列舉，有時被用於轉換，但從不會表示一種選擇。

　　但是一切形式也都是一種價值，所以在語言結構和風格之間存在著表示另一個形式性現實的地盤，這就是寫作。在任何文學形式中都涉及有關格調、氣質等因素的一般選擇，如果我們可以這樣說的話，正是在這裡，作家才明顯地將其個性顯示出來，因爲他正是在這裡介入文學的。語言結構和風格是先於一切語言問題的現象，語言結構和風格是時代和生物性個人的自然產物。但是作家稟賦的形式同一性，只有在語法規範和風格穩恆因素的確立之外才能真正形成，在那裡寫作的連續流被聚集起來，並首先在非常純粹的語言學性質之內被封閉起來，然後進而變爲一套完整的記號，一種人的行爲的選擇，以及對某種善的肯定，由此而使作家介入一種幸福或不幸的表現和交流之中，並使其言語的既正常又特殊的形式和他者的廣泛的歷史聯繫起來。語言結構與風格都是盲目的力量，寫作則是一種歷史性的協同行爲。語言結構與風格都是對象，寫作則是一種功能；寫作是存於創造性與社會之間的那種關係；寫作是被其社會性目標所轉變了的文學語言，它是束縛於人的意圖中的形式，從而也是與歷史的重大危機聯繫在一起的形式。例如，梅里美和菲涅龍兩人被語言結構現象和風格的偶然特點所分離，然而他們都運用著一種具有相同意圖性的語言：他們都表示相同的形式與內容的觀念，都接受相同的規約秩序，都是相同的技術性反應的發生場所。雖然他們相距一個半世紀之遙，卻以相同的姿態運用著同一種工具，當然在表面上多少會有所不同，但在運用的方式和場合方面彼此根本沒有差別。一句話，他們都有同樣的寫作方式。與此相反，在梅里美和勞特雷蒙，馬拉美和塞林，紀德和奎諾，克勞戴爾和加繆這些一對對幾乎同時代的人之間，儘管他們運用著相同歷史階段的語言結構，卻彼此有著根本不同的寫作方式。他們在以下各種因素之間簡直格格不入：格調、敍述方式、目的、寓意、言語的自

然性等等，結果共同的時代和語言結構反而無關緊要，因爲他們彼此的寫作方式如此對立，並以這種對立本身作爲區分彼此的明確根據。

這些寫作雖然彼此不同，但卻可以比較，因爲它們都是一種相同運動的產物，這個運動就是作家對其形式的社會性慣用法和對他所承擔的選擇的思考。於是寫作被置於僅在它之後才產生的文學問題的中心，從本質上說它成了形式的倫理，它是社會性場所(aire sociale)的選擇，作家就是在這個場所內來決定如何確立他的語言的「自然」的。但是這個社會性場所絕不是一個實際消費的場所。問題並不在於由作家去選擇他爲其寫作的社會集團，他很清楚，除了發生革命以外，寫作永遠只可能是針對同一個社會的。他的選擇是一種意識的選擇，而不是功效的選擇。他的寫作是思考文學的一種方式，而不是擴展文學的一種方式。或者可以更明確地說，因爲作家不可能對文學消費的客觀材料做任何改變（這些純歷史性的材料是他所無法控制的，儘管他了解這些材料），所以他才想在言語的根源處，而不是根據其消費狀況來要求一種自由的語言。這樣，寫作就成了一種含混的現實，一方面毫無疑問，它產生於作家和其社會的接觸；另一方面，寫作又通過一種悲劇性的逆轉，使作家從這種社會目的性返回到他創作行爲的工具性根源。歷史未能向他提供一種被自由消費的語言，而是促使他要求一種被自由生產的語言。

因此，一種寫作的選擇以及其責任表示著一種自由，但是這種自由在不同的歷史時期並不具有相同的限制。作家並未被賦予在一種非時間性的文學形式儲存庫中去進行選擇的自由。一位作家的各種可能的寫作是在歷史和傳統的壓力下被確立的；因此存在著一種寫作史。但是這樣一種歷史有其雙重性：當一般歷史提出（或強加）一種新的文學語言問題時，寫作中卻仍然充滿著對其先前慣用法的記憶，因爲語言從來也不是純淨的，字詞具有一種神秘地延伸到新意指環境中去

的第二記憶。寫作正是一種自由和一種記憶之間的妥協物，它就是這種有記憶的自由，即只是在選擇的姿態中才是自由的，而在其延續過程中已經不再是自由的了。今天我當然可以爲自己選擇某一種寫作，並在此姿態中肯定我的自由，希圖獲得一種新穎性或一種傳統。我已不再能夠只在某種延續性中發展寫作而不致逐漸變成他人語言和我自己語言的囚徒。一種來自一切先前寫作以及甚至來自我自己寫作歷史的頑固的沉積，捂蓋住了我的語言的當前聲音。所有的寫作痕跡，像一種最初爲透明、單純和中性的化學成分似地突然顯現，在這種成分中，簡單的延續性逐漸使處於中止態的全部過去和越來越濃密的密碼體系顯現出來。

於是寫作像自由一樣僅只是一種時機(moment)現象。但這個時機是歷史上比較明顯的時機之一，因爲歷史永遠是並首先是一種選擇以及對該選擇的限制。正因爲寫作來自作家的一種有意義的姿態，它才比文學中任何其他方面更顯著地滙入歷史之中。古典寫作的統一性幾個世紀以來未曾改變；現代寫作的多樣性百年以來在文學活動中卻已擴增到無以復加的程度。法文寫作的這種分裂現象明顯地和整個歷史的一種重大危機相伴而生，這一危機在文學本身的歷史中也可看到，只不過表現形式比較混雜而已。區別巴爾札克「思想」和福樓拜「思想」的是同一流派內的差異性，而使他們的寫作彼此對立的則是一種基本的分裂，它正好發生於兩種經濟結構相互連接從而引起心理和意識產生決定性變化之時。

㈡政治式寫作

　　一切寫作都呈現出被言說的語言所沒有的封閉性。寫作絕不是交流的工具，它也不是一條只有語言的意圖性在其上來來去去的敞開大道。穿流過言語的完全是一片混沌，言語因此之故而獲得了勢不可擋的動勢，後者使混沌狀態永遠延續下去。反之，寫作是一種硬化的語言，它獨立自足，從來也未想賦予它自己的延存以一系列變動的近似態，而是通過其記號的統一性和陰影部分，強行表現出一種在被說出以前已被構成的言語形象。使寫作與言語相互對立的原因是，前者永遠顯得是象徵性的、內向性的、顯然發自語言的隱密方面的；而後者僅只是一種空的記號之流，只有其運動才具有意義。一切言語都體現於字詞的這種使用中，體現於永遠向前流溢的泡沫裡，而且言語只存在於語言顯然起著一種吞沒作用之處，這種吞沒作用只捲去了字詞的變動部分。反之，寫作永遠根植於語言之外的地方，它像一粒種子而不像一條直線似地發展，它表現出一種本質和一種隱密力量的威脅，它是一種反交流，它使人們不知所措。因此在一切寫作中我們都發現一種既是語言又是強制性的對象的含混性。在寫作深處具有一種語言之外的「環境」，似乎有一種意圖的目光存在著，它已不再是語言的目光了。這種目光可能是十分明顯地是一種語言的激情，如在文學寫作中表現出來的那樣。也可能是一種懲罰的威脅，像在政治寫作中表現出來的那樣。於是寫作企圖把行為的現實性和目的的理想性結合進單一的性質中去。因此權勢或權勢的陰影永遠導致建立起一種價值學的寫作，在這種寫作中通常把事實與價值區分開來的距離在字詞空間內被取消了，字詞於是既呈現為描述現象，又呈現為判斷現象。字詞變成了一種假托（也就是一種「在別處」和一種藉口）。在文學寫作中是如此，在這裡記號的統一性不斷地被語言內的與語言外的因素所影響，在政治寫作中更是如此，在這裡語言的假托既是一種威脅又是一種頌揚，正是權勢或鬥爭產生出那些最純粹的寫作類型。

　　稍後我們將看到，古典的寫作正正經經地表現出作家是深植於某一個別政治社會中的，而且，如瓦格拉斯所說，首先與權勢的運用聯繫在一起。如果說革命沒有改變這種寫作的規範，這是因為個人思想家歸根結柢始終是同一的，並只是從思想的權勢變為政治的權勢，那麼鬥爭的特殊條件在古典人文偉大形式的內部就產生了一種真正革命式的寫作，但不是由於其變得越來越刻板化的結構本身，而是由於它的閉鎖性和它的雙重性，於是語言的運用就與鮮血橫流聯繫起來了，這種情況在歷史中屢見不鮮。革命者沒有任何理由想去改變古典寫作，他們從來未曾想到去質問人的性質，更少想到去質詢人的語言，從伏爾泰、盧梭或瓦渥納爾格繼承來的「工具」在他們看來是不可加以損害的。構成革命寫作身分的正是歷史情境的這種特殊性。波德萊爾在什麼地方說過：「在生命的重要情境中姿態含有誇張的真實性」。革命就是這樣一種典型的重要情境，在這裡真理由於自己所付出的流血代價而變得如此沉重，以至於它為了表現自己而需要戲劇誇張的形式。革命式寫作就是這類誇張的姿態之一，它本身就足以延續日常生活中的絞架。今日顯得浮誇不實的東西當時卻被看成確確鑿鑿。具有通貨膨脹一切跡象的這種寫作，是一種名副其實的寫作：它的語言不會更難以令人置信了，但也更加不像是虛假之物了。這種誇張不只是以戲劇為模型的形式，它也是對這種形式的一種意識。沒有這種適用於一切大革命家的誇張姿態，革命就不可能成為這樣一種神秘的壯舉，它不僅豐富了歷史而且滋養了一切未來的革命思想。正是這種誇張的姿態使吉倫特派的加代在於聖‧愛米倫宮被逮捕時作了如下並不顯得滑稽的聲明，因為他自知死期已近了。他這樣說：「是的，我就是加代。劊子手，執行主子的命令吧！把我的頭帶給國家的暴君們吧，它將永遠使他們面無人色，砍下的頭會讓他們的面色變得更慘白」。革命的寫作就像是革命傳說的隱得來希，它使人們震怖並強制推行公民的流血

祭禮。

　　馬克思主義寫作完全是另一回事。對這種寫作來說，形式的封閉既非來自一種修辭的誇張，也非來自突出某種敍述方式，而是來自一種像技術辭彙一樣專門的和可發揮功用的辭彙。在這裡甚至連隱喻也是被嚴格編碼的。法國的革命式寫作永遠以流血的權利或一種道德辯護爲基礎；而馬克思主義式寫作從根源上說，表現爲一種知識的語言，它的寫作是單義性的，因爲它注定要維持一種自然的內聚力。正是這種寫作的辭彙身分使它能強加於自身一種說明的穩定性和一種方法的永恆性。只是由於其語言，馬克思主義才與純政治活動聯繫起來。正如法國大革命的寫作是誇張性的一樣，馬克思的寫作是間接斷定性的（litotique），因爲每個字詞只不過是緊緊指示著一組以一種隱晦的方式支托著它的原則。例如在馬克思寫作中常見的「意味著」（impliquer）這個詞並不具有字典裡的中性意義，它始終暗示著一種純歷史的過程，就像是一個代數符號似地表示著置入括號中的一整套以前的假定。

　　馬克思主義式寫作和一種行爲結合起來後，實際上立刻就變成了一種價值語言。在馬克思本人寫作中（但他的寫作一般來說還只是說明性的）已可看到的這一特性徹底浸透了史達林時期的獨斷性寫作。某些形式上相同的概念儘管在中性的辭彙中不用兩個詞來表示，卻被其價值作用加以區分，結果每一個都具有了一個不同的名字。例如，「世界主義」就是（馬克思已使用過的）「國際主義」的否定的名字。在史達林世界中，區分善與惡的定義一直支配著一切語言，沒有任何字詞是不具有價值的，寫作最終具有著縮減某一過程的功能，在命名與判斷之間不再有任何延擱，於是語言的封閉性趨於極端，最終一種價值被表達出來以作爲另一種價值的說明。例如人們將說，某一罪犯從事了有損國家利益的活動，這就等於說，一個罪犯就是一個犯了罪

的人。我們看到，這是一種不折不扣的同語反覆，是史達林式寫作中常用的方法。實際上這種寫作不再著眼於提出一種馬克思主義的事實說明或一種革命的行為理由，而是以其被評判的形式來表達一種事實，這就是強加於讀者一種譴責性的直接讀解。於是「異己分子」這個詞的客觀內容就從屬於刑法領域了。如果兩個異己分子結合在一起，他們就變成了「宗派主義者」，這個詞並不對應著一種客觀上不同的錯誤，而只對應著一種刑罰的加重。我們可以列舉出一種真正馬克思主義（即馬克思和列寧式的）寫作，一種獨斷性的史達林主義式寫作（即人民民主派的寫作）；肯定還有一種托洛茨基式的寫作和一種隨機應變式的寫作，例如法共式的寫作（用「工人階級」一詞先是替換了「人民」一詞，然後又用它替換了「正直的人們」一詞，以及「民主」、「自由」、「和平」這些詞中包含的故意的含混性）。

　　毫無疑問，每一個政權都有自己的寫作，我們還未曾為其撰寫歷史。寫作是言語所體現出來的豐富多彩的形式，由於其可貴的含混性，它既包含著現實的存在又包含著權勢的顯現，也就是既包含著所是者又包含著希望人們相信者。於是一種政治式寫作的歷史就構成了社會現象學的最重要部分。例如，法國王朝復辟時期發展了一種階級式的寫作，由於這種寫作，壓制就直接表現為從古典「自然」中自發湧出的譴責。這樣，請願工人永遠被稱作「傢伙」，破壞罷工者則是「溫良的工人」，法官的奴顏婢膝則成了「法官慈愛的警覺性」（在我們時代，戴高樂派用同樣的方法把共產主義者稱作「分裂主義者」）。我們看到，在這裡寫作起著一種良心的作用，而且它的使命是使事實的根源同其最遙遠的偽裝物虛假地相符，方法是通過論證後者的實在性來為行為辯解。此外，寫作的這種事實為一切專制政權所有，因此我們不妨稱其為警察化的寫作。例如我們知道，「秩序」這個詞永遠包含著壓制性的內容。

　　當政治的和社會的現象伸展入文學意識領域後，就產生了一種介於戰鬥者和作家之間的新型作者，他從前者取得了道義承擔者的理想形象，從後者取得了這樣的認識，即寫出的作品就是一種行動。於是當知識分子取代了「作家」以後，在雜誌和文章中出現了一種完全擺脫了風格的戰鬥式寫作，這種寫作像是一種意指著「現存」(présence)世界的專業語言，眞是多彩多姿。沒有人否認，譬如說，存在有一種《精神》期刊式的寫作或一種《現代》期刊式的寫作。這類思想式寫作的共同特性是，在其中語言不佔據主導地位，而傾向於成爲道義承擔的充分記號。在那些不說一種封閉性言語的人的推動下去採用該封閉性言語，就是去宣布一種選擇的行動本身，如果說不是去支持這種選擇的話。在這種情況下，寫作變得像是寫在一份集體聲明書下角的簽字 (這份聲明並非他自己撰寫的)。於是採取一種寫作 (或者更明確地說，承擔一種寫作)，即爲自己省卻了選擇的一切前提，並把該選擇的理由視作理所當然。因此任何思想式寫作都是「理智飛躍」的第一步。雖然一種理想上自由的語言永遠不能意指我這個人，而且完全忽略了我的歷史和我的自由，我所信任的寫作卻已經儼然成爲一個完整的「機構」(institution)了。它發現了我的過去和我的選擇，它賦予我一種歷史，它顯示了我的處境，它使我從道義上捲入生活而無需我將其說出。因此形式比以前任何時候都更加是一種自足的對象，它企圖要意指一種集體的和被維護的性質；而且這個對象具有一種節約的價值，它起著一種十分經濟的信號作用，由於這種信號，寫作者不斷強行轉換，而又永遠無需追溯轉換的歷史。

　　今日思想式寫作的這種二重性由於如下事實而更形突出，這就是，儘管我們的時代做出了努力，文學並不能完全被取消。它形成了一個永遠神奇莫測的語言地平線。一個知識分子還只是一個改變甚少的作家，而且除非他自行中輟並變成一位不再寫作的永遠的戰鬥者 (某些

人是這樣做的，結果被人們忘卻了)，他就只能重新爲以前的寫作的魅力所吸引，這些寫作是從作爲一種完整而過時的文學中傳繼下來的。因此這些思想式的寫作是不穩定的，只要它們是軟弱無力的就仍然是文學性的，而只有迷戀於道義承擔時才是政治性的。簡言之，問題仍然和倫理式的寫作有關，在這類寫作中寫作者（我們不再敢稱其爲作家）的意識發現了一種集體自救的撫慰人心的形象。

但是在當前歷史時期正如一切政治式寫作只能是去肯定一種警察世界一樣，思想式寫作也只能形成一種「超文學」，後者不再能用自己的名字了。因此這兩種寫作都毫無出路，它們只可能同流合污或變得軟弱無力，也就是說不管怎樣都導致了一種異化。

(三)小說的寫作

小說和歷史在目睹它們取得最大成功的上個世紀中彼此具有緊密的關係。二者之間的深刻聯繫應當使我們既能理解巴爾札克又能理解米歇萊，在這兩個人的作品中都建立了一個自足的世界，每個世界都產生了自己的幅員和界限，並在其中安排了自己的時間、空間、人物以及種種物品和神話。

十九世紀偉大作品的這種球形世界，是通過小說和歷史的長篇敍事作品來表現的，小說和歷史似乎是一個彎曲的和有機的世界的平面投射圖，當時產生的長篇連載體小說以十分複雜曲折的形式呈現了一種被貶低的形象。但是敍事並不一定是一種體裁法則。例如一個時代可以把小說當作文學，而另一個時代又可以把歷史看作一種分析研究。因此，作爲小說和歷史同時具有的這種敍事形式，一般來說仍然是一

種歷史時機的選擇或表達。

　　作爲敍事體標誌的簡單過去時已從法語口語中消失，這種形式永遠標誌著一種藝術現象；它是純文學形式的組成部分，而不再有表現一種時態的作用了。它的功用是使現實歸結爲某一時刻點，並從被體驗和被疊合的時間多樣性中抽象出一種純動詞行爲，這種行爲擺脫了經驗性的存在根源而指向一種與另一種行爲、另一種過程、即世界的一般運動相關的邏輯聯繫。它的目的在於現事實的王國中維持一種等級秩序。動詞由於其簡單過去時態而暗中成爲一個因果鏈的組成部分，它參與了一個互有聯繫的及有方向的行爲組合，其作用像是一種意圖性代數記號。動詞在時間性和因果性之間維持著一種含混性，它引起一種事件的進程(déroulement)，也就是一種敍事的可理解性，因此它是一切世界構造的理想工具，它是有關宇宙演化、神話、歷史和小說的虛構時間。作爲其前提的這個世界是被構造的、被製作的、獨立自足的、被歸結爲直線意指序列的，而不是被拋入的、被展現的或被給予的。在簡單過去時背後永遠隱藏著一個造物主、上帝或敍事者。當人們在敍述一個世界時，它就不是不可說明的，它的每一事件都只是一種狀況，而過去時態正是這樣一種運作性記號，敍事者按照它把現實的迸發歸結爲一個細薄而單純的動詞，沒有濃度、沒有大小、沒有展開，其唯一作用在於盡可能快速地把一種原因和一種目的結合起來。當歷史學家斷言，古斯公爵死於 1588 年 12 月 23 日時，或當小說家敍述說，侯爵夫人在 5 點鐘離開了時，這些行爲都產生於一個無深度的世界，擺脫了生存中的不穩定性，而具有了一種代數的穩定性和圖式，它們是一種回憶，但是一種有用的回憶，這種回憶的興趣比時延本身重要得多。

　　因此，簡單過去時最終就是一種秩序的、因而就是一種欣快感

(euphorie)的表現。由於這種欣快感，現實既不是神秘的，也不是荒謬的，而是明朗的，一清二楚的，它時時刻刻被聚集和保持在一位創造者的手中。它經受著創造者的自由的巧妙壓力。對於所有十九世紀偉大的故事能手來說，世界可能是令人悲傷的，但人們並未拋棄它，因爲世界是一個彼此協調的諸關係的整體，因爲在各書寫事實之間不存在重疊，因爲講述故事的人有力量去拒絕組成故事中各存在物的不可穿透性與孤立性，因爲他能在每一個句子中證實各行爲之間的聯繫和等級關係，最後還因爲，無論如何這些行爲本身可以被歸結爲各個記號。

因而敍事體的過去是純文學的一個安全系統的組成部分。作爲一種秩序的形象，它構成了在作家與社會之間形成的衆多的形式契約(pactes formels)之一，以便證實作家的正確和社會的公正。簡單過去時意指著一種創造性，這就是說它使讀者注意到創造性並將此創造性強加於人。甚至在捲入最暗淡的現實主義時，它也可以使人安心，因爲正由於它之故，動詞可以表示一種完成的、限定的和存在的行爲。故事有一個名字，它逃脫了一種無限的言語的領域；現實因而貧乏化和熟悉化了，它被納入了一種風格，它沒有越出語言；文學仍然只是某一社會的使用價值，它是由一個社會所消費的字詞和意義的形式本身所傳達的。反之，當人們拒絕了故事而選擇其它文學體裁時，或者當在敍事行爲內部簡單過去時被較少裝飾性的、更新鮮、更濃密、更接近言語的形式（如現在時或複合過去時）所取代時，文學就成爲豐富的存在的貯積所，而不再是其意義的貯存所了。和歷史分離了的行爲不再同人物分離。

於是我們了解，小說中的簡單過去時既有用途又令人不能容忍，它是一種明顯的謊言。它描繪了一種似眞性的領域，這種似眞性在它把可能性顯示爲虛假性的時間中揭示了這種可能性。小說和敍事歷史

共同具有的這種目的性使事實離異了，於是簡單過去式成了社會具有其過去和其可能性的行為本身；它建立了一種可信的連續內容，但其虛幻性暴露無疑；它是一種形式辯證法的最終項，既遮掩著有關真理的連續性衣衫的非真實事實，又遮掩著被譴責的謊言的非真實事實。它必須和某種適用於資產階級社會的普遍性神話有關，這個社會的小說是它的特定產物。小說賦予想像物一種真實性的形式保證，但卻在這個記號上留下了一種雙重性對象的含混性，這個對象既是似真的又是虛假的，這是在所有西方藝術中一種始終存在的程序，按照這種程序，虛假等同於真實了。這不是由於認識論或詩意的雙重性，而是因為真實被看作包含有一種普遍性的種子，或者可以說，包含有一種由於簡單的再生作用而能增加具有不同遠近性或虛構性的秩序。正是由於這種方法，本世紀取得勝利的資產階級才能把它本身的價值看作具有普遍性，並將其道德的所有名目推廣到該社會內彼此性質迥異的各個部分上去。這正是神話的機制所在，而且小說以及在小說中的簡單過去時就是神話學的對象，它們在其直接的意圖性之上又添加上另一種教義，或最好說，添加上另一種教育性的厚質，因為問題在於要賦予某些人造物以其本質。為了理解簡單過去時的意義，只要比較一下西方小說藝術和某種中國傳統即可，例如在中國傳統中藝術僅只是對現實的完善模仿。但在這種藝術傳統中絕對不需要有任何記號把自然對象與人工對象分開。例如，不管是一個木製的胡桃還是一個胡桃的形象都無須向我顯示導致這個胡桃形象產生的藝術因素，而這正好是完成小說寫作所必需的，其任務既在於運用面具，又在於將其指點出來。

我們在另一種寫作現象中也可看到簡單過去時的這種含混功能：這就是寫作中的第三人稱。我們或許記得阿加塔·克里斯蒂的一部小

說，在這部小說中一切新穎之處在於通過小說的第一人稱來掩飾謀殺者。讀者試圖在情節中的一切「他」出現的地方追索謀殺者：他隱藏在「我」之中。阿加塔·克里斯蒂清楚地知道，在小說中一般來說「我」是旁觀者，而「他」是演員。爲什麼？因爲「他」是小說的一種慣習形式。正像敍事的時態一樣，它指示著和完成著小說的事實。如果沒有第三人稱就不可能產生小說或存在著摧毀小說的意願。「他」在形式上表示著神話，而且我們剛剛看到，至少在西方沒有任何藝術不顯示它自己的面具。因此第三人稱正像簡單過去時一樣專供小說藝術調遣，並爲其消費者提供一種可信的、虛構的保證，卻又不顯露其虛假性。

「我」較少具有含混性，因此也較少具有小說性，於是它既是最直接的解決，當故事在規約之內時（例如普魯斯特的作品僅只打算成爲文學的一個導論）；又是最完善的解決，當「我」被置於規約之外，並企圖通過賦予敍事一種引起信任的虛假自然性以摧毀這種規約時（某些紀德的小說就具有這種欺人的圈套）。同時，在小說中使用「他」引出了兩種對立的倫理觀，因爲小說的第三人稱表示一種無須爭辯的規約，它既引出那類最刻板的和比較規則性的規約，又引出其他一些規約，它們是最終可據以判斷作品新穎性的規約。無論如何，第三人稱是一種在社會與作者之間的可理解的契約因素；但對後者來說，它也是以作家喜歡的方式去建立世界的最主要手段。因此它不僅是一種文學經驗，也是一種人類行爲，這種行爲使創造性與歷史或與存在發生了聯繫。

例如對巴爾札克來說，多種多樣的「他」所組成的這個廣大的人物網絡，由於他們身體的容積而變得單薄，但卻由於他們行爲的延續性而成爲前後一貫了，這個人物網揭示了這樣一個世界的存在，其歷史才是最重要的資料。巴爾札克的「他」不是由一種變形的和一般化的「我」中產生的東西。它是小說的原始的和粗糙的成分，是創作的

材料而非成果。在巴爾札克小說中，每個第三人稱人物的歷史之前並不存在一種巴爾札克的歷史。巴爾札克的「他」類似於凱撒的「他」，第三人稱在此實現了一種行爲代數學，在其中存在對於人類關係的一種聯繫、一種闡明或一種悲劇只起最少的作用。反之，無論如何就以前來說，小說中「他」的作用可以表現一種存在性經驗。對於許多近代小說家來說，人的歷史和動詞變位的過程混合在一起；「我」仍然是匿名者的最忠實的形式，從「我」開始，作者一人逐漸贏得了第三人稱的權利，而且存在逐漸變成爲命運，獨白則變成爲小說。在這裡「他」的出現並非是歷史的起點，而是這樣一種努力的終結，它能從充滿靈性和運動的個人世界中引出一種純粹的、有意義的、稍後倏忽即逝的形式來，因爲存在著第三人稱的充分合乎規約但不重要的那種裝飾性。讓·凱洛爾最早的小說肯定就是這樣一種典型的過程。但是，雖然在古典小說中（我們可以說，就寫作而言，古典主義一直延續到福樓拜）生物性個人的消失證實了一種基本人性的建立，對於凱洛爾一類小說家而言，「他」的侵入是一種導向對存在性「我」的濃厚陰影的逐步征服；這樣，用其最形式化的記號所確定的小說，就是一種建立了文學行爲的社會性。

摩里斯·布朗肖在談到卡夫卡時指出，非個人性敘事的發展（在談到這個詞時我們注意到，「第三人稱」永遠是作爲某種程度的個人否定性來表達的）是一種忠實於語言本質的行爲，因爲後者自然地趨向於它本身的毀滅。因此我們理解到，就其實現了一種更富文學性和更欠缺存在性的狀態而言，｜他」是對｜我」的勝利。然而這種勝利不斷地受到威脅，「他」的文學性常規必然導致個人性的貧乏化，但又時時刻刻冒著使其經受一種意外的濃密內容的危險。文學很像磷火，在它臨近熄滅時光亮反而最強。但是另一方面，它是一種必然含有延續性的行爲，特別是在小說中，因此沒有文學，最終也不會有小說。於是

小說中的第三人稱是這種產生於上世紀的寫作悲劇學中最固執的記號之一，那時在歷史的壓力下，文學與消費著它的社會處於脫節狀態。在巴爾札克使用的第三人稱和福樓拜使用的第三人稱之間橫陳著一整塊世界（即 1848 年的世界）。在巴爾札克的世界中歷史圖景雖然嚴峻但首尾一致，確確實實，總之，它體現著秩序的勝利；在福樓拜的世界中，一種藝術為了逃避其良心的譴責而增加了規約性或企圖猛烈地將其摧毀。因此現代主義是以對一種不可能的文學的探索為起點的。

　　於是我們看到，在小說中這種寫作手段既是破壞性的又是恢復性的，這是一切現代藝術都具有的特點。要破壞掉的是延續性，即存在物之間的不可言傳的聯繫性。不管是詩的連續體或小說記號中的秩序，還是恐怖事物或似真性中的秩序，它們都是意圖的殺手。但是重新征服作家的仍然是延續性，因為不可能在時間中發展一種否定作用而不提出一種肯定的藝術，一種要重新加以破壞的秩序。因此，現代主義的最偉大作品以一種奇蹟般的姿態盡可能長久地逡巡於文學的門檻邊，滯留於這樣一種提前出現的狀態裡，在其中豐富的生活呈現著，展開著，但還未被一種記號秩序的圓滿完成所破壞。例如在普魯斯特的小說中有第一人稱，他的全部作品都表現出一種緩慢而拖長的朝向文學的努力。讓‧凱洛爾直到獨白體文學的最後時期才願意選擇小說，似乎具有高度含混性的文學行為，只是當它成功地摧毀了直到當時都毫無意義的存在的濃密性時，才表現出一種社會所認可的創造性來。

　　小說是一種死亡，它把生命變成一種命運，把記憶變成一種有用的行為，把延續變成一種有向的和有意義的時間。但是這種轉變過程只有在社會的注視下才能完成。正是社會推出了小說，這個所謂的記號綜合體是被當作超越物和被當作一種延續體的歷史的。於是由於在小說記號啟發下所理解的意圖的明顯性，我們認識了以藝術的全部嚴

肅性把作家和社會聯繫起來的契約關係。小說中的簡單過去時和第三
人稱不是別的，正是這樣一種關鍵性的姿態，作家利用這種姿態揭示
了他所戴的假面具。全部文學可以說："Larvatus Prodeo"，即「我一
面向前走，一面手指自己的假面具」。不管是承擔著最嚴重斷裂的（即
與社會語言的斷裂）的詩人的非人性經驗，或是小說家的可令人相信
的謊言，在這裡眞誠性需要虛假的、甚至明顯虛假的記號，以便能夠
延存和被人們消費；其產物，以及最終這種含混性的根源，就是寫作。
這種專門語言的使用賦予作家一種光榮而又受到監督的作用，這種專
門語言顯示了一種最初看不見的奴性，而這是一切責任所需要的。起
初是自由的寫作，最終成爲把作家和一種歷史連結在一起的鏈索，後
者本身也是被束縛著的。社會給他打上了明確的藝術標記，以便更牢
靠地把他引入他自己的異化之中。

㈣有沒有詩的寫作呢？

在古典時代散文和詩都是量值的表現，二者之間的區別是可以度
量的，它們不多不少正像兩個不同的數，也像數一樣是連續的，彼此
的區別在於它們的數量差別本身。如果我稱散文是一種最小的話語，
是思想的最經濟的手段，而且如果我稱a、b、c等爲語言的特殊屬性，
雖無用但具有裝飾性，如格律、韻脚或慧像規則，那麼一切語言的表
層可用M. 約爾丹的雙等式加以說明：

$$詩 = 散文 + a + b + c$$
$$散文 = 詩 - a - b - c$$

由此顯然可以得出結論說，詩永遠不同於散文。但是這種區別是不重

要的，因為這是量的區別。因此這種區別並不損害語言的統一性，語言的統一性則是古典時期的一個信條。人們按照不同的社會情境來分配不同的說話方式，有時是散文或雄辯術，有時是詩或打油詩，它們都是社會中各種表達方式，但不論在那種情況下只有唯一一種語言，它反映著精神的各種永恆範疇。人們會覺得古典詩只是一種裝飾性的散文，一種藝術的（即一種技巧的）結果，永遠不像是一種不同的語言或一種特殊感受力的產物。因此，一切詩都是一種潛在散文的暗示性的或直接的裝飾性等價物，這種散文實際和可能潛存於任何表達方式中。在古典時期，「詩學」並不指任何領域，任何特殊情感內容，任何首尾一致的體系，任何獨立的範圍，而只是指一種語言技巧的改變，即按照比通常談話規則更富藝術性、因此更具社會性的規則來改變自我表達方式，換言之，即把一種由於其規約的顯明性本身而被社會化了的言語，投射於心靈的內在思想之外。

我們知道，在（不是從波德萊爾開始，而是從倫姆堡開始的）現代詩中不再保存有這種結構了，除非當人們按照一種變形的傳統方式重又接受了古典詩歌的形式律令時。從那時以後，詩人把他們的詩製作得像是一種封閉的自然，它同時包含了語言的功能和結構。於是詩不再是一種具有裝飾性的或截除去自由性的散文了。詩成為一種既不可歸結為他物又無本身傳統的性質。它不再是屬性而是實體，因此它能安然地放棄記號，因為它獨立自足，無須向外顯示其身分。詩的語言和散文的語言彼此有足夠大的區別，以便能擺脫表示二者之間差異性的記號本身了。

此外，所謂詩和語言之間的關係正好相反。在古典藝術中，一種完全現成的思想產生著一種言語，後者「表達」、「轉譯」前者。古典思想欠缺延續性，古典詩只是在其技巧運用所必需的限度內才有延續性。現代詩中則正相反，字詞產生了一種形式的連續性，從中逐漸滋

生出一種如無字詞即不可能出現的思想的或情感的內涵。因此言語就是一種包含著更富精神性的構思的時間，在其中「思想」通過偶然出現的字詞而逐漸形成和確立。在言語的偶然行為中落下了成熟的意義果實，因此這種言語偶然性以一種詩的時間為前提，詩的時間不再是一種「虛構」的時間，而是一種可能的歷險———個記號和一個意圖的交遇——的時間。現代詩和古典藝術由於下述區別而彼此對立，這一區別遍及整個語言結構，並使兩種詩之間除了一種共同的社會學性質的意圖外不再有任何共同之處了。

　　古典語言（散文和詩）的機制是關係性的，即在其中字詞會盡可能地抽象，以有利於關係的表現。在古典語言中，字詞不會因其自身之故而有內涵，它幾乎不是一件事物的記號，而寧可說是一種進行聯繫的渠道。字詞絕不是投入一種與其外形同質的內在現實中去，而是在剛一發出後即延伸向其它字詞，以便由此形成一個表層的意圖鏈。觀察一下數學語言或許就可理解古典散文和詩的關係性質了。我們知道，在數學寫作中不僅每一個量都配有一個記號，而且聯繫諸量的關係本身也用一種運算記號、等號或不等號來表示。我們可以說，全部數學連續體的運動都來自對其聯繫式的明確的讀解。古典語言是通過一種相類似的運動而存在的，雖然明顯地不如數學寫作嚴格。古典語言的「字詞」由於嚴格依賴於一種耗損了其新穎性的傳統而被中性化、欠缺化了，這些字詞避開了聲音的或語義的偶然事件，後者使語言的韻味凝聚於一點之上，並制止了其理智的運動，以滿足一種分布不均勻的快感。古典的連續體是這樣一種成分的序列，其內涵濃度是相等的並經受相同的情緒壓強，同時取消了成分中一切個別性的和似乎是被創新的意義的傾向。詩的辭彙本身是一種用法的辭彙，而不是創新的辭彙，其中的形象，通過慣約而非通過個人創造成為諸個體，它們

彼此結成整體而非獨立地存在著。因此，古典詩的功能不是去找到新的、更富內涵、或更響亮的字詞，而是去排列一種古代的程式，完善一種關係的對稱性或簡潔性，把思想導向或歸爲一種格律的規範之內。古典文學中的奇思妙想是關係性的，而非字詞性的；它是一種表達的藝術，而不是創新的藝術。在這裡，字詞並未像後來那樣由於某種強烈性和意外性而重新產生一種經驗的深度和特性。它們按照某種優雅的或裝飾性的機制的要求在表層鋪陳開來。人們是由於把字詞聚攏的表述過程，而不是由於字詞的力量或本身的美而入迷的。

　　毫無疑問，古典言語並未達到數學表達網絡的功能完美性，在這裡關係不是由專門記號，而只是由形式或排列的偶然事件來表現的。正是字詞的退縮和字詞的排列體現了古典話語的關係性質。古典字詞由於在有限數量的彼此永遠相似的關係中過度使用，而傾向於成爲一種數式表達。修辭手段、陳詞俗語是一種聯繫手段的潛在的工具，它們爲了實現話語的一種更緊密的聯繫狀態而失去了自己的蘊涵濃度。它們起著化學價一樣的作用，勾勒出一個充滿對稱聯繫、交滙點和關節點的語言場，從這裡永遠不會突然停頓地湧出新穎的傳意意向來。古典話語的諸片段並不直接表示其意義，它們成了傳意手段或宣告手段，把意義不停地向前傳去，不願意沉積於一個字詞的底部，而是擴展爲一種完整的理智性姿態，即通訊交流的姿態。

　　然而，雨果企圖加於亞歷山大詩體的那種扭曲是一切格律中最具關係性的，它已包含了現代詩的全部未來；因爲它企圖消除一種關係的意圖而代之以一種字詞的迸發作用。因爲現代詩必須和古典詩並和一切散文相對立，它實際上消除了語言自發的功能性質，而只保留下來辭彙學的基礎。現代詩只保留下來關係的運動，關係的樂曲式表現，而不是關係的實質。字詞在一條毫無內容的關係線上閃爍，語法被剝奪了其目的性而成爲詩律學，後者僅只是被用來呈現字詞的某種曲折

變化形式。實在說來，關係並未被壓制，它們只是成爲一些保留地帶，成爲關係自身的模仿物。這種虛空化作用是必要的，因爲字詞的蘊涵必須越出一種空洞的魔圈之外，猶如一種無基礎的聲音和記號，猶如「一種瘋狂和一種神秘」一樣。

在古典語言中，正是關係引領著字詞前進，並迅即把它帶到一種永遠被投射出去的意義面前。在現代詩中，關係僅僅是字詞的一種延伸，字詞變成了「家宅」，它像一粒種根似地被植入功能的詩律學中，這些功能可被理解但不實際存在了。在這裡，關係起著吸引作用，但去滋養和使人滿足的卻是字詞，後者有如某種眞理的突然啓示。我們說這種眞理屬於詩的層次，只是在說詩的字詞絕不可能是假的，因爲它就是一切。字詞以無限的自由閃爍其光輝，並準備去照亮那些不確定而可能存在的無數關係。一旦消除了固定的關係，字詞就僅僅是一種垂直的投射，它像是一個整塊、一根柱石，整個地沒入一種意義、反射、意義剩餘的整體之中：存在的是一個記號。在這裡，詩的字詞是一種沒有直接過去的行爲，一種沒有四周環境的行爲，它只提供了從一切與其有聯繫的根源處產生的濃密的反射陰影。於是在現代詩的每個字詞下面都潛伏著一種存在的地質學式的層次，在其中聚集著名稱的全部內涵，卻不再有散文和古典詩中所有的那類被選擇的內涵了。字詞不再被一種社會性話語的總意圖引導向前；詩的消費者被剝奪了選擇性關係的引導，而直接和字詞相對，並把它看作一種伴隨有它的一切可能性的絕對量值。在這裡，字詞是百科全書式的，它同時包含著一切意義，一種關係式話語本來會迫使它在這些意義中進行選擇。因此它達到了一種只能存在於辭典中或如下一類詩中的狀態，同時其中充滿著過去和未來的一切規定性。在這裡，字詞具有一種一般形式，它是一個「類」。詩的每一個字詞因此就是一個無法預期的客體，一個潘朵拉的魔箱，從中可以飛出語言潛在的一切可能性。於是人們以一

種特殊的好奇心，一種神聖的趣味來生產和消費詩的字詞。現代詩共
同具有的這種對字詞的飢渴，把詩的言語變成了一種可怕的和非人性
的言語。這種渴望建立了一種充滿了間隙和光亮的話語，充滿了不在
因素和醞涵過多的記號的話語，既無意圖的預期，也無意圖的永久性，
因此就與一種語言的社會功能相對立了。它僅只訴諸一種非連續性的
話語，這種話語敞向一切超自然的通道。

　　古典語言的合理性機制實際上意味著什麼呢？如果它並不意味著
如下看法的話，即：自然是充實的，可把握的，無裂隙無陰影的，並
整個地受言語圈套支配。古典語言永遠可歸結爲一種有說服力的連續
體，它以對話爲前提並建立了這樣一個世界，在這個世界中人不是孤
單的，言語永遠沒有事物的可怕重負，言語永遠是和他人的交遇。古
典語言是欣快感擁有者，因爲它是具有直接社會性的語言。沒有任何
一種古典式的體裁和寫作不假定著一種集體性的和像言語一樣的消
費。古典的文學藝術是這樣一個對象，它在由階級聚攏的個人之間流
動；它是一種被當作口頭傳播之用的產物，被當作由世界偶然性支配
的一種消費的產物；它基本上是一種被說的語言，儘管其編碼系統十
分嚴格。

　　我們看到，在現代詩中情況正好相反，現代詩摧毀了語言的關係，
並把話語變成了字詞的一些靜止的聚集段。這就意味著我們對自然的
認識發生了逆轉。新的詩語的非連續性造成了一種中斷性的自然圖景，
這樣的自然只能一段段地顯示出來。當語言功能的隱消使世界的各種
聯繫晦暗不明之時，客體在話語中佔據了一種被提高的位置：現代詩
是一種客觀的詩。在現代詩中，自然變成了一些由孤單和令人無法忍
受的客體組成的非連續體，因爲客體之間只有著潛在的聯繫。人們不
再爲這些客體選擇特有的意義、用法或用途；人們不再把一種等級系

統強加於這些客體之上；人們也不再把它們歸結爲一種精神行爲或一種意圖的、最終即一種溫情的意指作用。於是詩中字詞的迸發作用產生了一種絕對客體；自然變成一個由各垂直項組成的系列，客體陡然直立，充滿著它的各種可能性；客體只能爲一個未被充滿的、因此也是令人不能忍受的世界劃定界標。這些互無聯繫的字詞——客體都具有猛烈的迸發性，它們的純機械性顫動以奇特的方式影響著下一個字詞，但又旋即消失，這些詩的字詞排除了人的因素。在現代主義中不存在詩的人本主義。這些直立性的話語是一種充滿震怖的話語，這就是說，他不使人和其它人發生聯繫，而是使人和自然中最非人性的意象發生聯繫：天空、地獄、神聖、孩子、瘋狂、純物質等等。

　　此時，我們幾乎不能再談論一種詩的寫作，因爲問題在於一種語言自足體的爆發性摧毀了一切倫理意義。在這裡，口語的姿態企圖改變自然，它是一種造物主；它不是人的一種內心態度，而是一種施於強制性的行爲。至少是這樣一種現代派詩人的語言終於戰勝了其意圖，並把詩歌不當成一種心靈活動，一種靈魂狀態或一種態度的排列，而是當成一種夢的語言中的光暈和清新氣息。對這種類型的詩人來說，談論寫作和談論詩的情感都是一樣徒勞無益的。在其絕對意義上的現代詩，例如雷奈‧沙爾的詩，是超越這種冗長的腔調、這種矯揉造作氛圍的，後者當然是一種寫作的形式，通常可稱其爲詩的情感。在談到古典詩人及其模仿者時，我們不會反對說有一種詩的寫作存在，甚至在談到紀德《地糧》風格一類的散文詩時亦然，在這裡詩實際上成了語言的某種至德。不論在那種情況下寫作都吸收掉了風格；我們可以想像，對十七世紀的人來說，並不容易在拉辛和普拉東之間確定直接的區別，特別是在詩的層次上，這正如對於一位現代讀者來說不易品評如下一類當代詩人一樣，即那些運用著齊一的和不確定的同樣詩歌寫作方式的人，因爲對他們而言，詩是一種氛圍，即主要是一種語

言的規約。但是，當詩的語言只根據本身結構的效果來對自然進行徹底的質詢時，即不訴諸話語的內容，也不觸及一種意識形態的沉澱來討論自然時，就不再有寫作了，此時只存在著風格，人借助風格而隨機應變，並且不通過任何歷史或社會性的形象表現來直接面對客觀世界。

第二部分

(一)資產階級寫作的勝利與斷裂

　　在階級出現以前的文學中出現過多種多樣的寫作，但是如果我們按照結構而不再按照藝術來提出這些語言的問題的話，寫作的這種多樣性特點似乎就不很明顯了。十六世紀和十七世紀初表現出一種文學語言的相當自由的美學豐富性，因爲那時人們還從事於對自然的認識，而並未熱中於對人的本質的表達。因此，拉伯雷的百科全書式的寫作或高乃伊的頗事雕琢的寫作（只舉出一些典型的時期）都把一種語言當作共同的形式，在這種語言裡華麗辭藻還不是慣例(rituel)，而是自己構成了一種適用於生活各個方面的探索手段。正是它賦予這種階級出現以前的寫作以一種與自由的色調和快意相類似的風格。對一位現代讀者來說，當語言似乎越依賴不穩定的結構時，當它不明確固定其句法的特點和其辭彙增長規律時，寫作多樣性的印象也就越強烈。爲了在「語言」(lange)和「寫作」之間重新作出區別，我們可以說，直到1650年以前法國文學還未超過一種語言的問題，同時它也同樣地忽略了寫作。實際上，由於語言對其本身結構猶豫不決，因此語言的精神還不可能存在。寫作只出現於這樣的時候，即當在全國範圍內形成

的語言變成一種否定的東西，一種地平線的時候，這個地平線把被禁止和被允許的東西分開，而不再詢問根據或這種禁忌的理由。在形成了語言的一種非時間性的根據時，古典語法使法語擺脫了一切語言問題，而且這種被純化的語言變成了一種寫作，即一種語言的價值，它在各種歷史情境中直接表現出了普遍性。

在古典信條內部，「體裁」的多樣性和風格的變遷性是屬於美學的問題，而不是結構的問題。二者中不管那一個都不應使人產生這樣的錯覺：法國社會在資產階級意識形態征服和取勝時期完成了一種既是工具性的又是修飾性的、獨一無二的寫作。說寫作是工具性的，因爲形式被假定爲內容服務，正像一種代數方程式爲一種運算步驟服務一樣，說寫作是修飾性的，因爲這種工具是以在其功能以外的外在事件來修飾的，這個功能是它毫不猶豫地從傳統中繼承的，就是說，被各種各樣的作家所編織的這種資產階級的寫作永遠不會引起對其過去根源的反感，它僅只是一種適當的辭藻裝飾，思想的行爲在其上浮起。毫無疑問，古典作家們本身也了解到一種形式的問題，但沒有對寫作的種類和意義進行討論，同時更少討論語言結構的問題。他們所討論的只有修辭學，也就是按照一種說服的目的而考慮的話語的秩序。於是資產階級寫作的特性由各種各樣的修辭學來表現。反之，在十九世紀中葉，當修辭學的特點不再引起興趣之時，古典寫作也不再是普遍的了，從此產生了各種現代寫作。

這類古典寫作顯然是一種階級的寫作。資產階級的寫作於十七世紀產生於直接圍繞著權力轉的集團中，它借助獨斷論的決定而形成，迅速地清除掉由於民眾自發的主觀精神才得以建立的一切語法程序，這樣一種寫作，帶著初次政治勝利所有的習慣性犬儒主義，首先表現爲一種少數派的和特權的階級的語言。1647 年瓦熱拉提出一種作爲既成事實的、而不是作爲有理論依據的古典寫作，明晰性還只是宮廷寫

作的習慣特點。反之，在 1660 年，例如按照保爾·羅瓦雅爾(Port-Royal)語法，古典語言具有普遍的特性，明晰性變成了一種價值。實際上，明晰性是一種純修辭學的性質，它並不是適用於一切時代和所有地方的一種語言的通性，而只是某種話語的理想的附屬物，這種話語受一種永久的說服性意圖支配。正是由於君主制時代的前資產階級和革命時代以後的資產階級使用著同樣的寫作，發展了一種本質主義的神話學，一種普遍性的古典寫作放棄了一切不穩定的東西以維護一種連續狀態，它的每一個部分都是選擇，也就是說徹底消除了語言的一切可能性；因此，政治權力、精神獨斷論以及古典語言的統一性，都是同一歷史運動的各種象徵。

於是無庸驚奇，大革命絲毫未改變資產階級的寫作。因此在菲涅龍的寫作和梅里美的寫作之間只有極細微的差別。因此資產階級意識形態免除了分裂，它一直延續到 1848 年，在賦予資產階級以政治和社會權力的那場革命過程中絲毫沒有動搖，但是革命並未給予資產階級它長久以來一直保有的思想權力。從拉克羅到司湯達，資產階級的寫作越過了短期的混亂一直延續下來。而浪漫主義革命，雖然在名義上與形式的劇變有聯繫，卻明智地保存著其意識形態的寫作。把體裁與字詞混合在一起的一些基本保留成分，使它能夠保持古典語言的根本因素，即工具性。當然，這種工具越來越採取「出現」(présence)的方式(對夏多布里昂來說尤其如此)，但最終卻成爲一種平平庸庸被使用的工具，它忽略了語言的全部孤獨性。只有雨果引出了語言過程與空間的物質性方面，這是一個特殊的語言主題，它不再能在一種傳統的框架內表現自己，而只是參照著其自身存在的可怕的反面來表現自己。只有雨果用自己風格的力量能對古典寫作施加壓力並將其引至分裂的前夕。於是對雨果的輕視始終支持著同樣的形式的神話學，按照這種神話學，作爲資產階級吉日良辰見證的同一種十八世紀寫作，始終成

爲優秀法文的典範。這樣一種語言是完全封閉性的，由於文學神話的全部內涵而同社會分離，它是一種神聖性的寫作，爲各式各樣的作家根據嚴格的法則或貪婪的快樂而不加思索地重複著。這種作爲奇妙神秘性聖幕的寫作就是法國文學。

　　但是在 1850 年前後, 三件重要的新歷史事實滙聚在一起了：歐洲人口統計學的反轉：冶金工業取代了紡織業,即現代資本主義的誕生；法國社會變成了三個敵對階級（這是在 1848 年 6 月中的幾天間完成的），即自由主義幻想的最終破滅。這種新形勢把資產階級拋入一種新的歷史情勢中。在此之前一直是資產階級意識形態本身提出著普遍性的標準，毫無反對地承擔著這一職責。資產階級作家是其他人的惡行的唯一法官，沒有任何其他人照料此事了；他們還未在自己的社會條件和思想使命之間被扯得四分五裂。自此以後，這同一種意識形態就只不過是各種可能的意識形態中的一種了。它的普遍性不存在了，除非限制自己，否則它就不可能提高自己。作家於是受到一種含混性之害，因爲他的意識不能正好再與其條件相適合了。這樣就產生了一種文學的悲劇。

　　正是從這時開始，寫作變得多樣化了。從此以後每一種寫作，精雕細琢的，民眾主義的，中立的，口語的，都需要一種最初的行動，根據這種行動，作家接受或摒棄他的資產階級條件。每種寫作都是一種回答這種現代形式的俄爾菲式問題的嘗試：無文學的作家。百年以來，福樓拜、馬拉美、倫姆保、貢古爾兄弟、超現實主義者、奎諾、薩特、布朗肖或加繆都構想過（或仍在構想著）使文學語言完整化、分裂，或自然化的一些途徑。但是賭注並不是形式的冒險，並不是修辭學工作的結果或辭彙的大膽運用。每當作家在探索一套字詞時，所考慮的正是文學存在的本身。現代主義顯示於它的多種多樣的寫作之中，這也正是其本身歷史日暮途窮之時。

㈡風格的藝匠

　　當人們問瓦萊里為什麼不發表他在法蘭西學院授課講義的時候，他回答說：「形式是值錢的」。然而在勝利的資產階級寫作流行的整個一段時期內，形式的價值幾乎像思想價值一樣了。人們無疑注意到了它的結構、它的委婉的表現，但是形式的價值實際上正如作家使用一件已經形成的工具的價值一樣低微了，這樣一種工具的機制可不受任何革新因素纏繞而完整地傳遞下去。形式不是一種性質的對象，古典語言的普遍性表明，語言是一種公共財產，而只有思想才會有差異。我們可以說，在整個這一時期形式具有使用價值。

　　然而我們看到，在 1850 年前後，在文學界開始提出一個有待辯解的問題，即寫作在尋求其托詞。而且正是由於一種懷疑的陰影開始飄浮在形式使用的問題上，關心於徹底承擔起傳統責任的一個作家階級全體，準備以一種勞動價值來取代寫作的使用價值。寫作將不是由於其用途，而是由於它將花費的勞動而被保全。於是一種作家──藝匠的形象開始形成了，這樣一種人物封閉在一種傳奇的界域中，就像室內的一名工匠似的，他加工、切削、磨光和鑲嵌其形式，正像一名玉石匠從材料中引出藝術來把個人的孤獨和努力轉化為規則時間的勞動似的。像戈蒂埃（純文學的無可挑剔的大師）、福樓拜（在克魯瓦塞尋詞摘句）、瓦萊里（清晨在他的室內）或紀德（站在書桌前就像站在工具台前一樣）等人構成了一種法國文學的手工業行會，在這裡著眼於形式的勞動，成為一種團體的標記和財產。這種勞動價值多少取代了天才價值，人們用一種取悅於人的態度說，他們長時間地和大量地在

其形式上花費了勞動。有時甚至形成了一種簡潔的典雅風格（在一種材料上花費勞動，一般來說就是刪刪減減），它同巴洛克式的華麗的典雅（如高乃依）正相對立。前者表現了對自然的一種認識，它導致語言的豐富化；後者在試圖產生一種貴族式的文學風格時，醞釀了一種歷史危機的條件，歷史危機始於一種美學目的，不再能充分說明這種已不合時代的語言的規約了，也就是始於歷史將導致作家的社會使命與他從傳統繼承到的工具之間明顯斷裂之時。

福樓拜開闢了新的寫作領域，從而奠定了這樣一種藝匠式寫作的基礎。在他之前，資產階級的文學成績表現在生動描繪和異國情調方面，資產階級的意識形態成為普遍性法則，它企圖追求一種純粹人的存在，可以快意地把資產階級看作一種與其意識形態本身互不相容的景象。對福樓拜而言，他把資產階級的生活看作一種纏繞著作家的不可救藥的惡，對此他別無他策，只能明確地加以接受，這就是一種悲劇性情感的本色。這種資產階級存在的必然性，當人們直接經受著它的時候，要求一種藝術也是一種包含法則必要性的體現物。福樓拜奠定了一種規範式寫作的基礎，這種寫作包含著一種誇示性技法的規則（矛盾論）。一方面，他根據一系列的本質，而不是（像普魯斯特將做的那樣）根據一種現象學的秩序，來構造自己的故事。他在一種慣約的運用中來確定動詞時態，以便它們能按照一種將傳達其人工性藝術的方式來起文學中記號的作用。他發展了一種書寫的韻律，創造了一種咒語，後者十分不同於口頭論辯中的各種規範，而是觸及了內在於文學生產者和消費者之中的、純文學的「第六感」。而另一方面，這種文學勞動的代碼，這種寫作勞動的運用總體，呈現了一種智慧，如果你願意這樣說的話，而且也呈現了一種憂鬱、一種誠摯，因為福樓拜的藝術向前發展以後就露出了它的技法的偽裝。文學語言的這種格里哥里式的法規，除了使作家與一種普遍性條件相協調外，還至少企圖

使作家承擔起一種形式的責任，企圖使歷史賜予他的寫作成爲一種藝
術，即一種明確的規約，一種眞誠的契約，它使人在一種還不協調的
自然中接受一種熟悉的情境。作家給予社會一種公開的藝術，它的準
則爲一切人所知，作爲回報，社會可以接受這個作家。這樣，波德萊
爾執意要把他的詩中的令人驚嘆的散文美與戈蒂埃聯繫起來，正如與
一種被加工的形式的偶像聯繫起來一樣，這種形式當然存在於資產階
級活動的實用主義精神之外，而且被置入一種熟悉的勞作秩序中。這
個秩序是被這樣一個社會所控制著，它在此秩序中所認出的不是其夢
想，而是其方法。由於文學不可能被文學所征服，難道我們不應公開
承認它，而將文學遣入這樣一種文學的苦役所，讓它在這裡去完成其
「好的勞作」嗎？於是寫作的福樓拜化就成了對作家的一種拯救術，
在這裡越聽其擺布而不事苛求，就會更徹底地導致承認一種注定不可
改變的條件。

(三)寫作與革命

　　風格的藝匠產生了一種導源自福樓拜的「亞寫作類」(sous-
écriture)，但它也符合自然主義流派的意旨。我們可以把莫泊桑、左拉
和都德的寫作稱作現實主義寫作，這種寫作是文學的形式記號（簡單
過去時、婉轉的風格、寫作的節奏）和現實主義的形式性較少的記號
（民衆語言，密實的、雄辯的字詞等嵌入項）的結合物，因爲任何寫
作只有在企圖盡可能逼眞地去描繪自然時才是技藝性的。當然，其失
敗不只表現在形式方面，而且也表現在理論方面。在自然主義的美學
中有一種關於現實的規約，就好像有一種關於寫作的製作術似的。矛

盾的是，主體的卑微化根本未引起一種形式的減弱。中性的寫作產生
得較晚，只是在現實主義之後才由加繆一類作家發明出來，與其說是
由於一種逃避的美學，不如說是由於對一種最終純潔的寫作的研究。
現實主義寫作遠遠不是中性的，反之，它充滿了書寫製作術中最絢麗
多姿的記號。

　　因此，自然主義流派自貶自抑，放棄了對一種和現實截然不同的
語言自然的要求，同時也並不企圖（像奎諾後來做得那樣）重新找到
社會性自然的語言，它不無矛盾地產生了一種機械藝術，這種藝術以
到當時為止尚不知道的誇示手法意指著文學的規約。福樓拜式的寫作
逐漸地發展了一種魅力，它可能再次消失於對福樓拜的讀解中，好像
消失在一種充滿著第二層聲音的自然中似的，在這裡記號所勸人信服
的遠多於它所表達的。現實主義的寫作永遠不可能使人信服。它注定
了只是根據這樣一種二元論的教條去進行描繪，這就是，為了「表現」
一種像某一客體一樣的惰性現實，永遠只有單一一種最佳的形式可供
選擇，對此現實，作家除了運用其安排記號的藝術以外別無他事可做
了。

　　這些無風格的作家們（莫泊桑、左拉、都德及他們的追隨者）只
運用著這樣一種寫作，這種寫作對他們來說相當於逃避所和對藝匠式
運作的展示，他們相信這樣的運作觀已驅逐了一種純被動的美學。我
們知道莫泊桑對形式的作用的宣言以及該派一切素樸的方法，按照這
種方法，自然的語句被轉換成一種人工的語句，後者注定要顯示其純
文學的目的性，在這裡就是顯示其所花費的勞作。我們知道，在莫泊
桑的風格學中，藝術的意圖是保留給句法的，詞法則應置於文學之外。
好的寫作(自此以後，這就是文學成就的唯一標誌)，就是單純地改變
位置狀語，就是去「運用」一個字詞，並相信由此獲得一種「表現

的」節奏。但是表現性是一種神話，它只不過是有關表現性的規約而已。

　　這種規約性的寫作永遠是對學院式批評的一種替代性的偏好，學院式的批評是根據一個本文所花費的勞動來衡量其價值的。但是沒有什麼比企圖把各種互補因素結合在一起更爲使人驚異的了，其程序就像是一名工匠裝配一件精巧的物件一樣。這個流派在莫泊桑或都德的寫作中所讚賞的東西，就是一種最終與其內容相脫離的文學記號，它毫不含混地把文學當作和其它語言沒有任何關係的一個類別，並因此而建立一種理想的事物可理解性。但是在被排除於一切文化之外的無產階級和已開始對文學本身加以質疑的知識階級之間，在第一個流派和第二個流派之間，還存在著中間分子，即一般而言的小資產階級，他們企圖在藝術的和現實主義的寫作中（它們構成了商業小說中的相當大一部分）找到一種文學所特有的形象，這種文學具有其顯著的和可理解的本質徵象。在這裡，作家的職責與其說是去創造一件作品，不如說是去提供一種應從遠處來看待的文學。

　　這類小資產階級的寫作由共產主義作家所遵行著，因爲就目前而言，無產階級的藝術準則不可能與小資產階級的藝術準則不同（況且也符合其學說）；還因爲社會主義現實主義的教義必然導致一種規約性的寫作，這種寫作應該十分清楚地指明一種應予表達的內容，卻沒有一種與該內容認同的形式。於是我們理解這樣一種矛盾，由於這種矛盾，共產主義的寫作擴增了文學的最重要的記號，而又遠遠沒有與一種總之是典型資產階級的形式決裂(至少在過去)，繼續毫無保留地承擔著對寫小資產階級藝術的形式關切（此外它由於第一個流派的敍事法而在共產主義公眾中得以流傳）。

　　於是，法國社會主義現實主義實行著一種資產階級現實主義的寫

作，肆意地對一切意圖性的藝術記號進行機械地安排。讓我們舉伽羅第的一部小說中的幾行來看一下：「……傾斜的上半身猛烈地撲到排鑄機的鍵鏈上……喜悅在他的肌肉中震顫，手指在輕重有致地舞蹈……銻的有毒的蒸氣……使他的太陽穴抖動，使他的動脈拍擊，這一切使他的力量、憤怒和喜悅變得更爲狂烈。」我們看到，一切都是通過隱喻來表現的，因爲必須著重地向讀者表明：「這是被很好地寫作的」。（就是說，他所消費的東西來自文學）。這些隱喻較少以動詞形式出現，它們根本不想傳達一種感覺的特性，而只是確立一種語言的文學標記，這些文學標記非常像是一種報價的標竿。

「用打字機打字」，「抖動」（在談到血時），「第一次感到幸福」，這些都是現實的語言，而不是現實主義的語言。因爲有文學就必須寫「彈奏」排鑄機鍵，「動脈在敲打」，或「他緊握著畢生中最幸福的時機」。這樣看來，現實主義的寫作只能通向一種典雅風格。伽羅第寫道：「在每一行之後，排鑄機的細長臂肘舉起了幾塊舞動著的字模」，或「他的手指的每一次撫摸都引起銅製字模的歡快的響聲，使之發出陣陣的顫音，字模像一排排尖聲的音符洒落在滑槽內」。這些幼雅的古里古怪的話是出自卡索和馬格德隆之口的。

顯然應該注意到平庸性的問題，伽羅第的著作中就充滿了這種平庸性。在安德烈・斯梯爾的作品中我們可看到一些比伽羅第精細得多的手法，但他也未逃脫藝術現實主義的規則。在這裡隱喻不過成了一種幾乎完全歸入現實語言中的陳詞濫調，而且毫不費力地表現著文學。「像山泉一樣清澈」，「凍得像羊皮紙一樣的雙手」等等。典雅表現從辭彙被驅向句法，強加於文學的，比如說在莫泊桑的作品中（「她用一隻手微微拾起彎曲的雙膝」），乃是人爲的對互補因素的分割。這種充滿著規約的語言只是在引號之間才觸及現實，人們在一種純文學的句法語境裡使用著大眾的詞語和粗糙的表達方式：「真的，風古怪地喧囂

著」；或更明顯地在這樣的句子裡：「頂著大風，貝雷帽和鴨舌帽在眼
皮上面搖動著，他們十分好奇地彼此望著」。（常見的「pas mal de」
——很多——接著一個獨立分詞，這是口頭語言中完全不用的修辭
法）。當然，阿拉貢的情況應該另當別論，他所繼承的文學傳統完全不
同，在把拉克羅和左拉混合在一起時，喜歡爲他的現實主義寫作塗上
一層薄薄的十八世紀的色彩。

　　在這類革命者正經的寫作中或許流露出了某種對於今後創造一種
寫作無能爲力的情緒。或許只有資產階級作家才能感覺到資產階級寫
作的妥協性：文學語言的分裂乃是一種意識的現象，而不是一種革命
的現象。史達林的意識形態肯定強加於寫作一種頗成疑問的、特別是
革命性的恐懼。總之，資產階級寫作被看成是比它的實際過程具有較
小的危險性。於是共產主義的作家們是唯一一些心安理得地支持資產
階級寫作的人，而這種寫作長久以來已遭到資產階級作家本身的譴責
了，這就是當他們在自己的意識形態的虛張聲勢之中感覺到了妥協性
之時，也就是當馬克思主義被人們看作正途之時。

㈣寫作與沉默

　　存在於資產階級遺產內部的藝匠式寫作，並未打亂任何秩序。由
於被剝奪了其它的戰鬥，作家具有一種足以證明其正當的熱情，這就
是形式的創生。如果他放棄了一種新文學語言的解放目標，他可以至
少重新回到古代語言，賦予它意圖、典雅、光澤、古風，於是創造了
一種豐富但已死去的語言。些種華貴的傳統寫作就是紀德、瓦萊里、

蒙特朗、甚至布雷通的寫作，它表明，這種厚重的、極其跌宕多姿的寫作具有一種超越歷史的價值，正如神父的祈禱語言可能具有的這類價值一樣。

這種神聖的寫作是其它作家認為不可能施以驅魔術的，除非是使其脫裂。於是他們暗中損壞文學語言，時時刻刻炸裂作家的套語、習慣表達、已往形式的再生外殼。在形式的漫無秩序中，在字詞的沙漠中，他們想獲得一種絕對被剝奪了歷史的對象，去重新找到一種新語言的新穎特點。但是這類語言騷亂導致形成了它們本身的常規，導致創造了它們本身的規則。文學威脅著一切不是純然以社會性言語為基礎的語言。一種混亂的句法不斷向前展開，於是語言的解體只可能導致一種寫作的沉默了。倫姆堡或一些超現實主義者最終陷入的失寫症（他們有時甚至被人們遺忘了），文學中這種令人震驚的瓦解現象告訴我們，對某些作家來說，最初和最後從文學神話中產生的語言最終重新構成了它企圖逃避的東西，並表明沒有一種寫作始終是革命的，形式的一切沉默都只由於一種完全的沉默才能逃脫冒名頂替。馬拉美，這位寫作中的哈姆雷特，明確地表達了歷史的這一脆弱時刻，在此時文學語言只有在更好地頌念其必然消亡的輓歌時才得以維持下去。馬拉美的印刷失寫症企圖在稀薄的字詞周圍創造一片空白地區，在這裡擺脫其社會性的和應予譴責的和諧的言語，不再充分發聲了。於是作家的一些技術性反省的字詞脫離開了習慣性套語的粗糙外表，絕不再對一切可能的語境負責；它接近一種簡單獨一的行為，其沉濁性表明了一種孤獨性，因而也就是一種純潔性。這種藝術具有和自殺相同的結構，在這裡沉默是這樣一種齊一性的詩意時間，它嵌在兩個層次之間，它使那些與其說像一束密碼不如說像一束光、一塊空白、一種謀殺、一種自由的字詞迸發。（我們知道，有關馬拉美是語言的謀殺者的假設來自摩里斯·布朗肖）。馬拉美的語言就如同一位俄爾菲神，他

不可能挽救所愛，除非將其放棄。而且他仍然有退路，這就是被帶到
樂土之門的文學，即一個無文學的世界之門，不過這就該由作家來證
實這一點了。

　　在脫離文學語言的同一種努力中還有另一種解決，即創造一種白
色的、擺脫了特殊語言秩序中一切束縛的寫作。借自語言學中的一種
比較或許可以清楚地說明這一新的現象。我們知道，某些語言學家在
某一對極關係（單數與多數，過去時和現在時）的兩項之間建立了一
個第三項，即一中性項或零項。這樣，在虛擬式和命令式之間似乎存
在著一個像是一種非語式(amodale)形式的直陳式。比較來說，零度的
寫作根本上是一種直陳式寫作，或者說，非語式的寫作。可以正確地
說，這就是一種新聞式寫作，如果說新聞寫作一般來說未發展出祈願
式或命令式的形式（即感傷的形式）的話。這種中性的新寫作存在於
各種呼聲和判決的汪洋大海之中而又毫不介入，它正好是由後者的「不
在」所構成。但是這種「不在」是完全的，它不包含任何隱蔽處或任
何隱密。於是我們可以說，這是一種毫不動心的寫作，或者說一種純
潔的寫作。問題是通過信賴一種遠離開真實語言和所謂文學語言的「鹼
性」語言而超脫文學。這種透明的言語首先由加繆在其《局外人》一
書中運用，它完成了一種「不在」的風格，這幾乎是一種理想的風格
的「不在」。於是寫作被歸結為一種否定的形式，在其中一種語言的社
會性或神話性被消除了，而代之以一種中性的和惰性的形式狀態。因
此思想仍保持著它的全部職責，而並不在一種不屬於它的歷史中承擔
一種附帶的形式的約束。如果福樓拜的寫作包含著一種法則；如果馬
拉美的寫作假定著一種沉默；如果其他作家如普魯斯特、塞林、奎諾、
普雷維爾的寫作，都以各自的方式依賴於一種社會性自然的存在；如
果所有這些寫作都包含著一種形式的不透明性，都以一種語言和社會

的問題爲前提，都建立了像是一種客體的言語，這種客體應當被一名藝匠、魔術師、書寫者，但不是被一名知識分子所處理，那麼中性的寫作就重新找到了古典藝術的首要條件：即工具性。但是這一次形式的工具不再被一種勝利的意識形態所利用，它成爲作家面對其新情境的方式，它是一種以沉默來存在的方式。它自願失去對典雅或華麗風格的一切依賴，因爲這二者重新把時間因素引入寫作，而時間即是由歷史中導出的、爲歷史所持有的一種力。如果寫作當眞是中性的，如果語言不是一種沉重的、不可制服的行爲，而是達到了一種純方程式的狀態，它在面對著人的空白存在時僅只具有一種代數式的內涵，於是文學就被征服了，人的問題敞開了，並失去了色澤，作家永遠是一個誠實的人。不幸，沒有什麼比一種白色的寫作更不眞實了，在如下的領域裡逐漸形成了一些自動作用；在這裡首先有一種自由；一套凝結的形式越來越具有話語最初的清新性；一種寫作重新誕生於一種不確定的語言領域中。達到經典水準的作家成爲其原初創造的模仿者，社會從這位作家的寫作中創造出一種方式，並使他重新成爲他自己的形式神話的囚徒。

㈤寫作和言語

　　一百多年來，作家們一般來說都未了解這樣的事實：存在著若干種（相當不同的）說法語的方式。1830 年左右，當新興資產階級嘲笑一切那些圍於自己的領域，即圍於社會的有限部分的人，而她則把這個社會劃分爲流浪漢的、看門人的和小偷的時候，人們開始在眞正文學的語言中插入若干借取自下層社會語言中有關的成分，只要這些語

言成分是顯然脫離規範的(否則它們就有威脅性了)。這些生動的、但不規範的語言對文學起了裝飾作用，卻並未損害其結構。巴爾札克、蘇伊、蒙尼埃、雨果都喜歡運用一些在發音和辭彙方面極不規則的形式：如小偷的黑話、農民的土話、德國的俚語、看門人的語言。但是這種社會語言，這種附著於基本語言之上的戲劇性服飾，從來也未涉及說這種語言的全體成員，情感的因素繼續在言語之上起著作用。

或許必須等待普魯斯特的到來，因爲這位作家使某些人和他們的語言混合爲一體，只以具有各自明顯特性、濃度、色彩的言語來表現其人物。當巴爾札克的人物，比如說，被輕易地歸結爲社會中各種力量的關係，後者是作爲代數中間式一類的東西被構成的時候，普魯斯特的人物則被壓縮在一種特殊語言的濃密陰影之中；實際上正是在這個層次上，人物的全部歷史情境被組合和排列起來，如其職業、階級、成就、傳統和生物學特點等。於是文學開始把社會看成一種自然世界，對這個自然世界它也許可以將其某些現象複製下來。當作家採用人們實際說著的語言，即當它不再是生動描繪的語言，而是像包容了全部社會內容的基本對象的語言之時，寫作就把人物的實際言語當成了他的思考場所。文學不再是一種驕傲或避難所了，它開始變成一種傳達清晰的信息的行爲，好像它必須首先從中學習如何複製社會差異性的細節似的。文學承擔了在一切其它信息之前直接報導成熟之人的情境的任務，這些人都處於他們的階級、地區、職業、傳統或歷史的語言結構之內。

因此，建立在社會言語上的文學語言永遠擺脫不掉一種限制了它的描述性質，因爲（在社會實際狀況中的）語言的普遍性是一種聽覺現象，而絕不是說出的現象。在像法語這樣一種全國性規範系統的內部，各個集團中的說話方式彼此不同，而每個人都是他自己語言的囚

徒。除了一個人的階級以外，是主要的字詞在標誌著、充分確定著和表現著人及其全部歷史的。人是由其語言呈現和托出的，是由一種形式的眞實顯示的，這種眞實避免了他的私利性的或一般性的虛僞。因此，各種各樣的語言起著一種必然性的作用，所以它導致了一種悲劇性。

因此，首先以逼眞逼肖的模仿手法所說出的、所想像的語言的重新建立，導致了對一切社會矛盾內容的表達。例如在塞林的作品中，寫作不是供一種思想之用的，像現實主義所完成的那種裝飾似地被點綴在一種社會亞階級的畫面中。寫作實際上表現了作家是如何沒入他所描繪的狀況的粘性陰影之中的。毫無疑問，問題永遠涉及到表現，因此文學未曾被超越。但是一切描繪方式都應是適當的（因為直到目前為止文學尤其被看成如此），對作家而言，理解一種現實語言就是最具有人性的文學行爲。而整個現代文學都貫串著如下夢想的某些方面：與社會語言的自然性相結合的一種文學語言（只要想一下薩特的浪漫性對話這類晚近的和熟知的例子就夠了）。但是，不管這些畫面描繪得多麼成功，它們永遠只能是一些複製品，一些由一種純慣約性寫作的長篇宣敍調所環繞著的樂曲。

奎諾正想指出，書寫話語所受到的口語影響在其各方面都會發生。對奎諾來說，文學語言的社會化同時涉及到寫作的一切層次：拼寫法、辭彙以及（更重要但不那麼引人注目的）敍述方式。顯然，奎諾的這種寫作並不存於文學之外，因為它永遠要被社會中一個有限的部分所消費，它不具有一種普遍性，而只是一種經驗和一種消遣。首先至少可以說成為文學的東西並不就是寫作。文學同形式分離，它只是一個書寫類別。文學成爲反諷(ironie)，在其中語言構成了深刻的經驗。或者說，文學公然地被重新導向一種語言的問題，實際上它也只能如此。

我們看到，由此出現了一種新人道主義的可能領域，影響到現代

文學語言的那種總的懷疑態度，爲作家語言和人類語言的相互協調所取代。正是此時，作家可以被說成是充分地道義介入的，此時作家的詩作自由存於一種語言條件的內部，其局限即社會之局限，而不是一種規約或一群公衆的限制。否則的話，道義介入將始終是徒有其名的；它將能承擔對良心的禮讚卻並不以一種行爲爲基礎。因爲不存在無語言的思想，形式就是文學責任最初和最後的要求；而且因爲社會是紛亂多爭的，必然性的和必然被引導的語言就爲作家建立了一種被分裂的生存情境。

㈥語言的烏托邦

　　寫作的擴增是現代的現象，它迫使作家去進行選擇，它使形式成爲一種導引，並引出了一種寫作的倫理學。從此以後，在構成文學創作的各種因素上又填加上一個新的深刻因素——形式，形式在自身之上構成了一種附著於思想功能的機制。現代寫作是一種獨立的眞實有機體，它在文學行爲的四周成長，以一種與其意圖不同的價值裝飾著文學，並使後者不斷地捲入一種雙重的生存方式中去。此外還在本身也包含著歷史的、不可穿透的記號和字詞的內容之上，填加上另外一種折衷或補救的因素，因此在思想情境中混入了一種形式的補充的命運，它往往是紛歧多變的，又永遠是令人困惑的。

　　文學記號的這種命運表明，一位作家不可能在尋詞索句時不採取一種過時的、混亂的或模仿的、無論如何是規約性的和非人的語言所具有的特殊立場；然而這種命運，正好是在需要一種逐漸廢除了其資產階級神話身分的文學之時，並通過一種人道主義的活動或表現來起

作用的，這種人道主義最終把歷史歸入其人的形象中。因此在其最好的傳統內容中被完成的已往的文學類別，是一種非時間性的人的本質的表現，這些類別最終只具有一種特殊的形式，一種辭彙的或句法的秩序。總之一種語言，這也就是寫作，它從此以後吸收了一部作品的一切文學特性。薩特的一部小說只有在忠實於某種被敍述的、而且是間斷性的格調時才是小說，這種格調的規範是在小說誕生之前的整個地質學式過程中被建立的。實際上，使薩特的小說重新納入純文學類別的不是其內容，而是這種宣敍調式的寫作。此外，當薩特企圖打破浪漫主義的連續性，將其敍事過程分割，以表現現實的普遍存在時(例如在《間隔》一書中)，正是被敍述的寫作在事件的同時性之上重新組織了一種獨一無二的、齊一性的時間，即敍述者的時間，其特殊的聲音是由可清楚識別的事件確定的，它阻礙著一種具有多餘的統一性的歷史的顯現，並賦予小說一種表現的含混性，這種表現本身或許並不眞實。

　　由此我們看到，如果作家的寫作使作家處於一種無法解決的矛盾之中，就不可能產生現代的文學傑作。或者作品的對象被簡單地交與形式的規約來處理，文學對於我們當前的歷史來說始終是沉悶的，而文學的神話並未被超越；或者，作家認識到當前世界的無處不在的新穎特徵，但爲了報導它，只運用著一種雖華麗但已死去的語言。在他的空白書頁前，在選擇字句使其明確地顯示作家在歷史中的地位並證明作家已掌握了主題之時，他注意到了在「所爲」與「所見」之間的一種悲劇性的差異。在他看來，平民的世界現在構成了一種眞正的自然，這個自然在說著話，在發展著一種將作家排除在外的活生生的語言。而在他的手指之間情況正相反，歷史提出了一種裝飾性的和有危害的工具，一種他從先前不同的歷史中繼承來的寫作方式，對此他並

不負有責任，然而這種寫作卻是他唯一可以利用的。因此寫作的悲劇產生了，因為自覺的作家從此以後應當與祖傳的、強而有力的記號抗爭，這些記號來自十分不同的過去，卻把一種作為儀式規約而非作為相互調和的文學強加於他。

　　因此，作家除了放棄文學之外並無解決這個寫作問題的可能。每位作家剛一臨世就面對著這個文學方法的問題。但是如果他限制這種文學，他永遠只不過是賦予文學一種緩刑決定，文學會利用這種緩刑決定來重新征服他。儘管他創造了一種自由的語言，人們依然使他獲得被製作的語言，因為過份的作為永遠不是無害的。而且正是由於這種語言為所有不說它的人所強力推動而變為穩定和封閉，他才不得不繼續使用它。因此我們就看到了一種寫作的僵局，它也是社會本身的僵局，對此今日的作家十分了然。對他們來說，探索一種無風格或口頭的風格，探索一種零度的或口語級的寫作，總而言之，這就是對一種絕對齊一性的社會狀況的期待。多數人都理解，除了平民社會中一種具體的、而不再是神秘的或徒有其名的普遍性之外，就不可能有普遍性語言了。

　　於是在當前一切寫作中都存在著一種雙重假定，這就是存在著一種斷裂的運動和一種降臨的運動，以及存在著整個革命情勢的圖景。這種雙重假定的基本含混性必定是：革命在它想要摧毀的東西內獲得它想具有的東西的形象。正如整個現代藝術一樣，文學的寫作既具有歷史的異化又具有歷史的夢想。作為一種必然性，文學寫作證明了語言的分裂，後者又是與階級的分裂聯繫在一起的；作為一種自由，它就是這種分裂的良知和超越這種分裂的努力。儘管不斷為自己的孤獨感到歉疚，文學的寫作仍然是對語言至福境界的一種熱切的想像，它緊忙地朝向一種夢想的語言，這種語言的清新性借助某種理想的預期作用，象徵了一個新亞當世界的完美，在這個世界裡語言不再是疏離

錯亂的了。寫作的擴增將建立一種全新的文學，如果這種文學僅是爲了如下的目標才創新其語言的話，這就是：文學應成爲語言的烏托邦。

符號學原理

內容目錄

導　論

　　符號學還有待於建立，因此我認為還不可能提出任何一部符號學分析方法的手冊。此外，由於其普遍性（因為它將是一切記號系統的科學），符號學將不可能被教授，除非這些符號學系統是從經驗上構成的。因此為了一步步進行工作，必須研究某種知識。我們必須通過一種嘗試性知識考察來擺脫這個惡性循環，這種知識不得不既是謙遜的，又是大膽的。說其謙遜是因為，符號學知識實際上只可能是對語言學知識的一種模仿。說其大膽是因為，這種知識至少在構想中，已經被應用於非語言的對象了。

　　我在此提出的這本《符號學原理》其目的只是要從語言學中引出一些分析概念①。這些概念，我事先認為，具有足夠的一般性，以便用以進行符號學研究。在匯集這些概念時，我並不斷言它們在研究過程中會始終保持完整；我也不斷言符號學應當始終嚴格地遵照語言學模式②。我們滿足於提出和闡述一套術語系統，希望這套術語系統能夠在大量異質性的意指現象中導出一個最初的秩序來（即使它只是臨時性的）。總之，本書的內容與問題分類的原則有關。

　　因此，我們將把這些符號學原理按照結構語言學分為四大類：Ⅰ.語言和言語；Ⅱ.所指和能指；Ⅲ.系統和組合段；Ⅳ.直接意指和含蓄

---

①「一個概念肯定不是一件事物，而且也不再只是對一個概念的意識。一個概念是一種工具和一種歷史，即捲入一個經驗世界中的可能性與障礙的叢束。」(G. G. 格蘭格爾：《經濟學方法論》，第 23 頁)
②這是列維─斯特勞斯指出過的危險（《結構人類學》，第 58 頁）。

意指。讀者會看到，這些分類是以二分法形式呈現的；概念的二元分類法似乎往往存在於結構的思想中③，好像語言學家的元語言「在深層」複製著它所描述的系統的二元結構。我們將順便指出，研究當代人文科學話語中二元分類的突出作用，無疑是極富教益的。這些科學的分類學如果被充分了解了的話，將肯定提供有關我們時代所謂理智想像的信息。

Ⅰ.語言結構與言語

Ⅰ. 語 言 學

Ⅰ.1.1.　語言結構(Langue)和言語(parole)這對二分的概念在索緒爾語言學中佔據著中心地位，而且與以前的語言學相比，它們肯定具有重要的革新意義。索緒爾以前的語言學主要關心在發音演變、詞義自發關聯和類比作用中研究其歷史性變化的原因，因此它是一種有關個別性言語行為的語言學。為了研究這對著名的語言二分概念，索緒爾以語言的「多樣性和雜亂性」為出發點；初看起來，語言表現為一種不可分類的現象④，我們不可能從中推演出統一性來，因為這一現象同時具有物理性、生理性、心理性、個人性和社會性。然而，當人們從這種繁雜現象中抽引出一種純社會性的對象時，語言的混亂性

③這一特點已為M. 柯亨（不無懷疑地）注意到（「現代語言學和唯心主義」，載於《國際研究》，1958 年，5 月，第 7 期）。

④讀者將看到，語言結構的最初定義是在分類學的層次上作出的：它是一種分類原則。

就終止了，所謂純社會性對象，即人們進行交流所必須的規約系統，它與組成它的記號的質料無關；這就是語言系統，與其相對的言語則含括語言的純個別性方面（發音行爲，語法規則的實現，與諸記號的偶然性組合）。

I.1.2.　我們因此可以說，語言結構就等於是語言(Langage)減去言語。語言結構既是一種社會性的法規系統，又是一種值項(valeurs)系統。正如社會性的法規系統一樣，它絕不是一種行爲，它擺脫了一切事先的思慮。語言結構是語言的社會性部分，個別人絕不可能單獨地創造它或改變它。它基本上是一種集體性的契約，只要人們想進行語言交流，就必須完全受其支配。此外，這個社會的產物是自主性的，正如一種本身具有規則的遊戲一樣，因爲人們如果不經學習是無法掌握它的。作爲值項系統的語言結構是由一定數目的成分組成的，每一成分既是一種對其他成分有量值的東西，又是一種較大的功能項，在此功能項中程度不等地出現著其他的相關值項。從語言結構的角度來看，記號相當於一枚錢幣，這枚錢幣等價於它能購買的一定效用，但它的價值也可以相對於其他含值較高或較低的錢幣來衡量。語言結構的法規性與系統性顯然是相互聯繫的，因爲語言結構是一個由諸約定性的（部分上是任意性的，或更準確些說，非理據性的）值項組成的系統，它抵制個別人所作的改變，所以是一種社會性的法規。

I.1.3.　與作爲法規和系統的語言結構相對，言語在本質上是一種個別性的選擇行爲和實現行爲，它首先是由組合作用形成的。「由於組合作用，說話的主體可以運用言語結構的代碼來表示個人思想」(可以把擴展的言語稱作語話discours)；其次它是由「心理與物理機制形成的，這類機制使言能將這些組合作用表現於外」。例如，我們當然不能把發音行爲與語言結構相混，不論依賴語言法規與系統的個人高聲還是低聲說話，吐字緩慢還是快速，都不可能改變這個法規和系統。

言語的組合性顯然是重要的，因爲它意味著言語是由一些相同記號的反覆結合形成的；因爲這些記號既在幾種話語中重複出現，又在同一種話語中重複出現(儘管記號可按無限多種言語表達來組合)，所以每一記號都成爲語言結構的一個成分。同樣，由於言語基本上是組合性的，它於是相當於個別的行爲，而不相當於一種純創新性的行爲。

I.1.4.　語言結構和言語這兩個詞中的任何一個顯然都只能在一種辯證的過程中來規定其完整的意義。這個辯證過程把二者結合起來：沒有言語就沒有語言結構，沒有語言結構也就沒有言語，正如梅羅─龐蒂指出的，眞正的語言實踐只存在於這一交互關係中。V.布龍達爾也說過⑤，「語言結構是一個純抽象的實體，一種超越個人的規範，一種基本類型的集合，言語以無窮無盡的方式將其實現著。」因此，語言結構和言語處於一個相互含蘊的關係中。一方面，語言結構是「由屬於同一社會的各主體中的言語實踐所呈現的寶藏」，而且因爲它是由諸個別標記組成的集合體，在每一孤立個人的層次上它只能是不完全的；語言結構只能在「言語流全體」中才能有完全的存在，而人們也只有在語言系統中將言語抽出才能運用言語。然而另一方面，語言系統也只能從言語中產生。從歷史上說，言語現象總是先於語言結構現象的（是言語使語言結構演變的）；從發生學上說，語言結構是經由環繞著它的言語的學習而在個人身上形成的（人們並不敎嬰兒學語法和辭彙這類大致相當於語言結構的東西）。總之，語言結構既是言語的產物，又是言語的工具，這一事實具有眞正的辯證法的性質。我們將注意到（當從語言學過渡到符號學觀點時十分重要的是），不可能存在(至少對索緒爾來說) 一門關於言語的語言學，因爲一切言語在被理解成通訊過程時已經屬於語言結構了，這樣我們就只有一門關於語言結構的

⑤《語言學學報》第1卷，第1期，第5頁。

科學。於是我們就一下子排除了以下兩個問題：考慮是否應當在語言結構之先去研究言語，這是徒勞無益的，不可能有其他選擇，人們只能在言語具有語言學（「發音學」的）性質的方面來研究它。預先考慮如何把語言結構和言語分開來也是徒勞無益的，在這個問題上並不存在一種預先已有的方法，正好相反，語言學（稍後還有符號學）研究的要義正在於使語言結構與言語分開來，同時這也是確立意義的過程。

I.1.5.　葉爾姆斯列夫 ⑥ 並未打亂索緒爾的語言結構與言語的理論，但他以更加形式化的方法重新規定了這兩個概念。在語言結構本身（它始終與言語行為對立）葉爾姆斯列夫區分了三個層次：(1)圖式(schéma)層，它是作為純形式的語言結構（葉爾姆斯列夫不大想把這個層次稱作「系統」、「型式」或「構架」），其實它就是在該詞嚴格意義上的索緒爾的語言結構。例如，法語音素r在語音學上是按其在一系列對立組中的位置來確定的。(2)規範(norme)層，它是作為質料形式(forme materielle)的語言結構，它已為某種社會實現作用所規定，但仍獨立於其顯現的細節之外。如法語口語中的r，不論其發音如何（但它不是法文書寫形式的r）。(3)用法(usage)層，它是作為某一社會慣習集合的語言結構，例如某些地區中的法語音素r。在言語、用法、規範和圖式彼此之間存在著不同的制約關係：規範制約著用法與言語；用法制約著言語，但也為後者所制約；圖式同時為言語、用法和規範所制約。我們可以看到，（實際上）顯現的是兩個基本層次：(1)圖式層，有關它的理論與有關形式和法規的理論相結合；(2)規範—用法—言語層，有關這一層次的理論與有關內質(substance)和實行的理論結合在一起。正如葉爾姆斯列夫所說，規範是研究方法的一種純粹抽象，而言語是一種純粹具體化過程（「一種暫時性的紀錄」），為完善起見可提

---

⑥L. 葉爾姆斯列夫：《語言學論集》，哥本哈根，1959 年，第 69 頁。

出一種新的概念二分法：圖式與用法，這對概念可用來代替語言結構
與言語。然而葉爾姆斯列夫的改進並不是無所謂的，他從根本上使語
言結構概念（他用圖式這個詞）形式化了，並排除了具體性的言語概
念，而代之以一個更具社會性的用法概念。把語言結構概念形式化和
使言語概念社會化的這種改變，完全消除了言語的「肯定性」和「實
體性」方面，也完全消除了語言結構的區分性方面，我們馬上會看到，
這種改變的優點是取消了索緒爾的語言結構與言語二分法中的諸矛盾
中的一種矛盾。

　　Ⅰ.1.6.　這種二分法不管內容多麼豐富和具有多大的優點，實際
上仍然產生了不少問題。在這裡我們談三點。第一個問題是，是否可
以使語言結構等同於代碼，使言語等同於信息？按照葉爾姆斯列夫的
理論，這種類比是不能成立的。P.吉勞德也拒絕這種類比，他認為，代
碼的慣習規則是明顯的，而語言結構的慣習規則則是隱含的⑦。然而
按照索緒爾的觀點，這種類比是肯定可以接受的，A.馬丁內也認為可
以同意⑧。我們可以在言語和組合段(syntagme)之間的關係方面提出
一個類似的問題，言語儘管在發音表現方面多種多樣，但可被定為記
號（重複出現物）的一種組合（變型）；然而在語言結構本身的層次上
卻已經存在著某些固定的組合段(索緒爾曾引證組合詞magnanimus為
例)。然而區別語言結構和言語的界限可能很不牢靠，因為在這裡界限
是由「組合的某種程度」確立的。因此在這兒就引出了固定的、本質
上是語言學的（發聲學的）組合段分析，因為所有的組合段都要受聚
合體變異作用(variation paradigmatique)的影響（葉爾姆斯列夫把這
種分析叫作型態句法——morpho—syntaxe)。索緒爾也注意到了這種

⑦「語言學中的定量分析的力學」，載《應用語言學研究》，第2卷，廸得爾出版社，第37
頁。

⑧馬丁內：《普通語言學原理》，阿爾芒·柯林出版社，1960年，第30頁。

過渡現象：「或許也有一整套屬於語言結構的短語，個人自己不再需要把它們組合起來」⑨。如果這類定型的語言表達屬於語言結構，而不再屬於言語，如果人們承認衆多的符號學系統將因此而有很大用處，那麼應當預見到，對於所有強定型化的「寫作」來說都需要一門眞正的組合段語言學。最後，第三個問題與語言結構和相關性概念(pertinence)的（因而也是和語言統一體中眞正有意指性的元素的）關係有關。人們有時（如特魯別茨柯伊本人）認爲相關系統與語言結構等同，因此把一切非相關的特徵，即組合性變體，排除於語言結構之外。於是認爲二者相同的看法就產生了困難，因爲存在有被強加的即「任意性的」組合性變體（初看起來它們屬於言語現象）。在法語中語言結構硬行規定字母 l 在一個清輔音（如oncle一詞中）之後是一個清輔音，而在一個濁輔音（如ongle一詞中）之後是一個濁輔音，除非這些現象不再屬於純粹語音學（而非音位學）了。結果理論會提出，我們是否應當承認，眞實情況與索緒爾的斷言（「在語言結構內只有區分」）相反，那些未被區分的現象仍然可能屬於語言系統(屬於法規)，馬丁內就是這樣認爲的。弗萊企圖通過下述方式排除索緒爾的矛盾，即使區分限於亞音位(sub-phonemes)之內，例如說，p本身不是區分性的，而只具有輔音、塞音、清音、唇音等特徵。對於這個問題，本文不擬深論。從符號學觀點來看，必須承認那些「發聲的」、即屬於語言結構的組合段和其非意指性變體的存在。索緒爾幾乎未曾預見到的這樣一門語言學，可能在一切以固定組合段（或定型表達）爲主的領域中起重要的作用。大衆語言就是這樣的領域，此外當非意指的變體構成」一個第二能指系統時，具有強含蓄意指性的語言也屬這一領域⑩。如舌尖顫音r在直接意指水平上是一種簡單的組合性變體，而在例如戲劇語

⑨引自R. 哥得爾編：《普通語言學教程原稿彙編》，米納爾，1957 年，第 90 頁。
⑩參見第IV章。

言中它就增添了一種鄉音聲調，因此參與了一種代碼，如無這種代碼，「鄉間性」的信息就既不可能發出，也不可能被接受。

Ⅰ.1.7.　我們將在本節中提出自索緒爾以來盡人皆知的兩個從屬的概念來結束有關語言學中的語言結構和言語概念的討論。第一個是個性語言(idiolecte)⑪。個性語言即「被單獨一人所說的那種語言」(馬丁內語)，或者說是「某一時刻中某一個人的習慣的全體規則」(艾伯林語)。雅克布遜曾懷疑這個概念的重要性，他認爲語言永遠是被社會化的，甚至在個人的水平上，因爲當人們對某人說話時總企圖或多或少地談對方的語言，特別性用對方的辭彙(「在語言領域內不存在私有性質」)，因此個是語言一般來說是一個虛假的概念。然而我們應當注意，個性語言能有助於表示以下現象：(1)失語症患者的語言，他不能理解別人的話，不能接受與本人語言模式相符的信息，這樣的語言就是一種純個性語言 (雅克布遜)；(2)作家的「風格」；雖然風格也總是具有某種來自傳統的，即來自集體的語言模式；(3)最後我們可以乾脆引伸這個概念，把它定義作某一語言社會的語言，也就是由那些以相同的方式解釋一切語言陳述的諸個人所組成的團體的語言；這樣，個性語言就幾乎相當於我在其他場合用寫作(écriture)一詞所描述的那種語言⑫。一般而論，個性語言概念所表明的這種探索，只不過表示了在言語與語言結構之間還需要一個中間項 (正如葉爾姆斯列夫的用法理論所表明的)，或者換言之，需要一種被制度化了的，但還未像語言結構那樣可加以徹底形式化的言語。

Ⅰ.1.8.　如果我們同意「語言結構—言語」與「代碼—信息」這兩

---

⑪R. 雅克布遜：「兩種語言觀與兩類失語症」，載其所撰的《普通語言學論集》中，巴黎，1963 年，第 54 頁。C.L.艾柏林：《語言的單元》，海牙，1960 年，第 9 頁。馬丁內：《語言的功能觀》，牛津，1962 年，第 105 頁。

⑫參見《寫作的零度》，巴黎，1953 年。

組概念相同的看法，現在就得提一下另一個有關的概念，即雅克布遜用雙重結構(structures doubles)來表示的概念。在這裡我們不對此著重介紹了，因爲雅克布遜已在《普通語言學論集》第九章) 中重新加以闡述了。我們只指出，雅克布遜的双重結構論研究的是代碼與信息一般關係中的某些特殊情況，即兩種有關循環性的情況和兩種有關重叠性(overlapping)的情況。(1)插入話語或某一信息內的信息(M/M)，這是間接文體的一般情況；(2)專有名稱，這種名稱表示一切指定由其表示的人，在此代碼的循環性是明顯的(C/C)：「讓」(Jean)表示一位叫「讓」的人；(3)自名(autonymie)，如「 Rat 是單音節詞」，在這句話中rat (雄鼠) 這個詞被用作它自己的專有名稱，信息就與代碼「重迭」了 (M/C)。這個結構很重要，因爲它包含了「說明性的解釋」，也就是相當於委婉表達法，同義語和兩種語言間的轉譯；(4)轉換語(shifter)〔或「連接語」(embrayeur)〕毫無疑問構成了最值得注意的雙重結構。最常見的轉換語的例子是人稱代詞(我，你)，人稱代詞是一種「指示性符號」，它本身把約定性的關係和存在性關係結合在一起。實際上我只能藉助一種約定性規則才能表示其對象 (於是我在拉丁語中是ego,在德語中是ich,等等)，但另一方面，人稱代詞在表示說話者時只能在存在性上依賴於說話行爲(C/M)。雅克布遜提醒讀者，長久以來人稱代詞都被看成是語言的最原始的層次(洪堡)，但他認爲情況正相反，問題與一種複雜的和成年後才有的代碼與信息之間的關係有關。人稱代詞是兒童學習語言時最後學會的，也是失語症患者最先失去的；這是一些很難掌握的轉換詞。轉換詞理論至今似乎還很少被研究，然而我們或許可以說，開頭時多注意與信息相衝突的代碼是很有益處的(反過來說則太平淡無奇了)。我們已看到，用皮爾士的術語來說，轉換詞是指示性符號，或許 (這只是一種工作假設) 正是由於轉換詞我們才有必要研究那類出現於語言範圍內、尤其是某些文學話語

形式內的信息的符號學定義。

I.2.　符號學的觀點

　　I.2.1.　**語言結構與言語這對概念的社會學意義是明顯的。**人們很早就指出過索緒爾的語言結構與杜爾凱姆的集體意識概念之間有顯然的類似性，集體意識概念是獨立於它的個別表現的。甚至有人假定杜爾凱姆對索緒爾有過直接的影響，索緒爾可能認眞注意過杜爾凱姆和塔得之間的爭論，他的語言結構觀來自杜爾凱姆，而他的言語觀是對塔得的個體觀的一種讓步⑬。這種猜測已失去了現實意義，因爲語言學已按照索緒爾的語言結構觀發展了「值項系統」的觀點，它導致人們承認有關語言法規內在分析法的必要性，而內在性概念是與社會學研究相抵觸的。似乎矛盾的是，我們看到的語言結構和言語觀的較成功的發展不是出現在社會學方面，而是出現在哲學領域。梅羅－龐蒂也許是對索緒爾感興趣的法國最著名哲學家之一，或許由於他重新堅持了在說著的言語 (在產生狀態中的有意義的意向) 和已說的言語 (由語言結構所獲得的結果，它使我們想起了索緒爾的「寶藏」概念) ⑭，或許由於他把這個概念擴大，提出了所有的過程都以系統爲前提的假定⑮，這樣，從此就提出了一種在事件與結構之間經典的對立說⑯，這一理論在歷史學中極有成效⑰。大家知道，索緒爾的這個概念在人類學

---

⑬W. 多羅日夫斯基：「語言結構和言語」，載《布拉格語言學會刊》，第XLV卷，瓦爾索維，1930 年，第 485-497 頁。

⑭梅羅－龐蒂：《知覺現象學》，1945 年，第 229 頁。

⑮梅羅－龐蒂：《哲學的禮讚》，格里馬出版社，1953 年。

⑯G. 格蘭格爾：「人文科學中的事件與結構，載《應用經濟科學學會會刊》，第 55 期，1957 年 5 月。

⑰參見F. 布勞戴爾：「歷史與社學科學：長區段」，載《年鑒》，1958 年，10～12 月。

領域中也有重大的發展；在列維—斯特勞斯的全部著作中都非常明顯地提到索緒爾，以便強調這一觀念的重要。我們只提請讀者注意，過程與系統的對立（即言語與語言結構的對立）是具體地表現在親族結構內女人交流過程中的。對列維—斯特勞斯而言，這種對立具有一種認識論的價值，語言結構現象的研究屬於機械的（按列維—斯特勞斯的意義，即在與「統計的」對立的意義上）和結構的解釋範圍；而言語現象的研究屬於概率計算領域（宏觀語言學）⑱。最後要指出，那些從語言結構中引出自己言語來的人的語言結構所具有的無意識特性，已為索緒爾明確地提了出來⑲，這也是列維—斯特勞斯最獨創的和最豐富的見解之一，即無意識並非內容（對雍格原型論的批判）而是形式，形式即所謂象徵功能。這一想法與拉康的思想類似，在拉康看來欲望本身是作為一種意指系統而被表達的，這種看法導致或將導致人們以一種新方式去描繪集體的想像界（l'imaginaire collectif），即不是像迄今為止人們所作的那樣去按其「主題」，而是按其形式和其功能去描繪它；或者更一般地但也更明確地說，更多地按其能指而非按其所指去描繪它。按照這一簡要的說明我們看到，語言結構和言語這對概念在語言學之外或之上導致了豐富的發展。我們將假定，語言結構和言語這對一般性範疇廣泛地存在於一切意指系統中。由於缺乏更好的詞，我們在此仍保留語言結構和言語這對詞，即使當我們把它們應用於非語言性的通信系統中時也一樣。

　　Ⅰ.2.2.　我們看到，語言結構和言語之間的區分是語言學分析中的重要部分。然而如想立即對事物、形象和行為的系統作這類區分是

---

⑱《結構人類學》，第230頁，以及「人的數學」，載《精神》，1956年，10月。

⑲「在行為之外，由言語發出時刻之外絕不存在對形式的預先設想，而且根本對此就沒有考慮，除了一種非創造性的無意識活動即分類活動之外」。（索緒爾；載上引R. 哥德爾前引書，第58頁）

徒勞無益的，這些系統還未從語義學角度被研究過。對於所提到的這些系統，我們只能預見到其中某些現象類屬於語言結構範疇。另一些現象類屬於言語範疇，然而得立即指出，在這類符號學過程中索緒爾的二分法須加以某些改變，對此我們要仔細注意。現舉服裝現象爲例，按服裝在社會交流中表現的內容顯然應當區分出三個不同的系統。在書寫的服裝中，即時裝雜誌中用分節語言所描述的服裝中，可以說並不含有「言語」；「被描述的」服裝絕不相當於時裝規則的一次個別的實現，而是相當於記號和規則的一個系統，即在純粹狀態中的一種語言結構。如果按索緒爾圖式來看，無言語的語言結構是不可能成立的；在服裝現象中這一事實之所以能成立，一方面由於時裝語言結構不是從「說著的大量言語流」中導出的，而是由一組決定產生的，這組決定自然地產生出代碼來；另一方面由於在這裡一切語言結構所固有的抽象作用都是以書寫語言的形式來體現的。這樣，（被書寫的）時裝在服裝信息交流水平上是語言結構，而在天然語言交流水平上是言語。在被攝影的服裝現象中（爲簡化起見假定其中不附有文字說明），語言結構永遠是由時裝界人士產生的，然而它不再以抽象形式表現，因爲被攝影的服裝永遠附在某一個別婦女身上。由時裝攝影所表現的服裝具有半系統化的性質，因爲一來在這裡時裝語言結構是由一種「準實在的」服裝中引出的，而同時服裝的穿戴者（攝影模特兒）却可以說是一位標準化的個人，她是根據其擁有的典型特點被選中的，因此可表示一種固定的「言語」，這種言語不具有任何組合的自由性。最後，在被穿戴的（或實在的）服裝現象中，正如特魯別茨柯伊所暗示的[20]，我們看到了語言結構和言語之間的典型區分。組成服裝語言結構的是：(1)衣服的各部分、腰身或「細節」之間的對立系統，它們的變化將引

---

[20]《音位學原理》，第19頁。

起一種意義的改變(戴貝雷帽和戴圓頂禮帽意義不同)；(2)衣服的各細
節部位按身軀和厚薄不同彼此相結合的諸規則。服裝的言語包含著各
種不規則的製作因素（在我們的社會中已很少存在了）或個別的穿著
因素（衣服大小，雅致與耐磨的程度，個人癖好，衣服個別部位之間
自由的組配）。在這裡把「服裝」(costume,它相當於語言結構) 和「衣
服」(habillement,它相當於言語) 聯繫起來的辯證法與天然語言中的不
同。當然，衣服永遠是來自服裝的（除了在一些標新立異的場合，此
時它有自己特殊的記號），然而服裝,至少在今日,是存於衣服之前的,
因爲它產生於由少數人組成的,「服裝業」團體（雖然它比起高級時裝
業來較少個人特色）。

I.2.3.　現在我們再來看另一種意指系統——飲食現象，在這一
領域中我們不難發現索緒爾式的概念區分。組成飲食語言結構的是：
(1)排除規則 (飲食禁忌)；(2)有待確定的諸單元間的意指性對立 (例如
「鹹—甜」對立)；(3)同時性 (在一份菜的水平上) 或相續性 (在一套
菜的水平上) 的聯合規則；(4)用餐禮儀，它或許作爲一種飲食「修辭
學」起作用。至於極其豐富的飲食「言語」，它包括有關飲食製備和組
配的種種個人的 (或家庭的) 變體（我們可以將按一定數量習慣形成
的某一家庭的烹調看作一種個性語言）。一套菜則可清楚地說明語言結
構和言語的作用；整套菜是參照一種 (民族的、地區的或社會的) 結
構構成的，然而這個結構是隨著時代和用食者的不同而加以體現的,
這正像一種語言的「形式」按照某一說話者隨特殊信息的需要不同去
進行自由改變和組合時加以體現的情況一樣。在這裡，語言結構和言
語之間的關係非常接近於我們在天然語言中看到的那種關係,這就是,
大致來說，作爲各種言語的某種沉積的用餐法構成了飲食的語言結構。
個別的創新現象 (人們發明的各種食譜) 永遠表明具有一種法規化意
義，與服裝系統不同的是，在任何情況下都不存在某一決定集團的作

用，飲食的語言結構只是由某種集體性用餐法或某種純個別性「言語」構成的。

I.2.4.　*我們還可隨意地提出有關另外兩類事物系統的一些說明來結束對語言結構和言語之間區別性的考察，這就是汽車系統和家具系統。*這兩類系統儘管不同，但在依存於某一決定（製造）集團的特點上卻有共同性。在汽車系統中，「語言結構」是由一套形式和「細節」構成的，它們的結構是隨著比較它們之間原型的不同而形成的（與其「複製品」數量無關）。在這裡「言語」現象很有限，因爲在相同的檔次上選擇不同式樣的自由極其有限，人們只能在兩三種式樣中和在一種式樣內的幾種顏色和配件中進行挑選。但是在這個例子中我們也許應當把作爲對象(objet)的汽車概念轉換爲作爲事實的汽車概念。在汽車駕駛行爲中我們看到作爲對象的汽車有種種不同的使用法，它們一般來說構成了言語面，實際上使用者在此不可能直接影響汽車的式樣來改變其各部分的組合方式。使用者的「實行」自由取決於在時間中形成的用法，在這種用法的內部，語言結構的「形式」在被實現時必須通過人類這些實踐的沉積層。最後，我們想略微一提的另一個系統是家具(mobilier)現象，它本身也是一個語義學對象。它的「語言結構」由兩個方面構成，一個是功能相同的各種家具（如兩種床、兩種壁櫥等等）及其中每一件家具的對立系統，它們的各種「風格」具有不同的意義；另一個是在每件家具(ameublement)水平上的不同單元間的組配規則。對於家具現象來說，「言語」的構成或者是由於使用者可能給一個單元帶來的無意義的改變（例如手藝人在拼湊一個家具部件時），或者是由於在每件家具之間的自由組配。

I.2.5.　*最有趣的通信系統，至少是那些屬於大眾傳播社會學領域的系統，都是複雜的系統，其中包含有種種不同的內容。*在電影、電視和廣告領域中，意義與形象、聲音和字形之間的相互作用系統有

關。目前爲這類系統確定語言結構現象和言語現象的分類爲時尚早，一方面因爲人們尚難斷定每一複雜系統的「語言結構」的基本性的，還是僅僅由有關的附屬「語言結構」組成的；另一方面因爲這些附屬語言結構還未被分析過（我們了解天然語言的「語言結構」，但並不了解形象或音樂的「語言結構」）。至於報紙，我們可以合理地把它看作一種自足的意指系統，即使僅限於考慮其書寫成分，但仍然幾乎不了解一種似乎具有頭等重要性的語言現象──含蓄意指，即所謂嚴格意義的語言結構的第二層或附屬層意義系統的形成㉑。這個第二系統本身也是一種「語言結構」，某些有關的言語、個性語言和雙層結構等都圍繞著這個語言結構發展起來。對於這些複雜的或含蓄意指的（這兩種性質並不相互排斥）系統，不再可能預先決定（哪怕以概括的和假設的方式）其語言結構現象的分類和言語現象的分類。

　　I.2.6.　把語言結構和言語這對概念在符號學領域加以擴大運用並非沒有引起一些問題，這些問題已顯然嚴重到這樣的程度，以致於語言學模式不再適用而應加以改變了。第一個問題與系統的始原有關，這就是語言結構和言語之間的辯證關係。在天然語言中語言結構裡的任何因素都被言語所使用，但是反過來，任何言語如果不是從語言結構的「寶藏」中抽取的就不可能實現（即不符合其通信功能）。像飲食現象這類系統也包含語言結構和言語之間的上述相互關係，至少在部分上如此，儘管個別的創新事件可能變成語言結構現象。但對於大多數其他符號學系統來說，語言結構不是由「說著的大量言語流」而是由某　進行決定的集體造成的。在此意義上我們可以說，在大多數符號學語言結構中記號確實是「任意性的」㉒，因爲它是由某一單方面的決定以一種人爲的方式造成的。總之，它涉及到被製造的語言即「技

㉑參見下文第IV章。

術語言」，使用者運用著這種語言，從中抽取著（「言語」的）信息，但並不參與其製作。作為系統（及其變化）始原的決定集團，可能是數目相對有限的一群，他們可能是知識程度甚高的技術專家團體（如時裝、汽車等例子中的情況）；不過他們也可能是較分散、較不知名的群體（如時髦家具藝術、大眾服裝業中的情況）。然而，如果說這種人為性並未改變這類交流方式的法規性特點並在該系統和運用之間維持某種相互作用關係，一方面是因為意指的「契約」為了被接受就得由廣大使用者來遵行（否則的話，使用者將具有某種非社會性的標記，他只能傳達自己的反常性）；另一方面，因為「通過決定」製作的語言結構並非完全是自由的（「任意性的」），它們服從著集體的制約作用，至少是按下列方式如此：(1)當由於社會的發展產生了新需要的情況下（在現代非洲國家中人們的服裝式樣變成半歐化的，在工業社會和城市社會中產生的食用快餐的新禮儀等）；(2)由於經濟的迫切需要促使某些材料（如人造織品等）消失或增加的情況下；(3)當意識形態限制了形式的創新，使其受禁忌的約束並在某個方面縮小「正常」的範圍時。我們可以更廣泛地說，進行決定的集團的產物，即技術語言系統，其本身只不過是永遠更一般性的一種功能的語詞項，這個功能就是該時代的集體想像界的功能。因此個別的創新就為一種（人數有限的集團的）社會學的制約作用所超越，而另一方面社會學的制約作用又有賴於人類學層次上的最終意義。

　　Ｉ.2.7.　把語言結構和言語這對概念擴展到符號學領域所引起的第二個問題，與人們在「語言系統」和其「言語」之間可能建立的「量值」(volume) 關係有關。在天然語言中，作為有限規則集合的語言結構和作為受這些規則支配、在數量上實際無限的「言語」之間，在量

㉒參見第Ⅱ.4.3.節。

上極其不成比例。我們可以假想，像飲食這類系統也表現出了量值上的巨大差距，因爲在烹調「形式」內部進食的方式和組合法始終是爲數極多的。但是我們看到，在汽車或家具這類系統中，自由組合和組配的變體數量是有限的，在模式和其「實行」之間極少有（至少可按該系統的法規特點本身認出的）邊界。在這類系統中「言語」甚少。例如在像被書寫的時裝這類特殊的系統中，幾乎不存在其言語了，因爲似乎矛盾的是，我們看到一種無言語的語言系統（我們已看到，在此言語是不可能出現的，除非該語言系統由天然語言的言語所「承托」）。儘管的確存在著無言語的或只有極微弱言語的語言系統，仍然有必要修正索緒爾的理論，這一理論認爲語言結構只是一種區分系統（在此情況下區分系統是完全「否定的」，語言結構在言語之外是不可理解的。同時也有必要用第三種成分來補足語言結構和言語的關係，即前意指的(pré—signifiant)質料或內容，它將成爲意指作用的（必要的）承托物。在「一件長的或短的袍子」這個短語中，「袍子」這個詞僅只是一個變體（長或短）的物質基礎，這個變體本身完全屬於服裝的語言結構。這種區別在天然語言中是找不到的，在天然語言中聲音被看作是直接的能指，不可能將其分解爲一個無活力的成分和一個語義成分。在（非天然語言的）符號學系統中我們却能區分出三個層次（不是兩個層次），即質料層、語言結構層和運用層。這將使我們顯然可以考慮無「實行」的系統，因爲第一種成分保證了語言結構的物質性。如果從發生學角度來說明，這一成分的引進就更有道理了，如果說在這些系統中「語言結構」需要「質料」（而不再是「言語」），這是由於和人類語言相反，這些系統一般來說都有一種功用性的、而非意指性的根源。

II.所指和能指

II.1.　記號(signe)

II.1.1.　*在索緒爾的術語系統中，所指和能指是記號的組成成分。*但是記號這個詞出現在（從神學到醫學）各種不同的辭彙系統中，它的歷史也極其豐富(從福音書㉓到控制論)，不過這個詞本身涵義却很模糊。因此在我們論述索緒爾對這個詞的解釋之前，應當先談一下這個意義多變的詞在其中出現的概念範圍。實際上記號這個詞可隨作者之意與一系列接近和類似的詞相對比來使用，如信號(signal)、指號(indice) 肖像(icone)、象徵或符號(symbole)、譬喻(allegorie)等都是記號的主要替用詞。我們先來看看所有這些詞所包含的共同成分：它們都必然歸結爲兩個關係項(relata)之間的一種關係㉔。但是這個特點並不能用來對這些近義詞進行區分。爲了確定一種意義還須依賴其他特點，我們在此提出具有二中擇一形式（出現與不出現）的一些特點來說明一下。(1)這個關係含有或不含有關係項之一的心理表象；(2)這個關係在二關係項之間包含或不包含一種類似性；(3)兩個關係項（刺激和其反應）之間的聯繫是直接的或不是直接的；(4)兩個關係項

㉓J. P. 沙利爾：「第四福音書中的記號概念」載《哲學與神學科學評論》，1959 年第 3 期，第 434～448 頁。

㉔聖·奧古斯丁對此闡述得很清楚：「一個記號是這樣一種東西，它除了本義以外還可在思想中表示其他的東西。」

是相互緊密符合的，還是一個「超過」了另一個；(5)這個關係包含或不包含與使用者之間的存在性聯繫㉕。這些近義詞中的每一個都按它所包含的這些特徵是肯定的還是否定的（有標記的還是無標記的）而彼此區別。還須指出，每位作家所運用的這些近義詞分布互有不同，於是導致了術語的衝突。我們不難通過四位作者使用這些詞語和特點的對比圖式來大致說明這種衝突的情況。這四位作者是黑格爾、皮爾士、雍格和瓦隆（對每位作者來說，某些或者有標記或者無標記的特點都可能欠缺）。

	信號	指號	肖像	象徵(符號)	記號	譬喻
1.代表	瓦隆－	瓦隆－		瓦隆＋	瓦隆＋	
2.類似			皮爾士＋	黑格爾＋ 瓦隆　＋ 皮爾士－	黑格爾－ 瓦隆　－	
3.直接性	瓦隆＋	瓦隆－				
4.相符				黑格爾＋ 雍格　－ 瓦隆　＋	黑格爾＋ 雍格　－ 瓦隆　＋	
5.存在性	瓦隆＋	瓦隆－ 皮爾士＋		皮爾士－ 雍格　＋		雍格－

我們看到，詞語的衝突基本上集中於指號（對皮爾士來說，指號是存在性的，對瓦隆來說則不是）和象徵（對黑格爾和瓦隆來說，在象徵的兩個關係項之間有類似性關係——或「理據性」關係——，對皮爾士來說則無；此外，對雍格來說，象徵是存在性的，對皮爾士則否）。但我們也可看到，圖中垂直方向上顯出的衝突可以很好地或較好地解釋清楚；對於同一作者，諸詞語在水平方向上顯出的變換成互補關係，

㉕參見上文 I.1.8.節有關轉換詞和指示符號的部分。

例如在黑格爾，象徵是類似性的，它與記號對立。如果說在皮爾士，象徵不是類似性的，這是因為肖像可以具有這一特徵。可以說，這本小書的興趣正在於用符號學語言說明，這些詞語只有在彼此（往往是在一對之間）的對立中才取得意義，而且如果這些對立存在，意義就不會含混。特別是信號和指號，符號和記號都是兩種不同函項的函子，正如在瓦隆的研究中那樣，它們本身都處於普遍對立之中，瓦隆的詞語系統是最完全、最清楚的㉖，而肖像和譬喻則始終只為皮爾士與雍格使用。我們將用瓦隆的話說，信號和指號構成了一組不具有心理表象的關係項，雖然在符號和記號這相反的一組中存在著這種表象。此外，信號是直接的和存在性的，與其相對的指號則否（它僅是一種痕記）；最後，在符號中代表關係是類似性的和不相符的（基督教「超出」了十字架），在與其相對的「記號」中這一關係是無理據性的和相符的（在「牛」這個詞和牛的形象之間無類似性，但兩個關係項之間是完全相符的）。

II.1.2.　**在語言學中記號概念並未在各近義詞間造成競爭關係。** 索緒爾在規定意指關係時立即去除了象徵一詞（因為此詞包含有理據性），而代之以作為能指和所指結合體的記號概念（類似於一頁紙的正反面），記號也可看作是一個音像和一個概念的結合體。在索緒爾找到能指和所指這兩個詞之前，記號一詞一直是意義含混的，因為人們總傾向於把它與單獨一個能指相混，而這是索緒爾極力想避免的。索緒爾在考慮了sôme（意形）與seme（意子），forme（形式）與idee（觀念），image（形象）與concept（概念）之後，終於選定了signifiant（能指）與signifié（所指），二者的結合構成了記號。對於這一極其重要的設想我們應當時時記住，因為人們總容易把記號當成了能指，而實際

㉖H.瓦隆：《論思維活動》，1942年，第175～250頁。

上它指一個包含兩個方面的實體。一個（重要的）結論（至少對索緒爾、葉爾姆斯列夫和弗雷來說）是，所指是記號的一部分，語義學應當是結構語言學的組成部分，而對於美國的機械主義者來說，所指這個實體應當排除於語言學而由心理學來研究。在索緒爾之後，語言學的記號理論又爲馬丁內的雙層分節原則所豐富，馬丁內想使這一原則成爲語言的定義根據，指出了它的重要性。他認爲，實際上在語言記號中應區別意義單元和區分單元，前者中的每一個都具有意義（「單詞」，或更準確些說，「語素」——monemes），這些單元組成了第一分節(articulation)層次；後者雖然也參與詞的構成，但並不直接具有意義（「聲音」，或者說「音素」——phonemes），這些單元組成了第二分節層次。雙層分節表明了人類語言的機制，實際上它相當於一種強而有力的分離組合作用，使美洲西班牙語能以二十一個區分單元產生出十萬個意義單元來。

II.1.3.　這樣，記號就是由一個能指和一個所指組成的。能指面構成表達面，所指面則構成內容面。葉爾姆斯列夫在其中每一個面上都進行了一種區分，這對於符號學的（即不限於語言學的）記號研究是重要的。他認爲每一個面都包含有兩個層次：即形式與內質(substance)。應該對這兩個詞重新定義，因爲它們都含有過去沉積下來的厚重的詞意內涵。形式可按語言學方法加以完全、簡明和一貫地描述（符號認識論準則），無需依賴任何語言學以外的前提；內質則是這樣一些語言現象特點的總和，它必須依賴於語言學以外的前提才能加以描述。因爲這兩個層次都存於表達面和內容面上，我們可以得出如下結論：(1)表達的內質，例如發聲的而非功能的聲音內質，它是語音學的而非音位學的研究對象；(2)表達的形式，它由聚合規則和組合規則構成（我們將看到，同一形式可具有兩種不同的內質，即聲音的和字形的）；(3)內容的內質，例如所指的情緒的、意識形態的或概念的特點，

即其「肯定的」意義；(4)內容的形式，即諸所指之間的形式關係組織，它是按某一語義標記的有無而成立的㉗。最後一個概念較難把握，由於在人類語言中我們不可能把所指和能指分開。但在符號學中，形式和內質的二分法可在以下諸情況中有用和易於掌握：(1)當我們面對這樣一個系統，其中的所指是體現於不同於本系統內質的另一種內質中時（例如書寫的時裝介紹）；(2)當一個對象系統包含著一種內質，它並非直接地在功能上有意指作用，而是或許在某一方面只是可被使用時；例如菜餚可用於意指一種情景，但也可被食用。

II.1.4. 這或許使我們能夠根據語言學的記號來推測符號學記號的性質。符號學的記號與語言學的記號類似，它也是由一個能指和一個所指組成（例如在公路規則中綠燈的顏色表示通行的指令），但它的內質却可以各有不同。多數符號學系統（物品、姿勢、形象㉘）都具有一種本來不介入意指作用的表達內質，而社會往往把一些日常用品用於意指目的，如衣服本來是用來禦寒的，食物是用來果腹的，然而它們也可被用來進行意指。我們打算把這些本來是實用物品的符號學記號按其功能叫作功能記號(fonctions—signes)。功能記號表明了一個我們應加以分析的雙重運動現象。開始（這種分析是純操作性的，並不意味著某一真實的時間），這個功能充滿了意義，其語義化過程是不可避免的，自人類社會存在以來，人類對物品的一切運用都轉變成這種運動的記號了。例如，雨衣是為了防雨的，但這種運用與某種氣象狀況的記號是不可分的。人類社會只生產標準化和規範化的物品，這些物品必然成為一種模式的「實行」，一種語言結構的言語，一種意指形式的內質。如想找到一種無意指作用的物體，必須想像出一種純粹

㉗本節和第II.1.1.節的論述雖然是初步的，但都涉及到作為所指的「記號」、「符號」、「指號」、「信號」的形式問題。

㉘其實對於形象來說情況有所不同，因為形象不只是意指性的，也是「交流性的」。

臨時設計的器具，它與現存的任何模式都無聯繫（列維—斯特勞斯指
出修補匠的勞作本身就是一種意義研究）；但是這種假設在一切社會
中都是無法實現的。人類運用物品所包含的這種普遍的語義化作用是
極其重要的，它表明在文化中真正存在的只是可理解的事物，並導致
社會學與社會邏輯學這兩類研究最終的結合㉙。但是記號一旦形成，社
會就可以使其重新具有功能，把它當成一種使用物：人們把一件皮大
衣看成是似乎只有禦寒的功能。這種重複的功能化作用需要有第二種
語言的存在，它與最初的功能化作用（而且是純觀念性的）絕不相同。
再度出現的功能本身與一種第二層（隱蔽的）語義學機制相符，後者
屬於含蓄意指層次。因而功能記號或許具有一種人類學的意義，因為
它是這樣一種統一體，在其中技術性的關係與意指性的關係結合在一
起了。

II.2. 　所指

II.2.1. 　在語言學中，所指的性質引起人們討論其「現實性」程度
的問題，而一切討論都一致關心這一事實：所指不是「一樁事物」，而
是該「事物」的心理表象。我們看到，按瓦隆的記號定義，這個表象
性質構成記號和符號的一個相關特徵（與指號和信號對比而言）。索緒
爾本人清楚指出了所指的這種心理性，把它稱作概念；於是單詞牛的
所指不是牛這種動物，而是它的心理形象（這對於討論記號的性質也
是重要的㉚）。然而這種討論始終充滿了心理主義的特點，我們寧可研
究斯多噶派對這個問題的討論㉛。斯多噶派哲學家們細心地區分出了

㉙參見巴爾特：「論列維—斯特勞斯的兩項最近的研究：社會學與社會邏輯學」，載《社會
　科學通訊》（聯合國教科文組織），第1卷、第4期，1962年12月，第114～122頁。
㉚參見下面第II.4.2.節。

心理表象、實在事物和可言者(dicible)三個方面，所指既不是心理表象也不是實在事物，而是可言者。所指既非意識行為亦非現實，它只能在意指過程內部加以定義，這個定義幾乎是同語反覆式的：這就是使用記號的人用其意指著什麼的「那種東西」。這樣我們就獲得了一種純功能性的定義：所指即記號的兩個關係項之一；使所指與能指相對立的唯一區別是，能指是一種中介物。在符號學中基本情況並無什麼不同，因為在這裡物品、形象、姿勢等只要起能指的作用，它們就意指著那些只能通過它們來言說的東西，這時，符號學的所指就能由天然語言中的記號所取代。例如我們說，一種運動衫意指著秋天在樹林中的長時間散步，那麼此時所指不只是由其服裝的能指（運動衫）為中介，同時也以一個言語片段為中介(言語是非常便於掌握的)。我們可以把語言結構以不可察覺和不可分離的方式將其能指和所指「膠合」在一起的現象稱為同構(isologie)，以便使之區別於那些非同構的系統（必然是複雜的系統），在後一類系統中所指可以與其能指直接並列。

II.2.2.　我們怎樣對所指加以分類呢？我們說在符號學中這一工作是基本的，因為它又涉及到由內容引出形式的問題。在語言學的所指問題上，我們可以設想兩種分類，其中第一種分類是外在性的，它依賴於概念的「肯定的」（而非純區分性的）內容，哈里格和瓦特伯格的方法即屬此類㉜。同時，特里爾在概念領域以及馬托里在詞彙學領域的類似研究更有說服力㉝；但從結構的觀點看這些分類（尤其是哈里格和瓦特伯格的分類）都具有過分依賴所指的（意識形態的）內質而非依賴於其形式的缺點。為了能建立一種真正形式的分類，應當設法

㉛波爾果、布洛克和羅曼等在《語言學通報》第III卷，第1～27期上也討論了這個問題。

㉜R. 哈里格和W. 馮‧瓦特伯格：《作為詞彙學基礎的概念系統》，柏林，科學院出版社，1952年第25卷第4期，第140頁。

㉝關於特里爾和馬托里的著作參見:P. 吉羅德:《語義學》，P. U. F.出版社，第70頁以下。

重新建立所指的對立系列,並從其中每一種對立中引伸出一種相關(可替換的)特徵來㉞。葉爾姆斯列夫、索侖森、普里托和格雷馬斯等都曾提倡這種方法。例如, 葉爾姆斯列夫把「母馬」這個語素分成兩個意義較小的單元:「馬」+「雌的」; 這兩個單元可經過對比替換而重新組成新的語素 (「豬」+「雌的」;=母豬;「馬」+「公的」=公馬)。普里托在〈男人〉這個詞中看到兩個可替換的特徵:「人」十「男性的」; 索侖森把雙親的辭彙歸結爲「初級詞」的一種組合 (「父」=男性家長;「家長」=第一級尊親)。上述研究的任何一種都尚未加以發展㉟。最後需要提醒注意, 對一些語言學家來說, 所指不是語言學的組成部分,他們只關心能指, 語義學的分類是在語言學的任務範圍之外的。㊱

II.2.3. *如果說結構語言學已有相當進展的話, 它却還未曾建立一門語義學, 即關於天然語言所指的形式分類學。*因此不難想像, 我們不可能眞地提出一種符號學的所指類來,除非依靠已知的知識領域。我們將只大膽地指出三點。第一點與符號學所指的實現方式有關, 符號學的所指可以以同構的方式或不以同構的方式呈現, 如果是第二種情況, 它就會通過天然分節語言而被一個詞 (如「周末」) 或一組詞 (如「長時間鄉間散步」) 所取代。這樣一來這類所指就更容易處理, 因爲研究者不必把自己的元語言強加於它們; 但同時也更危險, 因爲他將不斷重新關注於 (未知的) 天然語言本身的語義分類, 而不是關注於以所研究的系統爲基礎的分類問題。例如, 時裝系統的所指即倚以雜誌中的天然言語爲中介, 也不可能取得完全像天然語言結構的所指一樣的分布方式, 因爲它們永遠不具有同樣的「長度」(一個詞, 或一個

㉞這是我們在記號和象徵問題上在此企圖做的 (參見前面II.1.1.節)。

㉟G. 冒寧提出的例子:「語義分析」, 載《應用經濟學學會會刊》, 1962 年 3 月, 第 123 期。

㊱今後最好採取A. 格雷馬斯提出的區分法: 語義學等於內容上的相互關聯, 符號學等於表達上的相互關聯。

短語)。如果是第一種情況，即同構系統的情況，所指除了其典型的能指外不具有其他的實現方式。因此，我們除非強加給它一種元語言，否則就不能掌握它。例如，我們向作曲家詢問他們賦予一段音樂的意義是什麼時，提出了一系列以天然語言形式表達的所指(憂慮、強烈、憂鬱、狂亂等等)㊲，而實際上所有天然語言的記號形成了一個單一的音樂所指，對此我們只能用一種獨一無二的能指系統來表示，這種能指既不包含任何言語的切分，也不包含任何隱喻的表達。這類或者來自研究者、或者來自系統本身的元語言無疑是不可避免的，但正是這種元語言使所指的分析或意識形態的分析成爲靠不住的研究；我們應當至少在符號學研究中從理論上爲其找到適當的位置。第二點看法與符號學所指的外延有關。一個系統（一旦被形式化了）的全體所指形成一種重要的功能，然而或許在不同的系統之間這些重要的語義功能不只彼此交流，而且還局部地相互重疊。衣服的所指形式在局部上無疑與飲食系統的所指形式相同，二者都按勞動與節慶、工作與閒暇的主要對立形式來形成。然而應當考慮到同一同時性範圍內所有符合學系統都具有的那種完全是意識形態的描述。最後第三種看法是，我們可以看到，在所指的平面上全體活動和方法都與每一能指系統(辭彙)相對應。對這些系統的運用者（即「讀者」）來說，各種所指領域（按其「文化」的不同）涉及不同的知識範圍。這可以說明爲什麼同一辭彙（或閱讀的大單元）的譯解可因人而異，但仍然屬於同一「語言結構」之內。在同一個個人的意識中，幾套辭彙（因而也就是幾套所指）可以並存，它們決定著每一次某種程度的「深層」讀解。

㊲參見R. 佛朗塞：《音樂的知覺》，弗林，1958 年，第 3 部。

II.3.　能指

II.3.1.　一般來說我們對能指性質的分析與對所指的分析相同，它是一個純關係項。我們不能使能指的定義與所指的定義分開。唯一的區別是，能指是一種介中物，它必須有一種質料。但是一方面這對能指來說並非充分的條件，另一方面，在符號學中所指也可能為某一種質料所代替，如字詞的質料。能指的物質性再一次使我們有必要區分質料與內質，這就是說，內質可以是非質料性的（在內容的內質情況下）。因此我們可以只說，能指的內質永遠是質料性的（聲音、物品、形象）。符號學中的種種混合的系統是由各種不同的質料構成的（聲音和形象，物品和書寫物等），在符號學中最好把所有的記號統一起來，因為它們都在典型記號概念(signe typique)的名義下被同一種質料所體現，即天然語言記號、圖式記號、肖似記號、姿勢記號等都各自形成一種典型記號。

II.3.2.　能指的分類其實就是所謂系統的結構化過程，其目的在於藉助對比替換法(commutation)把信息「無限地」切分成最小意指單元38，(此信息是由從研究對象中產生的各信息的總體組成的)，並將這些單元組成聚合類和把連結這些單元的組合關係加以分類。這一程序是符號學研究中的重要一環，我們將在第III章加以研究，此處只略提一下備考。39

---

38 參見第III.2.3.節。
39 參見第III章（系統和組合段）。

II.4.意指作用(signification)

II.4.1.　記號是(具有兩個側面的) 一束聲音，一片視象等等。意指作用可以被看成是一個過程，它是一種把能指和所指結成一體的行為，這個行為的結果就是記號。當然，這種區分只有分類學的意義(而沒有現象學的意義)，因為能指與所指的結合，如我們將看到的，並未窮盡全部語義行為，記號的意義還受其環境制約；此外，很明顯，進行意旨的目的不在於結合，如我們將看到的，却在於區分⑩。的確，意指作用(即記號過程——semiosis)並未把兩個單側的實體結合起來，它並未使兩個關係項靠攏，即使能指和所指各自旣是關係項又是關係⑪。這種含混性給圖形表示的意指作用帶來不便，但它却是符號學必須加以討論的。對這個問題我們提出以下幾種試探性的解決。

(1)$\frac{Sa}{S\acute{e}}$。對索緒爾來說，記號被論證為某種深層狀態的縱向延伸，如在語言結構中，所指從某種意義上說是在能指之後的，只有通過能指才能達到所指。此外，這種隱喩太偏於空間化，它一方面欠缺意指作用的辯證性，而另一方面，記號的這一限界只能適用於天然語言這類純非連續性的系統。

(2)ERC。葉爾姆斯列夫喜歡一種純粹圖式的表示法：在表達面(E)和內容面(C)之間存在著關係R。這一公式可使我們簡潔地和不受錯誤隱喩之累地考慮元語言或分離系統。⑫

(3)$\frac{S}{s_o}$曾被拉普朗施和列克萊爾改述的拉康理論⑬，使用一種空

---

⑩參見以下第II.5.2.節。

⑪參見R.奧爾梯蓋：《話語和象徵》。奧比爾，1962年。

⑫參見下面第IV章。

⑬J. 拉普朗施和S. 列克萊爾：「無意識」，載於《現代》第183期，1963年7月，第81頁。

間圖式,它與索緒爾的表示法有兩點不同：（i）能指(S)是由一條鏈子（隱喻的鏈子）在多個層面上結成的整體，能指和所指處於一種變動的關係中，它們只在某一固定點「相符」；（ii）能指(S)和所指(s)之間的區分線本身也具有意義(這一點在索緒爾的理論中不明確)：它表示對所指的壓制。

(4)Sa≡Se。最後，在非同構的系統中（即指在此系統中所指是通過另一系統加以體現的)，顯然可以合理地把這一關係理解作一種恆等式(≡)，而不是等式(＝)。

II.4.2. *我們已看到，關於能指所能說的只是，它是所指的一個（質料的）中介者。* 這一中介作用的性質是什麼呢？在語言學中這個問題曾引起討論，尤其是有關術語的討論，因爲這些情況基本上很清楚(在符號學中或許就不這樣清楚了)。因此實際上在人類語言中聲音的選擇並不是由詞意本身強加給我們的（牛這個詞並未強加於牛這個詞以特定的聲音，因爲這個詞的聲音在不同語言中是不同的)，索緒爾談到了能指與所指之間的任意性關係。本維尼斯特對此表示異議㊹；能指與被意指的事物的（牛這個詞的聲音和牛這個動物的）關係是任意性的，然而我們看到，對索緒爾來說所指不是「事物」，而是事物的心理表象（概念）。聲音與表象的聯繫是集體訓練的結果（例如法語的學習)，這種聯繫（它是一種意指過程）却絕非任意性的（任何一位法國人不能隨意改變它)，反之它是必然性的。因此我們提出，在語言學中意指作用是無理據性的(immotivée)，不過這種無理據性是局部性的（索緒爾論及一種相對的類似性)，在象聲詞（這種特殊）情況下，所指與能指之間存在有理據性作用，正如我們馬上將看到的那樣。而當語言結構模仿某種複合詞或派生詞的型式建立起一系列記號時，如

㊹E. 本維尼斯特：「語言記號的性質」，載於《語言學通報》，1939 第 1 期。

所謂類比性記號：蘋果樹、梨樹、杏樹等等，儘管它們的詞根和後綴之間是無理據性的，却呈現出一種構詞的類似性。因此一般來說，在天然語言結構中能指與所指的聯繫在原則上是約定性的，不過這種約定是集體性的，是在長時間內積累的（索緒爾說過「語言結構永遠是一種遺產」），因此在某種意義上說，約定已被自然化了。同樣地，列維—斯特勞斯解釋說，語言記號是先驗任意性的和後驗非任意性的。這一討論使我們注意到在擴大的符號學研究中十分有用的兩個不同的詞。我們說一個系統是任意的，當記號不是因約定而是因單方面決定成立的時候，因此在天然語言中記號不是任意性的，而在時裝系統中記號却是任意性的。同時我們說一個記號是理據性的，當其所指與能指的關係是類比性的時候（布依森建議稱理據性記號爲內在意素，稱非理據性記號爲外在意素）。因此既存在任意的和理據性的系統，也存在非任意的和非理據性的系統。

II.4.3. *在語言學中理據性限於派生詞或複合詞的部分領域中，與符號學不同，它所提出的問題更具一般性。*一方面，在天然語言之外可能看到一般來說是理據性的系統，並應確立一種使類似性與非連續性相容的方式，非連續性似乎直到目前都是意指作用所必須的；此外還應考慮當能指是類比項(analoga)時如何能建立（數量上有限的）聚合體系列，「形象」無疑就是這種情況，因此關於形象的符號學的建立爲時尚早。另一方面，情況極其可能是，符號學的全部領域顯示了非純粹系統的存在，它或者包含著極鬆散的理據性，或者包含著牢固的理據性，我們也許可以說第二級的非理據性，如在記號的理據性與非理據性之間表現出的某種衝突。如天然語言中的比較「理據性」的領域和象聲詞的領域就多少是這種情況。馬丁內指出⑮，象聲詞的理據

---

⑮A. 馬丁內：《發音變化的機制》，弗朗克，1955 年。

性往往同時失去了雙層分節，如法語象聲詞「哎喲」(aie)只有第二分節層，它取代了雙層分節的組合段「我覺得不適」。而且表示痛苦的象聲詞在法語中與在丹麥語中並不完全一樣，一個是aie，一個是au。實際上，理據性某種程度上服從於音位學模式，這些模式隨不同的語言而不同，類比性中浸透著數字性(digital)。在人類語言之外，像蜜蜂「語言」一類的似是而非的系統也表現了同樣的含混性，如蜜的周轉具有一種模糊的類比意義，而在起飛的舞蹈動作則顯然是理據性的（蜜蜂的方向），但8字形的舞蹈跳躍動作又完全是非理據性的(它有賴於一段距離)⑯。這種「模糊性」的最後一個例子是⑰，某些公眾使用的製作商標是由完全「抽象的」（非類比性的)圖形構成的，但它們可能「引起」某種印象（例如「強大」），這種印象與所指之間具有類似關係。貝爾利的商標（一個帶滿箭頭的輪子）並未「模寫」任何「強大」概念（強大又如何能被「模寫」呢?），而是以一種潛在的類比性暗示它。我們還可在某些表意文字書寫物的記號中看到同一種模糊性（例如在中文中）。因此類比性與非類比性的混合是無可爭論的，甚至在某一獨特的系統中亦然。然而符號學不能只滿足於一種確認這種妥協性的論述而不設法將其理論化，因為它不可能承認一種區分性的內容——意義是分節式的。這些問題至今尚未詳細研究，我們還不可能對其加以概述。然而人們可以猜測意指作用的（人類學）機制，例如在天然語言中（相對的）理據性在第一分節的（意義的）層次上產生了某種秩序。因此，列維—斯特勞斯談過「約定」是由某種先驗任意性的自然化作用來支持的。反之，另一些系統可能由理據性過渡到非理據性；例如列維—斯特勞斯在《野性的思維》中指出的塞努弗族行入族禮時

⑯參見G. 冒寧：「人類語言通訊與動物的非語言通信」，載於《現代》，1960年第4～5月號。

⑰另一個例子是公路規則。

小雕像所起的作用。因此或許在更一般的符號學層次上，即在人類學的層次上，在類比性與非理據性之間形成了一種循環性：在使非理據性自然化和使理據性合理化（即文化化）時有雙重的（互補的）傾向。最後，一些作者斷言，作爲類比制對立面的數字制本身按其典型的二元制表現來說，就是某類生理學過程的「複製」，如果說視覺和聽覺確實是按二中擇一的選擇方式來起作用的話⑱。

II.5. 值項(valeur)

II.5.1. 我們說過，或至少暗示過，研究作爲能指和所指結合物的記號「本身」，是一種相當任意性的（但不可避免的）抽象。現在我們補充說，應當不再按其「組成」，而是按其「環境」來研究記號，這就是我們要談的值項的問題。索緒爾一開始並未注意到這個概念的重要性，但從他的《普通語言學教程》第二講起，他已對此進行深刻的考慮，值項概念對他來說已很重要了，甚至最後比意指作用的概念還重要（對於後者他未再繼續使用）。值項與語言結構（它與言語對立）具有緊密關係，它使語言學非心理學化，並使其接近經濟學，因此在結構語言學中佔據中心地位。索緒爾注意到⑲，在大多數科學中都不存在歷時性和同時性之間的二元性：天文學是一門同時性科學（雖然天體在變化）；地質學是一門歷時性科學（雖然它可以研究固定的狀態）；歷史學只是歷時性的（事件的連續），雖然它可以強調某些「圖式」⑳。然而有一門科學，它部分地包含了這兩個方面，這就是經濟學（政治

---

⑱參見後面第III.3.5.節。

⑲索緒爾：《普通語言學教程》，第115頁。

⑳我們是否應當想到，在索緒爾之後歷史學也發現了同時態結構的重要性？經濟學、語言學、人種學和歷史學實際形成了主導科學中的四經典。

經濟學與經濟歷史學不同）。索緒爾試圖說，語言學的情況也類似。在
這兩門學科中人們可以看到兩種不同事物之間的一種等價系統，對經
濟學來說是勞動和工資，而對於語言學來說是能指和所指（這就是我
們一直在說的意指作用現象）。然而不管對語言學來說還是對經濟學來
說，這種等價關係都不是單一的，因為如果我們改變了其中一項，整
個系統逐漸都會改變。所以要想有記號（或經濟學中的價值）就應當
一方面交換不相似的事物(勞動與工資，能指與所指)，另一方面比較
相似的事物。例如，人們可以用 5 法郎鈔票去交換麵包、肥皂、電影
票，但也可用這張鈔票與 10 法郎、50 法郎的鈔票進行比較。甚至於一
個「詞」可以與一個觀念「相交換」（二者是不相似的），但也可以與
其他「詞」相比較（二者是類似的）。在英語中羊肉(mutton)一詞只能
從它與羊(sheep)一詞的並存關係中取得其值項：意義只能由於意指
關係和值項的雙重制約作用才可確定。因此值項不是意指作用，索緒
爾說[51]，它來自「語言結構中諸詞項的相互位置；它甚至比意指作用更
重要。」他說：「一個記號中的觀念與聲音資料不如他在其他記號中周
圍的詞項重要」[52]。我們可以說，這些話已預先建立了列維─斯特勞斯
式的同構論和分類學原則。像索緒爾這樣把意指作用同值項區分之後，
我們立即看到，如果採用葉爾姆斯列夫的層次說(內質與形式)，意指
作用屬於內容的內質層，而值項屬於內容的形式層（羊肉和羊作為所
指，當然不是作為能指，處於聚合關係中）。

　　II.5.2.　索緒爾為了說明意指作用和值項的二元現象，採用了一
頁紙的譬喻。我們在把這頁紙切為幾份時，一方面得到了幾份紙(A、
B、C)，其中每一份都相對於其他幾份取得其值項，另一方面，其中每

---

[51]索緒爾，載R. 哥德爾前引書，第90頁。

[52]同書第166頁。顯然索緒爾不是在相續的組合段平面上，而是在潛在的聚合體平面上進
　行記號的比較的。

一份都有正面和反面，它們也是同時被切開的(A-A′,B-B′,C-C′)：這
就是意指作用。這個譬喻是重要的，因爲它使我們想到意義是以獨特
的方式產生的，它不是能指和所指的單一的相互關係，而更重要的是
兩個不定形物的、或像索緒爾說的兩個「流動性領域」的同時性切分
行爲。索緒爾實際上認爲，在意義的（理論）根源處，觀念和聲音構
成了兩種流動的、易變的、連續的和平行的內質。當人們同時切分這
兩種內質時，意義就產生了，於是記號（它已是產品）就是分節項
（articuli）。因而意義是兩種混亂狀態之間的一種秩序，而這個秩序基
本上又是一種區分：語言是聲音與思想之間的中介物，它通過把二者
同時分解的方式來把它們結合起來。索緒爾又提出了一種新的譬喻：
所指和能指相當於空氣和水的兩個重疊層，當氣壓改變時，水層分解
爲波浪；同理，能指被區分爲分節項。不論是紙的譬喻還是水波的譬
喻都可強調指出這樣的（對於符號學分析來說的）重要事實：天然語
言結構是分節領域，而意義首先是切分。於是符合學的未來任務與其
說是建立詞項的辭彙學，不如說是去發現人類實際經驗到的分節方式。
我們不妨想像，符號學和分類學儘管還未誕生，或許有朝一日可併入
一門新的科學─關節學(arthrologie)或分割學中去。

III.組合段與系統

III.1.語言的兩根軸

III.1.1.對於索緒爾來說⑤，聯結語言學各詞項的關係可沿兩個平

---

⑤索緒爾：《普通語言學教程》，第170頁以下。

面展開，其中每一個平面都產生它們自己的值項；這兩個平面則對應於兩種心理活動形式(雅克布遜也做過這樣的概括)。第一個是組合段平面，它具有延展性；在分節語言中這種延展性是直線性的和不可逆的（卽「言語鏈」）。這就是說，兩個成分不能同時說出來（除非消除了人類生活)，在此每一個詞項都是從它及在它之前和之後的詞項的對立中取得其值的。在言語鏈中各詞項實際上是以出現(praesentia)的形式聯結在一起的，而適用於組合段的分析程序是切分。第二個平面是聯想的平面（仍然保留索緒爾的術語)。「在話語（組合段平面）之外，彼此具有某些共同性的單元在人的記憶中聯繫起來，並形成了由各種關係支配的詞組」。敎導(enseignement)這個詞在意義上可同敎育(education)、學習(apprentissage)等詞相聯繫，在聲音上可與en-seigner(敎導)、renseigner(告訴)或與armement(軍火)、chargement（裝上)等詞相聯繫。每一組詞形成了一個潛在的記憶系列，一個「記憶的寶庫」。在每個系列中，與組合段平面上的情況相反，各詞項是以不在(absentia)的形式結合在一起的；而適合於聯想系列的分析方法是分類。組合段平面和聯想平面之間有緊密的關係，對此索緒爾用下列的比較加以說明：每一個語言單元可類比於一座古代建築中的圓柱，這根圓柱處於和建築物中其他部分的眞實的鄰近關係中，例如與下楣部分(組合段關係)。即使這根圓柱是多利安式的，我們也可把它與其他柱型比較，例如愛奧尼亞式或考林辛式圓柱，在這裡存在著一種潛在的替代關係(聯想關係)。兩個平面是這樣聯在一起的，組合段只有通過連續想起聯想軸之外的新單元才能「前進」。在索緒爾之後，聯想面的分析取得了重要的進展，但所用的名稱改變了。今日我們不再說聯想面，而說聚合面�54，或如我們以後將說的系統面。聯想面顯然

�54聚合體(paradigma)原指一個詞的詞形變化表，相當於一個變形模式。

非常接近作爲系統的「語言結構」，而組合段則更接近言語。因此我們也可以用下列輔助的術語：對於組合關係，葉爾姆斯列夫說關係，雅克布遜說鄰接段(contiguities)，馬丁內說對比段(contrastes)；對於系統關係，葉爾姆斯列夫說是相互關係，雅克布遜說類似體，馬丁內說對立體。

　　III.1.2.*索緒爾說，組合軸與聯想軸(對我們來說即系統軸)可與兩種心理活動形式對應，但這個問題已超出了語言學。*雅克布遜在其後來十分有名的一篇文章中⑤⑤又重新討論了這個問題，他將隱喻(系統的秩序) 和換喻 (組合段秩序) 的對立應用於非天然語言的語言中去，這樣我們就看到了隱喻型的「話語」和換喻型的「話語」，每一類型顯然並不意味著利用兩種型式中的一種 (因爲組合段和系統是一切話語所必須的)，而只不過意味著以其中一種型式爲主。俄國抒情詩、浪漫主義和象徵主義的作品、超現實主義繪畫、卓別林的影片 (淡化手法是眞正的電影隱喻)、弗洛伊德的夢境象徵 (按同化作用) 等都屬於隱喻秩序；英雄史詩、現實主義流派的小說、格里菲斯的電影 (特寫鏡頭、蒙太奇和各種視角選擇) 以及按移位或壓縮機制發生的夢中投射等都屬於換喻秩序。對於雅克布遜列舉的例子我們還可補充說，教誨性敍說(運用一些可相互替換的定義)⑤⑥、主題型的文學批評、格言式的話語等都屬於隱喻；民間故事、新聞報導⑤⑦等屬於換喻。按照雅克布遜的看法，我們將注意，研究者 (在此就是符號學家) 在隱喻和換喻之間更有條件談論前者，因爲他應在其中進行分析的元語言，本身就

⑤⑤R. 雅克布遜：(兩種語言觀和兩類失語症)，載於《現代》第188期，1962年1月，第853頁以下；轉載於《普通語言學論集》，子夜出版社，1963年，第2章。

⑤⑥問題只涉及很一般的兩種極端，因爲實際上我們不能把隱喻和定義相混淆(參見雅克布遜上書第220頁)。

⑤⑦參見巴爾特：「記號的想像」，載於《批評論集》，法文版，1964年。

是隱喻性的，因此而與隱喻對象同構。實際上，建立在隱喻秩序上的文學很豐富，而建立在換喻秩序上的文學幾乎不存在。

III.1.3.雅克布遜有關隱喻主導地位和換喻主導地位的論述使語言學研究開始向符號學研究過渡了。分節語言的兩個平面實際上可以存在於天然語言以外的各意指系統中。雖然由切分程序產生的組合段單

	系　　　　統	組　　合　　段
衣服	衣片和零件的集合；在身體的同一部位不可能同時選用全部零件；零件的變動選擇與服式意義的改變對應：如「無邊女帽」——「女便帽」——「寬邊女帽」等女帽系統。	同一套服裝中不同部分的並列：如「裙子」——「襯衣」——「背心」系列。
飲食	類似的和不類似的食品集合；其中一份食品的選擇具有一定意義：如各種正菜、烤肉和小吃。 餐館中的「菜單」體現著兩個平面：例如沿水平方向讀時菜餚系列相當於系統，而沿垂直方向讀時菜餚系列相當於組合段。	用餐時實際選擇的菜餚系列，即一套菜。
家具	同一種家具（如一張床）的不同「風格」的集合。	在同一空間內不同家具的並置（如床——衣櫥——桌子等）。
建築	一座建築的同一組成部分的各種式樣集合，如各種形式的屋頂、陽台、入口等。	在整個建築物水平上各細部的並置系列。

元和由分類方法產生的對立系列都不可能事先走義，而只能根據能指和所指對比替換的一般檢驗法來定義，但對於幾種符號學系統我們仍然能夠指出其組合平面和聚合平面而不再預先規定組合單元以及它們所引起的聚合系列(見上表)。這就是語言的兩根軸，符號學分析的宗旨就是沿這兩根軸的每一根來排布列舉的有關事實。按組合軸切分方

法開始研究是合理的，因爲原則上正是組合軸切分提供了我們也能按聚合軸將其分類的單元。但是在面對一未知系統時，比較方便的辦法是從某些可從經驗上識別的聚合成分開始，在組合段之前先研究聚合系統。不過由於本書著重基本原理，我們仍遵照從組合段到聚合系統的邏輯順序。

III.2.組合段

III.2.1.我們曾看到，（在索緒爾意義上的）言語具有組合性質，因爲在其多種多樣的發音之外，言語可定義爲（重複出現的）記號的（各種）組合。說出的短語與組合段同屬一類，所以組合段肯定與言語非常接近。但在索緒爾看來不可能有一門關於言語的語言學，那麼是否也不可能有一門組合軸的語言學呢？索緒爾意識到這個困難，並仔細闡明爲何不能把組合段看成一種言語現象。首先因爲存在有固定的組合段，語言慣用法禁止人們對其作任何改變(如「ò quoi bon?」──「有什麼用?」和「Allez donc!」──「算啦!」)；這些固定組合段因此不具有言語的那種自由組合性（這些定式化的組合段因此成了和聚合單元類似的東西）。因爲言語的組合段是按照也屬於語言結構的規則形式建立的〔indécolorable(不褪色的)，是按照impardonnable(不能原諒的)、infatigable (不知疲倦的) 等詞構成的〕，於是就有一種組合段的形式（按葉爾姆斯列夫對這個詞的定義），它是句法學的研究對象，句法學從某種意義上說是一種「音聲的」組合段[58]。儘管如此，組合段和言語的結構「類似性」是一重要現象，因爲它不斷提出應加以研究的問題，也因爲 (反過來) 它使我們能從結構上說明一些被含蓄意指的話語的

---

[58]在這裡「音聲學」(glottique)屬於語言結構，不屬於言語。

「自然化」現象。因此組合段和言語的密切關係應當給予認眞的注意。

III.2.2.組合段以「連結的」形式呈現（例如言語流）。但如我們談過的（第II.5.2.節），意義只能以一種分節方式產生，即通過對能指面和所指物的同時性區分的方式。從某種意義上說，人類語言就是對現實進行區分的東西（例如，連續性色譜可在語言平面上歸結爲一系列非連續的詞項）。因此在全體組合段之前存在著這樣一個分析性問題：組合段是連續性的（流動的、連結的），但只有當它是「分節的」時候，它才能傳達意義。我們怎樣去切分組合段呢？這個問題在每個記號系統之前都會出現。關於分節性語言內字詞性質的問題（實即有關「限界」的問題）已發展過無數的研究，對於一些符號學系統中的類似問題我們可以預見到嚴重的困難。的確存在著明顯非連續性的簡單記號系統，如道路信號系統，其中的記號由於安全考慮應當絕對分離以保證立即識別。但對於那些多少同實景類似的肖似組合段，我們卻極難加以切分，原因顯然是這些系統幾乎與一種分節言語全面地重合（如關於一張照片的傳說），後者賦予它本身不具有的非連續性。儘管存在著這些困難，組合段的切分仍是一種基本的程序，因爲它可以提供系統的聚合單元。總之，這就是組合段的定義；組合段因此是由一種應予切分的內質所構成的⑤。以言語形式呈現的組合段，表現爲一種「無限的本文」，那麼我們怎樣在這種無限的本文中來確定意指單元，即構成組合段的那些記號的界限呢？

III.2.3.在語言學中，「無限本文」的切分是借助對比替換檢驗法完成的。在特魯別茨柯伊的理論中已有此操作性概念，但是這個名稱是由葉爾姆斯列夫和烏達爾於 1936 年第 5 屆語音學大會上提出的。對比

---

⑤B. 曼德布洛特從非連續性觀點對語言學的演進和氣體理論的演進作了對比「宏觀統計語言學」。載於《邏輯、語言和信息論》，PUF出版社，1957 年。

替換檢驗法就是人爲地在表達（能指）面上造成一種改變，以觀察這種改變是否在內容（所指）面上引起了相應的改變。總之，問題在於根據「無限本文」的觀點創立一種任意的同構關係，即一種雙重聚合系統，以證實兩個能指的相互置換是否實際引起兩個所指的相互置換。如果兩個能指的對比替換產生了所指的對比替換，我們就能在予以檢驗的組合段內得到一個組合軸單元，這也就是說最初的記號被切分了。同樣的程序當然也可以從所指的觀點加以實行，例如，如果在希臘語中我們用「２」的觀念替換「多」的觀念，就可以在表達面上看到一個變化，並按發生變化的同一成分將其抽出（２的標記與多的標記）。但是在一個平面上的某些變化並不在另一個平面上引起任何變化。同時，葉爾姆斯列夫還在對比替換和置換(substitution)之間加以區別⑩，前者可以導致意義的改變〔poison（毒）與poisson（魚）〕，後者改變了表達式，卻未改變內容，反之亦然〔bonjour（你好）與bonchour〕。應當注意，一般而言，對比替換首先發生於能指面上，因爲正是組合段與切分有關。雖然它也有賴於所指，但這種依賴始終是純形式的，所指不會由於其「內質」本身而只是由於作爲能指的指示者被涉及，它爲能指定位，僅此而已。換言之，在一般對比替換檢驗中我們引入的是所指的形式(即它與其他所指的對立值)，而非其內質。貝勒維奇說⑪，「人們運用各意指作用的區別，意指作用本身無關宏旨」。對比替換檢驗法原則上可使我們逐步地確定意指單元，組合段即由其構成，同時也完成著聚合單元的分類。當然，在天然語言中這只有在研究者對所研究的語言結構有某種了解時才辦得到。但在符號學中我們會遇到一些符號系統，對其意義我們並不了解或把握不大。例如，誰能肯

---

⑩葉爾姆斯列夫：《語言學研究》，第103頁。

⑪《機器語言與人類語言》，赫爾曼，1956年，第91頁。

定說人們在把普通麵包換爲軟麵包，或在把女便帽換爲無邊女帽時，是在把一種所指換爲另一種所指呢？在這裡符號學家更經常地是研究中介機制或元語言，後者所提供的所指是需要加以對比替換的，如有關烹調的論著或時裝雜誌(在此我們看到了非同構性系統的優點)。否則的話，他就必須十分耐心地注意不斷的變化和重複，正如一位語言學家面對著一種未知語言時的情形一樣。

Ⅲ.2.4.**對比替換檢驗法，原則上**⑫**提供意指單元，即那些具有必須意義的組合軸片段。**此外，用這種方法暫時只能處理組合段單元，因爲我們還未對它們分類。但我們可以肯定它們同時也是系統的單元，因爲其中每一單元都是一個潛在的聚合體的部分，如下圖所示：

組合段——→↑　　a　　b　　c　……
　　　　　　　　a′　　b′　　c′……
　　　　　　　　a″　　b″　　c″……
　系統

暫時我們將只從組合段觀點來研究這些單元。在語言學中對比替換檢驗法提供了第一類單元——意指單元，其中每一單元既具有一能指面，又有一所指面〔符素(moneme)〕，或較不準確地說，字詞，它們都由詞位(lexeme)和詞素(morpheme)組成。但是由於人類語言的雙重分節結構，與符素有關的第二對比替換檢驗法產生了第二類單元，即區分性單元 (音素——phoneme)⑬。這類單元本身並無意義，但它們有助於形成意義，因爲對其中一個音素進行的對比替換可在它所參與構成的符素上引起意義的變化 (例如在用硬輔音S替換了軟輔音S後，法文字「魚」就變成了法文字「毒」)⑭。在符號學中我們不能爲

---

⑫稱其爲「原則上」，因爲必須排除第二分節層的區分單元這類情況，參見本節中以下論述。
⑬參見前面第Ⅱ.1.2.節。
⑭A. 馬丁內在其《原理》一書第4章中用新的方法研究了意指單元的組合段切分問題。

每一符號學系統預先確定其組合單元，對此我們只滿足於考慮三個問題。第一個問題與複雜系統以及複合組合段的存在有關。如飲食或服裝這類物品系統可能以一種眞正語言的系統爲中介(如法語)。這時我們可有一種書寫的組合段（言語鏈）和此書寫組合段所針對的服裝組合段或飲食組合段(由天然語言所描述的服裝或飲食)。兩類組合段的單元並不絕對相符，飲食或服裝組合段中的一個單元可有一組書寫的單元與其對應。第二個問題與符號學系統內的功能記號的存在有關，功能記號即由用法產生並間接地被其加以合理化的記號⑥。在人類語言中聲音的內質具有直接的意指性，與此相反，大多數符號學系統都肯定包含著一種質料，這種質料旣可有某種用途，又可起意指作用(麵包供食用，衣服供禦寒)。因此我們可以料想，在這些系統中組合單元是複合性的，並至少包含一種意指的物質基礎和一種眞正的變體（長裙或短裙)。最後一個問題是，不能排除某種「不規則的」系統的存在，在這類系統中質料包含的無作用的空隙處處支撐著那些不只是非連續的而且是分離的記號。例如，公路規則中的記號「在實行上」爲無意指性的路面空間（即路段）所分離；我們可以暫時把這類組合段稱作無用的組合段⑥。

Ⅲ.2.5.*當每個符號學系統中的組合段單元被確定後，還需找到沿組合軸支配其組合和排列的規則：*如天然語言中的符素，服裝系列中的衣片和零件，菜單中的盤菜，一條路上的路標記號等，都按照一種需要受某些約制因素支配的秩序相互連結。記號的組合是自由的，但這種自由性雖然是構成「言語」的要素，卻是一種受監督的自由（爲此須再次提醒，不要把組合段和句法混爲一談)。實際上，排列甚至是組合段的條件，米庫斯說，「組合段是功能不同的諸記號的某種組合，

---

⑥參見前面第Ⅱ.1.4.節。

⑥含蓄意指記號的一般情況即屬此類（參見第Ⅳ章)。

它永遠 (至少) 是二元性的，其中的兩項處於相互制約關係中⑰。我
們可以想像幾種組合性限制的 (有關記號的「邏輯」的) 模型。作為
例子，我們在此可舉出三類關係來說明，葉爾姆斯列夫說，當兩個組
合軸單元相鄰時，它們可以建立起這些關係來：⑴連帶關係，當兩個
單元必定彼此牽連時；⑵單向牽連關係，當一個單元以另一個單元的
存在為條件時(但反之不然)；⑶組合關係，當任何一個單元都不以另
一個單元為條件時。組合性限制因素是由「語言結構」確定的，但「言
語」以各種方式充實它們，於是存在著橫向組合單元的縱向關聯上的
自由。在天然語言問題上，雅克布遜提醒人們注意，說話者在進行語
言單元組合時享有從音素到短語逐漸增加的自由。建立音素聚合體的
自由並不存在；因為在此代碼是由語言結構建立的；把音素結合成符
素的自由是有限的，因為存在著構詞「法則」。確實存在著把「字詞」
組合成短語的自由，但它受到句法以及最終受到須服從語言定式的限
制。組合短語的自由也許最大，因為在句法水平上不再有限制了 (話
語受到的思想連貫性的限制或許是存在的，但它不再是語言學領域中
的問題了)。組合軸上的自由性顯然和偶然性有關聯，存在著由某種內
容使某種句式趨於完備的或然性；如動詞「罵」只能由有限個主體的
存在才能完備；在套服之內，裙子必然是由於襯衣、毛衣或背心才是
「完備的」。我們把這種完備作用稱作催化。可以想像一套純形式的辭
彙，它並不賦予每個詞以意義，而是確定一組其他字詞，後者可以按
顯然可變的或然性對該詞進行「催化」，而言語中的「詩的」領域所具
有的這種或然性將是最小的(V. 因克蘭：| 那些無勇氣把兩種以前從無
聯繫的言語結合在一起的人是可憐的」)。

---

⑰簡單說明如下，一個感嘆詞「oh」似乎可以以單一單元形式構成一個組合段，但實際上
　言語在此應當被重新放入其語境中去：這個感嘆詞是對一個「無聲的」組合段的應答
　(參見K. L. 派克：《在人類行為結構統一理論中的語言》，格林達爾，1651 年)。

III.2.6.*索緒爾説過，正由於記號是重複出現的，語言才可能存在。*
我們沿組合鏈實際上可看到一定數量的相同單元，記號的重複出現永
遠被相同單元間的距離現象所減弱。這一問題導致統計語言學或宏觀
語言學的建立，後者主要是一門組合段的語言學，它與意義無關。我
們已看到組合段是如何與言語近似的，統計語言學是一門言語的語言
學(列維—斯特勞斯語)。但相同記號在組合軸上的距離不只是一個宏
觀語言學的問題，這個距離或許是用風格學辭彙來衡量的 (一種過密
的重複或許在美學上是忌諱的，但在理論論述上是可取的)，而且它成
爲含蓄意指代碼的一個因素。

III.3.系　統

III.3.1.*系統構成了天然語言的第二個軸。*索緒爾認爲它具有一系
列聯想場的形式，有些聯想場是因聲音的類似性而形成的〔如enseigne-
ment (教導)、armement (軍火)〕，另一些聯想場是由於意義的類似
性〔enseignement、education (教育)〕而形成的。每個場都是一個潛
在的詞項的集合 (因爲在實際的話語中，場中各項之間只有一個被實
現)。索緒爾強調詞項(terme)這個字〔用以代替作爲組合軸單元的字
詞(mot)這個字〕，因爲他認爲，「一旦我們用『詞項』代替了『字詞』，
就可聯想到系統的觀念」[68]。在記號全體集合的研究中著重系統，實際
上或多或少可使我們聯繫到索緒爾的理論；布龍菲爾德學派就拒絕考
慮聯想關係，而與此相反，馬丁內則提出應明確區分對比 (組合單元
的鄰近關係) 和對立 (聯想場中的詞項關係) [69]。場 (或聚合體) 中各

---

[68]轉引自R. 哥德爾前引書，第 90 頁。
[69]馬丁內：《發音變化的機制》，伯爾尼，1955 年，第 22 頁。

項應當既相似又不相似，既包含著共同的成分又包含著不同的成分，例如在能指面上的 enseignement 和 armement 和在所指面上的 enseignement 和 education。根據對立對詞項進行定義似乎很簡單，但它卻引起了一個重要的理論問題。聚合體中詞項的共同成分（如-ment 詞尾是 enseignement 和 armement 兩個詞所共有的）實際上起著一種肯定性（非區分性的）成分的作用，這一現象似乎與索緒爾強調的看法矛盾，他認為在語言結構中一切詞項僅有純區分的、對立的性質：「在語言結構中無肯定的詞項，而只有區分」；「把聲音不當作具有絕對值項的東西，而當作純粹對立的、相對的、否定性的值項……。按此看法，我們應考慮得更徹底，把語言結構的所有值項都看成是相互對立的，而不看作是肯定的、絕對的。」⑩索緒爾甚至更乾脆地說：「天然語言正如一切符號學系統一樣，一般來說不可能在其中把區別一個事物與構成一個事物這兩件事加以區別。」⑪因此如果語言結構是純區分性的，它又怎能包含非區分的、肯定的成分呢？實際上，在一個聚合體中似乎是共同成分的東西，在另一個聚合體中它卻成了另一種東西，因為在後者中有另一相關性(pertinence)準則，即純區分性詞項在起作用了。簡單來說，在冠詞「le」和「la」的對立中字母「l」是其共同的（肯定的）成分，但在「le」與代詞「ce」的對立中「l」成了區分性成分，因此正是相關性準則才使索緒爾的看法保持正確，儘管也為其適用性作了限制⑫。意義始終取決於 aliud/aliud 型的關係，這種關係只考慮二者之間的區別⑬。然而在符號學系統中這種方法是有爭議的（儘管索緒爾已想到了），在這類系統中記號的質料最初並不是意指性的，因此在這些系統中各意指單元（或許）包含著一種肯定的部

---

⑩轉引自哥德爾前引書，第55頁。

⑪同前書，第196頁。

⑫參見F. 弗雷有關音素和子音素的分析，前面第II. 1. 2. 節。

分(即意指作用的物質基礎和另一不同的部分——單元的變體)。例如在「長袍和短袍」短語中服裝的意義涵蘊著一切成分（因此它才被看成一個意指單元），但聚合體永遠只把握住最終的成分（長或短），而「袍子」(特質基礎)卻仍然具有肯定意義。於是天然語言的絕對區分的性質或許只為分節語言所有。在第二系統(它來自非意指性的用法)中，語言結構在某種意義上是「不純的」。在諸變體的水平上肯定包含有（純「語言結構」的）區分因素，而在物質基礎的水平上又包含有肯定因素。

III.3.2.聯想場或聚合體的諸詞項的內部配置通常被稱作一種對立（至少對語言學，或更準確些說對音位學來說是如此）。這個名稱並不很適當，因為一方面它過多考慮了聚合關係的反義特性（康提紐選用關係一詞,葉爾姆斯列夫選用相互關係一詞)；另一方面它似乎包含著一種雙元關係，而這種關係究竟能否作為一切符號學聚合體的基礎，我們並不能加以肯定。然而我們還是採用這個詞，因為它已被人們接受。我們將看到，對立的類型是多種多樣的。但在相對於內容面而言時，一種對立，不論它是什麼，永遠呈現出一種同構形式，對此我們在有關對比替換檢驗法的討論中已經談過。例如在對立中從一詞項向另一詞項的「跳躍」，伴隨著一個所指向另一個所指的「跳躍」。為了充分注意系統的區分性，就永遠需要根據（至少）四項之間的同構關係，而不是根據簡單的類比關係，來考慮能指和所指之間的關係。

另一方面，從一項向另一項的「跳躍」是雙重二中擇一性的，例如在bière（啤酒）和pierre（石頭）之間的對立不管有多微弱，也不

⑬這一現象在一種單一語言的辭典中很明顯，這種辭典似乎給一個單詞下了肯定的定義，但由於這個定義本身是由一些還需加以說明的詞構成的，這種肯定性將不斷在其他場合被延遲（參見J. 拉普朗施和S. 列克萊爾：「無意識」，載於《現代》，第183期，1961年7月）。

可能在一種模糊不清的、居間的狀態中形成。介於「b」和「p」之間
的一個類似的聲音絕不可能指示bière與pierre之間的一個居中的內
質；存在著兩個平行的跳躍，對立永遠存於全或無機制中。在此我們
可以看到對立以之爲基礎的區分原則，正是這個原則可能有助於聯想
領域的研究。因此，對立問題的研究實際上只不過是考察可能存在於
對立詞項之間的類似與區分關係，準確來說，就是對這些關係進行分
類。

III.3.3.我們說過，人類語言是雙重分節的，它包含著兩種對立：(音
素之間的）區分性對立和（語素之間的）意義對立。特魯別茨柯伊曾
提出一種區分性對立的分類法，J. 康提紐企圖繼續這一工作並將其擴
大到語言結構的意義對立上來。正像初看起來符號學單元與其說像其
音位單元，不如說更像其語義單元，我們在此將採用康提紐的分類法，
因爲即使它不能（接著）方便地被用於符號學對立的研究，卻有一個
優點，即可使我們注意到由對立的結構所提出的一些主要問題⑭。初看
起來，在（不再是音位系統的）語義系統中，對立的數目是無限的，
因爲每個能指似乎與所有其他的能指對立，但我們仍然能得到一種分
類原則，如果我們用這一原則來指導對立中相似因素與區分因素之間
關係的類型研究的話。這樣，康提紐就得出了下列對立類型，這些類
型彼此還可進一步組合。⑮

A. 按其與系統全體的關係劃分的對立

A.1.雙邊對立與多邊對立。在這種對立中，兩對立項之間的共同成

---

⑭索緒爾：《教程》，第11-40頁。
⑮康提紐提出的所有對立都是雙元性的。

分或「比較基礎」, 不存在於任何其他的代碼對立 (雙元對立) 中, 或反之存在於代碼的其他對立 (多邊對立) 中。如果用拉丁字母來表示, E/F型的對立是雙邊性的, 因爲共同成分F不存在於任何其他字母中 ⑦。反之, P/R型的對立是多邊性的, 因我們在B的形式中看到了P的形式 (或者說共同成分)。

A.2.相應對立與單獨對立。在這種對立中, 區分是按某一模式形成的, 這樣, 德語中Mann (男人, 單數) 與Manner (男人, 多數) 的對立和「Länd」(國家, 單數) 與「Lander」(國家, 多數) 的對立就是相應的; disons (說, 多數第一人稱) 與「dites」(說, 多數第二人稱) 的對立和「faisons」(做, 多數第一人稱) 與「faites」(做, 多數第二人稱) 的對立亦然。非相應型的對立是單獨的對立, 其數當然甚多。在語義學中只有語法中的 (詞法的) 對立是相應型的, 辭彙中的對立則是單獨型的。

B. 按照諸對立項之間關係劃分的對立

B.1.否定性的對立。這種對立人們最熟悉。否定性對立指所有這樣一種對立, 在其中一個詞項的能指以一種意指成分或標記的出現爲特徵, 這個成分或標記在其他詞項中均不出現。因此它指這樣一種一般的對立: 有標記的與無標記的; 例如「manger」(吃, 無人稱與無單多數的指示) 這個無標記的詞項與「mangeons」(吃, 多數第一人稱) 這個有標記的詞項的對立。這種關係相當於邏輯學中的包括關係。在這裡我們使兩個重要的問題聯繫了起來。第一個與標記有關, 一些語言學家把標記比作特殊性因素, 而使人感覺到無標記詞項具有通常性。

---

⑦它也是一種否定性的對立。

無標記項是常見的、普通的，它是由於隨後刪除掉有標記的因素而得到的。於是我們就達到了否定的標記（即將其刪除的標記）的觀念。實際上，在語言結構中無標記詞項比有標記詞項更常出現（特魯別茨柯伊，吉普夫）。因此康提紐認為，「rond」（圓的，陽性）是有標記的，與其相對的「ronde」（圓的，陰性）是無標記的。實際上等於說康提紐涉及了內容因素，因而在他看來陽性的似乎像是有標記的，陰性的像是無標記的。對馬丁內來說則正相反，他認為嚴格說來標記是一種附加的意指因素；就陽性與陰性的對立而言，這絕不妨礙在能指的標記與所指的標記中間通常存在著一種平行關係。「陽性」實際上相當於一種與性別無關的性質，相當於一種抽象的一般性〔如「il fait beau」（令人高興的是）中的陽性形容詞beau與實際性別無關；「on est venu」（有人來了）亦然〕。陰性卻是有標記的，語義的標記與形式的標記實際上同時出現，如果想對此性別有進一步說明，就必須增加附加的記號⑦。由否定性對立提出的第二個問題與無標記的詞項有關，我們稱其為對立的零度。因此零度正確說來不是一種虛無（一種現前的無意義），而是一種有意指作用的欠缺，一種純區分性狀態。零度證明了一切記號系統有「從無中」創生意義的能力：「語言結構可安於使某詞項與虛無對立」⑱。零度概念是由音位學產生的，具有極豐富的應用價值，在語義學中有零記號（「signe-zero」，當一個顯在的能指的欠缺本身起一個能指的作用時，我們就稱其為零記號⑲）。在邏輯學中我們看到，「A處於零態，即A不實際存在，但在某種條件下可使其出現」⑳。在人種學中，列維—斯特勞斯把這個概念與「馬納」神力概念相比

---

⑦語言學的機制要求在要傳遞的信息量與這一傳遞所需的能量(時間)之間保持一種不變的關係（A. 馬丁內：《語言學協會的工作》，第1卷，第11頁）。

⑱索緒爾：《教程》，第124頁。

⑲H. 弗雷：《索緒爾研究》，第6期，第35頁。

較，他說「……一個零因素具有與音素的欠缺相對立的作用……。同樣我們可以說，……『馬納』概念的作用是與意指的欠缺對立的，它本身不包括任何特殊的意指作用」⑧。最後在修辭學中，在含蓄意指平面上修辭性能指的空缺本身也構成了一種風格性能指。⑧

　　B.2.等價的對立。在邏輯學中等價對立關係是一種外在性關係，在其中兩個詞項是等價的，這就是說它們不能被看作是對某一特殊性的肯定和否定(否定性對立)，如在「foot—feet」(單數「腳」與多數「腳」)對立中既無標記也無標記的欠缺。這類對立在語義領域中爲數最多，雖然出於節省考慮語言結構常傾向於用否定性對立取代等價對立，這首先是因爲在否定性對立中，類似和區分的關係是對稱的，其次是因爲否定性對立可構造ane/anesse (驢／雌驢)、comte/comtesse (伯爵／女伯爵) 一類相應型對立，而像etalon/jument (公馬／母馬) 一類等價型對立則無派生力。⑧

C.　按區分性值項的範圍劃分的對立

　　C.1.經常性對立。這是指各所指始終有不同的能指，如法語 (我) mange/我們mangeons 對立中單數第一人稱與多數第一人稱有不同的能指，對一切動詞、時態和語態來說均如此。

　　C.2.可消除的或可使中性化的對立。這是指各所指並非始終有不同的能指，以至於兩個對立項有時可能相同。如「單數第三人稱」與

⑧狄斯托貝：《數理邏輯學》，第75頁。
⑧列維—斯特勞斯：「毛斯著作導論」，載於M. 毛斯：《社會學與人類學》，P. U. F. 1950年。
⑧巴爾特：《寫作的零度》，色伊出版社，1953年。
⑧在etalon/jument這組對立中共同成分出現於所指平面上。

「多數第三人稱」的語義對立中有時有不同的能指（如finit/finis-
sent），有時又有（語音上）相同的能指（如mange/mangent）。

　　III.3.4.在符號學中這些對立類型研究有何用處呢？對此加以回答
當然為時尚早，因為一個新符號學系統的聚合面如無充分材料是無法
研究的。我們不了解，由特魯別茨柯伊提出以及部分地⑧由康提紐繼續
研究的那些對立類型與非語言結構的系統有何關係。如果我們同意越
出雙元對立模式，也可以設想出新的對立類型。但我們想在此略述一
下特魯別茨柯伊類型與康提紐類型之間的對比，對此我們用兩個非常
不同的符號學系統來加以說明，即道路規則系統和時裝系統。在道路
規則中我們可看到對應的多邊對立（例如它們都是根據圓形和三角形
對立之內的色彩變化形成的），否定的對立（例如當一個附加的標記改
變了一個圓形的意義時），以及經常性對立（所指始終有不同的能指），
但我們絕看不到等價的對立和可消除的對立。道路規則系統中的這種
對立配置是不難理解的，因為它要求立即而又明確的讀解，否則將會
發生事故。這樣它就排除了那些需要較長時間智能作用才能識別的對
立，或者由於這些對立脫離了嚴格而言的聚合體（等價對立），或者由
於它們要求在一個單一能指中選擇兩個所指（可消除的對立）。在傾向
於多義性的時裝系統中⑧，情況正相反，我們可看到各種對立類型，當
然除去雙邊對立和經常性對立，因為它們過於強調系統的特殊性與嚴
格性了。因此嚴格意義上的符號學，即一門涉及一切記號系統的科學，
可轉而注意各系統內對立類型的一般分佈規律，單只侷限於天然語言
內的研究將始終是空疏的。然而符號學研究的擴展或許將引導我們去
研究系列性的而不只是對立性的聚合關係（或許不可能消除這些關

---

⑧康提紐未提及特魯別茨柯伊提出的漸近對立，如德文中的u/o與u/o的對立。

⑧參見巴爾特：《時裝的系統》，色伊版。

係），因爲並不肯定，在研究涉及質料和用法兩個方面的複雜對象時，我們是否仍能在兩極成分之間的選擇中，或在一個標記和一個零度的對立中，使意義起作用。這就提醒我們，二元選擇結構是最有爭議的問題。

Ⅲ.3.5.否定性對立（有標記的與無標記的）按定義是二中擇一的，這種對立的重要性和單純性促使我們考慮是否應當把一切已知的對立都歸結爲二元模式(按其標記的有無)。換言之，二元選擇實際上是否是普遍性的；如果是普遍性的，這是否說其本性如此。對第一點而言，我們可以肯定說二元選擇現象具有相當的普遍性，自人類能用二元代碼傳遞信息以來的幾個世紀中它已是人們熟知的原則。由各個極其不同的社會所發明的大多數人工代碼都是二元性的，從「叢林電報」（特別是具有二音符的剛果部落的話鼓）直到莫爾斯電碼和機械化程序和控制論中的數字計算機的發展或二中擇一的數字代碼。但是如果離開了「人工語言」領域，而返回我們在此討論的非人工的天然系統中去，那麼二元制原則的普遍性似乎就很不明顯了。似乎矛盾的是，索緒爾本人從來未把聯想場當作二元的，他認爲聯想場中的詞項在數目上是無限的，其秩序也是不確定的⑧。索緒爾說：「一個詞就像是一個星座的中心，它是其他並列詞項的會聚之點，其他詞項的總數卻是不定的」⑧。索緒爾提出的唯一限止是在詞形變化表上，這些詞形變化表顯然是一些有限系列。引起人們注意到天然語言二元選擇性的是音位學（在第二分節層面上確係如此)，但這個二元選擇原則是絕對的嗎？雅克布

---

⑧在此我們未討論詞形變化系統內部詞項秩序的問題，索緒爾不關心這個問題，而雅克布遜相反，他認爲在詞形變化表中主格或零格即首格（參見《論集》第7頁）。當我們研究作爲能指聚合體的隱喻時和當我們要確定隱喻系列各詞項之一是否具有某種優越點時，這個問題將變得非常重要(參見巴爾特：「眼的隱喻」，載《批評》，第195-196期，1963年8-9月)。

⑧《教程》，第174頁。

遜的回答是肯定的[88]，他認為，一切語言的音位系統可借助十二個區分性特徵加以描述，它們都是二元選擇性的，即特徵的出現或不出現(或說「非相關的」)。馬丁內對這種二元制普遍性曾加以細緻的討論[89]，他認為絕大多數對立現象是二元性的，但並非全部如此，因此二元原則的普遍性是不能肯定的。音位學研究了二元原則，語義學則未加探討，在符號學中更不了解，至今還未在符號學中發現各種對立類型。至於研究複雜的對立，我們顯然可以依靠語言學闡明的模式，它由一種「複雜的」二中擇一方法組成，即由四個詞項組成的對立關係，它包括兩個對極項 (這或那)，一個混合項 (這和那)，和一個中立項 (既非這也非那)。這組對立雖然比否定性對立為弱，卻顯然不曾免於提出那種系列的，而不僅是對立的聚合體的問題：二元選擇原則的普遍性仍未建立、也談不到它的「本性」的問題 (這是有待討論的第二點)。把一種代碼的普遍二元選擇原則建立於生理學基礎上的想法是有吸引力的，因為我們可以相信神經—大腦系統的知覺也是按全或無原則起作用的，特別是以二中擇一「掃描」方式起作用的視聽知覺[90]。這樣，從自然到社會處處都完成著廣泛的「數字式」、而不再是「類比式」的翻譯過程。然而我們對此並不能肯定。實際上，在我們為二元選擇原則作一簡單總結時可以考慮問題是否和一種必要的而又是暫時的分類有關，二元選擇原則也是一種元語言，一種特殊的分類學，它必定是由歷史產生的，因此也只有暫時的正確性。

　　Ⅲ.3.6.**在結束有關系統的主要問題的討論之前，對於中性化問題仍要略談幾句**。這個詞指語言學中這樣一種現象，在其中一個適當的

[88]《言語分析導論》，麻省劍橋，1952 年。

[89]《語音變化的機制》，第 73 頁。

[90]較初級的感覺如嗅覺與味覺仍是「類比性的」。參見Ⅴ. 貝勒維奇《機器語言與人類語言》，第 74-75 頁。

對立失去了其適當性，即不再是意指性的了。一般而言，一種系統的對立的中性化是在語境的影響下發生的。從某個意義上說即組合段「抵消」了系統。例如在音位學中，兩個音位的對立可由於一個詞項在言語鏈上的位置的影響而失效。比如在法語中，當一個對立項在詞尾時在音位é和è之間通常存在著對立（如J'aimai/J'aimais，「我愛」，將來時與過去未完成時），但在其他情況下這種對立就不再是適當的了，它被中性化了。反過來，適當的對立ó/ò(saute/sotte)在詞尾位置時被中性化了，這時我們只看到聲音ò(pot, mot, eau)。兩個被中性化了的特徵實際上在一個獨一無二的所謂共音位的聲音裡結合起來，我們用大寫字母來表示共音位，這樣就有é/è=E和ó/ò=O等。在語義學中人們剛開始研究中性化問題，因為語義學的「系統」還未建立起來。G. 杜勒瓦注意到⑨，一個語義學單元在某些組合段中會失去其相關特徵。1872年左右我們看到這樣一類複合詞語：「工人解放」，「群眾解放」，「無產階級解放」等，我們可以替換複合詞語中的一個部分而不改變其意義。在符號學中，如要概述一種中性化理論，就需再一次注意一定數目系統的建立，有些人或許根本排除這一現象。例如在道路規則系統中，其目的在於保證使少數記號被迅速理解和不發生歧義，因此不能容忍任何中性化現象。時裝系統則正相反，它具有多義性(甚至泛義性)傾向，表現出大量的中性化現象。例如通常粗毛衫使我們聯想到海，薄毛衫使我們聯想到山，但我們也可以在考慮去海上時談論粗毛衫或薄毛衫，這時sweater（薄毛衫）／chandail（粗毛衫）這組對立的相關性就消失了⑨，二者都為「毛織品」這類的「基本衣類」(archi-vestéme)所吸收。我們至少可以在符號學假設的範圍中說(即不

---

⑨《辭彙學手冊》，第1期，1959年。(「複雜語義單元和中性化」)。

⑨顯然這是時裝雜誌的話語，它起著中性化的作用，簡言之這表現為從AUT型(Chandail或Sweater)不相亞析取型向VEL(Chandail或Sweater均可)相容性取型的過渡。

考慮與第二分節有關的問題, 或純區分性單元的問題), 當兩個能指可由同一個所指中產生時或兩個所指可對應同一個能指時就會有中性化現象(因爲所指也會發生中性化)。我們應當同時考慮兩個有用的概念, 即分散場和安全邊界。分散場是由一個單元 (例如一個音位) 在體現中的各變體所構成, 只要這些變體不引起意義的改變 (即不達到相關性變異的程度)。分散場的「邊」即其安全邊界, 當所研究的系統中有較強的「語言結構」時 (如汽車系統中), 這一概念就沒什麼用處了, 但當一種豐富的「言語」流使單元的體現次數大量增加時, 這個概念將極有用。例如在飲食系統中我們可討論一盤菜的分散場, 在這個分散場的邊界之內這盤菜始終有意義, 不管其「體現者」的「想像力」如何。構成分散場的各變體項有時是組合的變體, 如果它們依賴於記號的組合, 即依賴於直接的語境的話 (例如「nada」中的d和「fonda」中的d是不同的, 但二者的差異與意義無關); 有時又是個別的或機能的變體(例如在法國人中, 勃艮第人和巴黎人在發顫音 r 時一個捲舌, 一個不捲舌, 但聽的人都明白, 這兩個r音的差異, 因此是非相關性的)。長期以來人們都把組合性變體看作言語現象, 二者當然很近似, 但今日人們把它看作語言結構現象了, 因爲它具有「必須遵行」的特點。在符號學中含蓄意指研究具有較大重要性, 或許在這裡組合性變體成爲一種中心概念。實際上, 那些在直接意指平面上無意指性的變體(例如捲舌顫音 r 和軟顎音 r), 在含蓄意指或組合性變體的平面上卻可重新成爲有意指性的, 這時捲舌顫音r和軟顎音r表示兩個不同的所指。如在劇場語言中, 一個意指「勃艮第人」, 另一個意指「巴黎人」, 而在直接意指系統中二者仍然是非意指性的。以上所談就是中性化作用的第一層含義。一般而論, 中性化表示組合段對聚合系統的一種壓力, 可以說, 類似於言語的組合段在某種範圍內是對意義「背叛」的一種因素。最強的系統 (如道路規則) 具有較弱的組合段, 而複合的大組

合段（如形象）卻往往會使意義模稜兩可。

III.3.7.**組合段和系統是語言的兩個平面**。雖然對它們的研究並不明確，我們仍須考慮將來對這兩個語言平面相互滲透的全部現象加以徹底探討，其方式類似於與系統和組合段的正常關係有關的某種「畸胎學」方法。這樣我們看到，兩個軸的分節方式實際上有時是「變態的」，例如，聚合體轉變爲組合段，於是組合段與系統之間的通常區分被違反了，或許正是由於這種違反區分規則的情況才導致大量創造性現象的出現。似乎在美學和語義系統的違背現象之間存在著某種聯繫。其中主要的違反顯然是一個聚合體伸展到組合段平面上去了，因爲在正常情況下聚合體中只有一個詞項被實現，其他詞項只有潛在的存在，但是，簡單來說，如果我們企圖把同一個詞的所有變格形式都依次聯結起來以形成一段話語時就會出現這種情形。這種組合段擴展的問題在音位學中已被提出，對此特倫卡指出，一對相關詞的兩個聚合關係項不可能並列(特魯別茨柯伊對此做了較大的修正)。但在語義學中很明顯，常態（在音位學中特倫卡法則即指常態而言）和常態的違背可能極其重要，因爲此時我們面對的是意指性（不再是區分性）單元的平面，同時語言中兩個軸的轉換引起了明顯的意義改變。按此觀點來看，在這裡有三個方向應予探討。對於古典的、也就是顯的對立來說，J.圖比亞那⑬企圖確認配置(agencement)對立概念，即兩個詞呈現相同的特徵，但各自特徵的排列不同，如rame/mare, dur/rude, charme/marche。這類對立構成了大部分字詞遊戲、同音異義詞遊戲和字母顛倒遊戲。總之，從一種相關性對立(Félibres/fébriles, 菲列布里什派／狂熱的) 出發，就足以消除聚合對立的分界，以便獲得一個反常的組合段 (Félibres fébriles, 「狂熱的菲列布里什派」), 這是一篇雜誌

---

⑬《索緒爾研究》第 9 期，第 41-46 頁。

文章的標題)。對對立分界線的突然消除非常類似於取消了某種結構的
檢驗，而且我們不能不把這種現象看作類似於夢境以及字詞遊戲的創
造者或參與者⑭。另一個重要的研究方向是韻腳，韻腳在聲音即在能指
的水平上形成了一個聯想域，於是出現了韻腳的聚合體。相對於這類
聚合體來說，有韻的話語顯然由一個轉變爲組合段的系統片段所構成。
總之，韻腳就相當於對組合段與系統之間距離法則（特倫卡法則）的
違反，它也相當於近似性與差別性之間的一種有意識的張力關係，一
種結構的不協性。最後，毫無疑問，整個修辭學就是一個有關創造性
的違反的領域。我們如果記得雅克布遜所做的區分，就可理解，全部
隱喻系列是一種組合段化了的聚合體，而所有換喻系列則是一種固定
化的組合段，它被併入了一個系統。在隱喻中選擇是隱喻性的，而在
換喻中，鄰近性變爲選擇場。於是情況似乎是，創造活動正是發生於
這兩個平面的交界處。

IV.直接意指與含蓄意指

IV.1.我們記得，一切意指系統都包含一個表達平面(E)和一個內容
平面(C)，意指作用則相當於兩個平面之間的關係(R)，這樣我們就有：
ERC。現在我們假定，這樣一個系統ERC本身也可變成另一系統中的
單一成分，這個第二系統因而是第一系統的引伸。這樣我們就面對著
兩個密切相聯但又彼此脫離的意指系統。但是兩個系統的「脫離」可
按兩種完全不同的方式發生，它取決於第一系統進入第二系統的方式，

---

⑭參見J. 拉普朗施和列克萊爾的上引文章。

這樣也就產生了兩個對立整體。在第一種情況下，第一系統(ERC)變
成表達平面或第二系統的能指：

$$
\begin{array}{ll}
2 & \quad E\ R\ C \\
1 & \quad \overbrace{E\ R\ C}
\end{array}
$$

或者表示爲(ERC)RC。這就是葉爾姆斯列夫稱作的含蓄意指符號學；
於是第一系統構成了直接意指平面，第二系統（按第一系統擴展而成
的）構成了含蓄意指平面。於是可以說，一個被含蓄意指的系統是一
個其表達面本身由一意指系統構成的系統。通常的含蓄意指顯然是由
複合系統構成的，後者的分節語言形成了第一個系統（例如，文學中
的情況就是這樣）。按照第二種分離的(對立的)方式，第一系統(ERC)
不像在含蓄意指中似地成爲表達平面，而是成爲內容平面或第二系統
的所指。

$$
\begin{array}{ll}
2 & \quad E\ R\ C \\
1 & \quad \overbrace{E\ R\ C}
\end{array}
$$

或表示爲：ER(ERC)，一切元語言都屬此類。一種元語言是一個系統，
它的內容平面本身是由一個意指系統構成的；或者說，它是一種以符
號學爲研究對象的符號學。這個雙重系統的擴大有兩種方式：

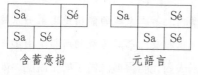

Sa	Sé	Sa	Sé
Sa	Sé		Sa	Sé

含蓄意指　　　　元語言

IV.2.含蓄意指現象尚未被系統地研究過（在葉爾姆斯列夫的《導
論》中可看到一些有關論述）。但是毫無疑問，未來會有一門含蓄意指
符號學。因爲以天然語言提供的第一系統爲基礎的社會，將不斷發展
出一些第二意義系統，而且這種有時明顯有時隱蔽的發展將逐漸涉及

一門眞正的歷史人類學。含蓄意指本身旣然是一個系統，它包含著能指、所指和把二者結合在一起的過程(意指作用)，對於每個系統來說首先都需要研究這三種成分。含蓄意指的能指被稱作含指項(connotateurs)，它是由被直接意指的系統的諸記號（被結合的能指與所指）所構成。自然，幾種被直接意指的記號可以結合起來以形成一個單一的含指項，如果它具有一個單一的含蓄意指的所指的話。換言之，被含蓄意指的系統的單元和被直接意指的系統的單元並不必然具有同樣的大小。被直接意指的話語的較大片段可構成被含蓄意指的系統的一個單一單元（例如一個本文的語調，這個本文由若干字詞構成，但卻具有單一的所指）。不管含蓄意指以什麼方式「加於」直接意指的信息之上，它也不可能將其吸盡。總會有「直接意指的」能指（如果沒有，就不會有話語了），含指項最終永遠是不連續的、「不規則的」記號，這些記號被傳遞它們的直接意指的信息自然化了。至於含蓄意指的所指，它的性質旣是一般的、完整的，又是分散的，或許可以說，它是意識形態的一部分。例如，全體法文信息可指「法文」這個所指，一部作品可指「文學」這個所指。這些所指同文化、知識、歷史密切交流，可以說正是因此外在世界才滲入記號系統。總的來說，意識形態就是含蓄意指的所指的形式(在葉爾姆斯列夫的意義上)，而修辭學則是含指項的形式。

IV.3.在含蓄意指的符號學內，第二系統的能指是由第一系統中的記號所組成；在元語言中情況正相反，第二系統的所指是由第一系統中的記號所構成。葉爾姆斯列夫對元語言概念做了如下說明：如果說一種操作程序(opération)是建立於無矛盾性(一致性)、充分性、簡單性等經驗原則之上的，那麼科學符號學或元語言就是一種操作程序，然而含蓄意指的符號學並不是一種操作程序。顯然符號學是一種元語言，因爲它把作爲被研究的系統的第一語言（或對象語言）當成第二

系統。這個對象系統是通過符號學的元語言被意指的。元語言概念不
應限於科學語言。當在其被直接意指狀態的分節語言充作一個意指對
象的系統時，它是在「操作程序」中被構成的，即在元語言中被構成
的。時裝雜誌即為一個典型例子，它「說著」衣服的意指作用，因為
雜誌通常並不提供純直接意指的話語。這樣我們就看到一個複雜的系
統，在其中，處於直接意指層次上的語言即元語言，但在這裡這個元
語言本身也是介入一個含蓄意指過程中的，其關係可圖式如下：

3.含蓄意指	Sa ; 修詞學		Se: 意識形態
2.直接意指: 元語言	Sa		Sé
1.真實系統		Sa	Sé

Ⅳ.4.原則上說，沒有什麼可阻礙一個元語言反過來成為一個新元
語言的對象語言。例如，符號學的情況就是這樣，當它被另一門科學
「說著」時。如果我們同意把人文科學定義作一種一致性、充分性、
簡單性的語言(葉爾姆斯列夫的經驗原則)，即定義作一種操作程序的
話，那麼每一門新科學都將表現為一種新的元語言，它將把在它之前
的元語言當作對象，並關涉到實際上為其「描述」的真實對象。因此
在某種意義上，人文科學的歷史就是元語言的一個歷時面，而且每門
科學當然都包含著符號學方面，包含著它自身的衰亡，這種衰亡是以
談論它的語言的形式表現出來的。在元語言一般系統內部的這種相對
性，可使我們修正最初獲得的有關含蓄意指符號學的過於肯定的形象。
一種完整的符號學分析，除了所研究的系統和進行這一研究時所最常
用的 (直接意指) 語言以外，還需涉及含蓄意指系統和對其進行研究
時所用的元語言。我們可以說，作為含蓄意指面掌握者的社會，「說著」
被研究系統的能指，而符號學「說著」其所指。因此社會似乎具有一
種對世界進行解碼的客觀功能(其語言是一種操作程序)，世界用第二

系統的能指把第一系統的記號吸收或僞裝起來，但是歷史本身卻使其客觀性不能長存，因爲歷史是不斷更新其元語言的。

結論：符號學研究

　　符號學研究的目的在於，按照全部結構主義活動的方案（其目的是建立一個研究對象的模擬物）⑨，建立不同於天然語言的意指系統的功能作用。爲了進行這種研究，必須一開始（特別是在開始時）就公然接受一種限制性原則。這個原則即相關性原則，它也是借取自語言學的⑩。我們只按某一觀點來描述所收集的資料，因此在這些多種多樣的資料中我們只注意從這個觀點看是重要的那些特徵，而排除所有其他特徵(這些重要的特徵即相關項——pertinents)。例如，音位學家只根據聲音產生意義的角度來研究聲音，對聲音的物理性質與發音性質並不關心。符號學研究所採用的相關性，接定義來說涉及的是研究對象的意指作用。人們只按對象具有的意義關係來研究對象，而不涉及，至少不過早地（即在系統被盡可能充分地建立起來之前）涉及對象的其他決定因素(如心理學、社會學、物理學等因素)。我們自然不能否認這些其他的決定因素，它們每一個都可成爲另一種相關性，但我們應當用符號學方式研究它們，就是說，把它們的位置和功能置於意義系統之內。例如，時裝顯然具有經濟的和社會學的涵意，但符號學將既不研究時裝經濟學也不研究時裝社會學，它只研究在時裝的哪一個

---

⑨參見巴爾特：〈結構主義的活動〉，載於《批評論集》，色伊出版社，1964 年，第 213 頁。
⑩參見馬丁內：《原理》，第 37 頁。

語義系統層次上，經濟學與社會學和符號學發生了關聯。例如，在服裝記號形成的層次上，在聯想的限制因素（禁忌）的層次上，或在含蓄意指話語的層次上。相關性原則顯然使研究者面對著一種內在性 (immanence) 情境，他將從一個系統的內部對其進行研究。但是被研究的系統不可能預先在其限界之內被認識（因爲問題正在於建立這個限界），一開始內在性只能與一個性質混雜的現象整體有關，人們需要「處理」這些現象以便認識其結構；這個現象整體可以由研究者在進行研究之前加以定義，這個現象整體即本文全體 (corpus)。本文全體是一批有限的資料，由研究者預先確定，帶有某種（不可避免的）任意性，研究者將對這個本文全體進行研究。例如，如要建立今日法國人的飲食系統，就應預先決定要研究哪類資料（如報紙上的菜單，餐館的菜單，實際見到的菜單，或「被報導的」菜單）。一旦確定了這個全體本文，就要嚴格行事，即在研究過程中不再增添任何新資料，並將對其進行完全徹底的分析，使一切有關資料在研究之前都收入該系統中去。那麼怎樣去選擇作爲研究對象的全體本文呢？這個問題顯然有賴於有關系統的性質，飲食現象的本文全體不能與汽車式樣的本文全體採取同樣的選擇標準。現在我們只能試探性地提出兩個一般性的建議。一方面，本文全體應當足夠多，以便研究者能合理地期待其成分可使一完全的類似和區分系統飽和。毫無疑問，當研究者分析一套資料時，到了一定時候他將遇到一些已經判定的事實與關係（我們已看到，記號的同一性構成了一種語言結構現象）。這類「重複」越來越頻繁，直到不能再發現任何新材料爲止，這時本文全體就飽和了。另一方面，本文全體應盡可能保持齊一性，首先是內質的齊一性。人們顯然喜歡研究由同一內質構成的資料，如語言學家只關心聲音的內質；同樣，一種理想的飲食本文全體應只包括單一類型的資料（如餐館的菜單）。但現實生活中更常見的是混合的內質，例如時裝雜誌上的衣服與書寫

語言，電影中的形象、音樂和言語等。於是研究者將接受非齊一性的本文全體，但又十分仔細地研究有關諸內質的系統分節方式（尤其是要明確區分眞實對象和談述眞實對象的語言），這也就是爲這種內質的非齊一性提供一結構的解釋。然後是時間的齊一性，從原則上說，本文全體應最大限度地刪除歷時性因素，它應相當於一個系統的狀態，一個歷史的「斷層」。在這裡我們無意涉及有關同時性和歷時性的理論爭辯，而只打算從操作程序的觀點說，本文全體應盡可能地聚合一個同時性整體。這樣我們將寧可有一個雖然多種多樣卻在時間上凝聚的本文全體，而不要一個雖然緊密但時延較長的本文全體。例如，在研究報紙現象時，在同一時間內出版的各種報紙的樣例就比在不同年代出版的同一種報紙的樣例爲好。有些系統建立了本身的同時性系列，例如時裝年年改變；但對另一些系統就要爲它們選定一段短的時間，因此冒著在歷時態中進行研究的危險。這種最初的選擇是純操作性的，因此必然在部分上帶有任意性，我們不可能論斷系統變化的節奏，因爲符號學研究的一種可能的基本目的(也就是最終顯示的目的)，正是要去發現系統的時間本身以及形式的歷史。

羅蘭・巴爾特
於巴黎高等研究院

概念索引

文學隨筆

論紀德和他的日記*

　　由於不情願把紀德納入一個絕不會令我滿意的體系中去，我也曾徒勞地企圖在這些筆記之間找到某種聯繫。後來決定，最好把這些筆記照原樣刊出，不再想掩飾它們之間欠缺連續性的事實了。對我來說，不連貫似乎總比一種歪曲的秩序要好一些。

1. 日記

　　我懷疑這本日記究竟會引起多大興趣，如果讀者在閱讀它時不曾產生對紀德其人的某種最初好奇心的話。

　　在紀德的《日記》裡讀者會看到他的道德，他的著作的起源和經歷，他的閱讀，評判他的作品的基礎，沉默、敏銳的機智，瑣碎的自白，這些內容使他成為不同凡響的人物，成為另一位蒙田。

　　日記中的許多條目無疑會使那些對紀德暗中或公然懷有成見的人感到不快。而這些條目，却會使那些由於某種理由暗中或公然相信自己很像紀德的人感到愉快。對於任何那些洩漏隱私的個性來說，結果都會如此。

　　《日記》不是一部解說性的、外在性的作品，它不是一本編年紀事(雖然真實事項往往編入它的網絡之中)。它不像柔利·雷納爾或聖·

_____

＊《論紀德和他的日記》於 1942 年 7 月發表於《存在》上，這是（伊澤爾省）聖·伊萊爾法國學生療養院辦的一份期刊。巴爾特因患肺結核於 1942 年和 1943 年時曾在那裡休養。本文由理查·霍瓦德譯成英文，載於《巴爾特文選》，英文版，1983 年。

西蒙的日記，而那些希望從中翻閱到對某位同時代人（如紀德常常談到的瓦萊里或克勞戴爾）著作的重要評論的人，肯定會大失所望。實際上這是一本自我中心的著作，特別在它談到他人的時候。雖然紀德的目的總是好的，只是由於它反歸紀德本身的那種反省力量，它才具有意義。

「在這裡應當出現的東西，正是那些瑣碎、無謂、不值得任何作品的篩孔截留住的東西。在日記裡我必須寫細節，而且不預加構思（1929 年）」。所以我們不應假定《日記》與作品對立或它本身不是一件藝術作品。《日記》中有些句子介乎懺悔自白與創作之間，應當把它們挿入一本小說之中，而且它們已經不那麼眞誠了（或準確些說，它們的眞誠性不像我們在閱讀日記時感興趣的其他部分那麼重要）。我寧肯說，並不是《艾杜阿爾的日記》與紀德的《日記》相像，正相反，紀德《日記》中的許多段落都具有《艾杜阿爾日記》的特點。它們已不再完全屬於紀德，它們開始越出了他，而朝向某個它們想在其中出現的、想呼喚其出現的未定作品。

尼采寫道：「一個偉大的法國人絕不是膚淺之徒，但他充分地具有自己的外表，一個自然的封套包裹著他的深部」。（《黎明》，格言第 192 節）。紀德的作品構成了他的深部。我想說，他的《日記》則是他的外表；他勾繪自己的輪廓，列示他的邊緣；閱讀，反省，敍述，顯示出這些邊緣彼此相距有多麼遠，紀德的外表有多麼寬廣。

2. 戰慄

紀德引歌德的話說：「恐懼和顫抖(das schaudern)是人的至善」。

歌德的「戰慄」非常像蒙田的「極其柔順的人」。我不知道是否對紀德的歌德觀已給予足夠的重視；他與蒙田的類似性也值得注意（紀

德的偏好不表示一種影響，而是表示一種相同性）。紀德完全有理由來
寫一本批評著作。他為蒙田文選寫的序言，甚至他的文章選法，對紀
德的說明正像對蒙田的說明一樣多。

　　對話。沒有什麼比從一個世紀到另一個世紀在同一階級作家之間
出現的那些「二重唱」更富於法國文學特色、更可貴的了。如巴斯卡
爾和蒙田，盧梭和莫里哀，雨果和伏爾泰，瓦萊里和笛卡爾，蒙田和
紀德。沒有什麼比這一特點能更清楚地證明法國文學青春常駐的了，
同時它也正好證明了法國文學的戰慄性和柔順性，這些特性使它逃脫
了系統的僵化，並使其古老的過去和現在的智慧一接觸就恢復了活力。
如果說偉大的法國文學經典是永恆的，這正是因為它們始終可以被改
變。水流比大理石更經久長存。

　　紀德的批評家不應企圖根據善惡觀來描繪他，像傳記家們習慣去
做的那樣。這個角色應當足以使我們不致錯誤判斷他的某些作品或語
句，不管是由於無知，還是更糟地由於故意地或非故意地刪略。這是
一個有關「無限尊重個性」的問題，正如紀德本人尊重他人一樣。的
確，《日記》中常有糾正我們本來獲得的一些有關紀德的看法，這是由
於斷章取義、錯誤報導、不準確的語言所致。這是一種永遠存在的自
我糾正活動。紀德就像一位審慎的放映員一樣，不斷調節自己的形象
以抵制觀眾怠惰的或惡意的觀點。「他們想把我變成一個可怕的憂心忡
忡的傢伙。我唯一的焦慮是發現我的思想被曲解了」（《日記》，1927 年）。

　　那些責備紀德自相矛盾（他拒絕清理這些矛盾）的人最好看看關
於黑格爾的這一頁：「在常識看來，真偽的對立是某種固定的東西；常
識期待我們去贊成或拒絕一個現存的系統全體。它不把各哲學系統之
間的區別看作真理的逐步發展；對常識來說，差異只意味著矛盾……。
把握矛盾的心靈不可能將其消除或只看到其片面性，而是（在似乎與
本身對立和矛盾的東西的形式中）承認相互必須的因素」。

　　紀德是一位同時性的存在者。大自然在某種程度上從一開始就使
其完整無缺。他只是花些時間去依次揭示自己的各個方面，但我們必
須永遠記住，這些方面實際上彼此都是同時存在的，正如他的作品一
樣：「他們還很難承認這些書籍是同時存在的，甚至現在也同時存在於
我心間。只是在紙面上它們才彼此延續，因為不可能同時把它們寫下
來。不論我寫什麼書，我絕不使自己全心傾注在它上面，熱切地纏繞
我下一次去處理的主題，甚至現在已在我內心的另一端發展起來」(《日
記》，1909 年)。為什麼呢？忠實和矛盾。紀德整個存在於安德烈‧瓦爾
特之中，而安德烈‧瓦爾特仍然存於紀德 1939 年的日記中。結果我
們看到，紀德是與年齡無關的，永遠年輕，永遠成熟，永遠是智者，
永遠是狂熱的。也許他的後半生由於年事已高，筆調不免暗淡，類似
於古希臘悲劇詩人。但他能夠把他的某些傾向 (或某些方面) 既托附
在青年人身上，又托附在老年人身上 (紀德的人物從來不是純客觀性
的，而是體現著他自己)；既在拉夫卡的歐身上，又在拉波陸絲身上。
紀德有一顆忠誠之心，一個忠誠的心靈。確實很奇怪，他的博覽群書
很少改變他的性格。他的發現從來也不是否定。當他讀尼采、陀斯托
耶夫斯基、惠特曼、布雷克或布朗寧時 (除了歌德；他承認受過歌德
的影響)，這些心靈的接觸大多相當於自我的確認，所以也就成了一次
次延續的理由。紀德在各主要衝突潮流交滙點上的處境並不容易應付，
這就使其堅韌不拔的表現，令人肅然起敬；確實，是他的存在理由本
身，是局勢，使他成為偉大的。有多少人會使轉變成為一種終結呢？
對自己生命真實的這種忠誠是英勇的。「按照一種現成的美學和一種現
成的倫理去行事要容易得多了！順從一種被承認的宗教的作家可以信
心十足地前進，我却必須發明每一件東西。有時它導致了對幾乎無法
察覺的光亮的無窮無盡摸索，而有時我會喃喃自語：這樣有用麼？」
(《日記》，1930 年)。

　　矛盾。那麼，這種忠誠的天性能沿什麼方向行進呢？雖然他的每
一部作品都留下了五彩繽紛和變化萬千的印象，這樣人們常常責備他
前後不一和躲躲閃閃。我們應當清除那種頑固的偏見：有些心靈似乎
始終如一，因為他們彈奏同樣的音調，他們驅散了自己的猶豫不決，
只呈現出自己新意見的挺硬的外表，其代價是粗暴地對待許多其他的
意見。紀德的態度同這類人相比，顯得較為謙遜和適度。紀德的良心
會被世俗道德習慣地稱作病態的，他自我剖析，無所保留，巧妙地退
縮或勇敢地維護自己，但從不以自己的改變而對讀者濫施影響。紀德
在他的思想的運動之中來表達一切，而不以令人難受的宣告的方式。
我想這種態度有幾種理由：(1)靈魂的衝動是其真實性的標記（紀德的
全部努力是使自己和他人「真實」）；(2)在緩緩地揭示他本性中極細微
的變化時，他感到一種美學的快樂（在紀德來看，運動始終是人的最
好的部分）；(3)在以極精微的辯析方法來追求真理時，他的遲疑不決有
增無減(真理絕不是赤裸裸的)；(4)最後，衝突的狀態被賦以道德的重
要性，或許因為這類狀態是謙卑的根據。

　　在日本，天主教和新教，希臘人文主義和基督教之間的衝突可能
沒有多大意義，然而紀德是無所不讀的。在這位作家身上什麼是應當
被人尊敬的呢？回答應該是：一個誠實地追求其真理的良心之形象。

　　關於紀德的發展我們所能談的唯一一點是，對他來說在某一時刻
社會問題比倫理問題更為重要。1901 年他在日記中寫道：「社會問題
麼？當然。但倫理問題更占先。人比眾人更引人注意。上帝在其形象
中創造的是他，而不是他們。每個人都比全體人更可貴」。而在 1934 年
當世界革命把他從藝術世界中拖了出來時，他又說：「……我心裡充滿
了同情。目光所及，到處都是不幸。今日要想保持冷靜的沉思，作一
名旁觀者，只證明了一種非人性的哲學或一種可怕的盲目」。但這表明
了一種真正的發展麼？至多這是一種宗教狂熱的復發，他更加容易被

這種狂熱所俘獲，而不再像青年時那樣被捆住手腳了；而且他一直用
人性的眼光來衡量現實。

　　有些人選擇了一條路，不停地走下去；另一些人改變著道路，但
每次都懷著同樣的信念。紀德留在交叉點上，始終不渝，這是一個最
重要的、最擁擠的交叉點，這裡滙聚著西方十字路口上的兩條大道：
希臘文明和基督文明。紀德喜歡的是整個情境，在這個情境中，他可
以吸收兩種光芒，兩種能量。這個英雄主義的情境無所依托，無所佑
護，他在這裡經受著每一種攻擊，投入每一種愛的懷抱。為了在這樣
一種危險重重的情境中忍受下去，這個人需要一種無比的堅強勇毅，
偉大的作品即由此而生……

　　然而，我們不能否認：「誰愛其生命將失去它」。基督這句話是紀
德每部作品的基礎。他的全部成果可看作是一種與自尊心有關的神話
學。對他來說，自尊是首要的道德現象。每位批評家都應當強調這一
點並指出這個主題佔據的位置，從《陀斯托耶夫斯基》到《南基和你》，
以及《非道德主義者》和《窄門》這兩套對立的兩部曲。如果我們對
這句宗教格言的重要性沒有清楚的了解，是不能自以為對紀德有某種
程度的認識的。

　　在過去的百年裡有三個人在宗教教條或神秘主義之外對基督其人
懷有最熱烈、最親切、甚至可以說是最友善的興趣，他們是尼采（作
為一名「敵友」）、羅扎諾夫和紀德。

　　紀德在 1932 年的日記中寫道：「和這種亞細亞主義相比（他說的
是雷南、巴勒、維梯、勒麥特等），我多像多利安人！」紀德的希臘精
神到了晚年日益充實。從《地糧》發表以來，在他身上總可看到這種
精神，彼埃爾‧盧玉斯相去不遠。但後來他變成了真正的希臘主義者，
即成為悲劇性的了。在最後幾年的日記中，有幾頁極為精彩，奇特地
表現出智慧與痛苦在純淨與近似之間的迴蕩。於是五世紀希臘人成功

地達到的困難成就是：智慧而不一定合乎理性，快樂而不一定放棄痛苦。在紀德最終的智慧中，沒有確信而只有戰慄；魔鬼並未被驅逐，而他由於年邁而下垂的眼簾，也不再以挑釁性的凝神目光注視著上帝了。在日記的最後幾頁中，我似乎望見了伊底普斯，但不是在卡洛努斯的伊底普斯，也不再是伊底普斯王。

3. 藝術作品

「對於我寫的作品應當從藝術的觀點加以判斷，而批評家們從不或幾乎從不採取這一觀點……此外，只有這個觀點是不排斥其他的觀點的。」（《日記》，1918年）

「我首先把自己看成一個純藝術家，而且像福樓拜一樣只關心自己作品的寫作質量。嚴格來說，我根本不考慮作品的深刻意義」（《日記》，1931年）。只有在接觸到別人的反應時，紀德才意識到自己作品的深刻意義，他把這類意義在其批評著作中加以歸納整理。像《地糧》這類作品不會這樣優美雋永，如果他有意識地在作品形成之前就先賦予其某種意圖，而把作品只看作是意圖的某種方便的骨架的話。詩集尤其如此，在詩集中，作者正像拉丁字詩人(Vates)一樣，不再是一名解釋者；他的信息超越了他，他甚至自己也不能很好地理解它了；信息來自某種比他更強的東西，某種在他之內的東西或人物，來自上帝。作品一旦創作出來，甚至會使他本人驚詫。詩作已外於自己到這樣的程度，他會對其鍾情，就像皮格馬利翁愛上了自己雕出的少女像一樣。

合法的假托。關於紀德的批評工作我們不要有誤解，正是在這類作品中藏有他自己最內在的部分。這些作品都是他的系統的論述，表明紀德是有一個理論系統的；其他書籍則主要是藝術作品，並無根據或理由。只是間接地通過這些批評作品的說明（但可以說他是不由自

主地),《地糧》或《伊底普斯》才能具有福音書的面目, 而其中包含的信息, 才被看作是一種新倫理觀。紀德的作品就像一張網, 其中任何一個網眼都不能被忽略。我想那種按時序或方法原則將其分割成碎片的作法是徒勞無益的。紀德的作品, 差不多要求人們按某些帶有注釋概要圖表的聖經的方式來閱讀, 甚至像《百科全書》上那些帶有眉批邊注的篇章一樣去讀, 這些注釋可以給正文以某種極具啓發性的價值。紀德往往是他自己作品的「注經家」, 這對於使作品保持其非功利性和自由性是必要的。紀德式的藝術作品, 是特意要難以捉摸的, 它要逃避 (感謝上帝) 黨派和教條的任何吞併, 即使它們是革命的。如若不然, 就不成其為藝術作品了。但由此而推論紀德的思想是難以捉摸的就大錯特錯了。在自己的批評著作中, 在他的《日記》中, 紀德使我們能夠十分明確地把握和說明他。當我們了解了晚年的紀德以後, 從他的詩作中就產生出某種新的聲音, 一種令人鼓舞的對人的系統看法。

「在這本《愛的嘗試》中, 我想指出這本書對寫作它的人所給予的影響, 以及在寫作過程中對他產生的影響。因為當它離開我們時, 它改變了我們, 它改變了我們生命的進程……我們的行為對我們有一種反作用。」(《日記》, 1893 年)。把這些話和米歇萊的話比較一下:「歷史在時間的行進中, 對歷史家的創作, 遠多於歷史家對它的創作。我的書創造了我, 我是它的作品」(1869 年, 序言)。如果我們承認, 作品是紀德意志的表現(拉夫卡的歐、密歇爾、艾杜阿爾等人的生命),《日記》卻止好是作品的反面, 它的相反的補充。作品是紀德應是 (願是) 的樣子。《日記》是紀德所是的樣子, 或更準確些說, 是艾杜阿爾、密歇爾和拉夫卡的歐把他創造成的那個樣子 (對此可以從《日記》中引證許多適當的段落)。

因為在生命的某個時刻他想成為某個人物時, 他就呼喚出了梅那

爾克、拉夫卡的歐、密歇爾或艾杜阿爾，這樣他就寫出了《地糧》、《非
道德主義者》和《偽幣製造者》。「我相信，描繪我們遇到過的某個人
物的願望是很普通的。但新人物的創造只對這樣一些人才成為一種自
然的必要，即那些被一種不可擺脫的複雜情境所折磨的人物，而且他
們自己的姿態不足以含括那些新人物的姿態。」(《日記》，1924 年)。

小說與故事。紀德的美學包括兩方面，一方面它要充分強調他賦
予人的道德性的重要位置；另一方面又充分強調他通過把自己想像成
另一個人而獲得的感官快樂。

故事 (《安德烈‧瓦爾特》、《田園交響曲》、《非道德主義者》、《窄
門》)。把一個案例、一個主題、一個變態病例虛構化 (如果是這樣的
話)。如果這不是由於紀德的特殊藝術手法的必要，它將實際上是一種
藉口，一種並不屬於任何特殊理論的藉口。簡單地說，這些故事差不
多是各種各樣的神話。這是紀德的神話系統 (一種普羅米修斯的，而
不是一種奧林匹亞的神話系統)，其中每個人物並不怕某種程度上類似
於其他人物，而且這種神話正像任何其他神話一樣，都傾向於成為寓
言、象徵，或者至少可以這樣來加以解釋。每位英雄都吸引著讀者，
都樹立著楷模或破壞著偶像。紀德故事中的神話什麼也不證明，它是
一件藝術品，其中充滿了各種信念；它是一篇人們願意相信的虛構故
事，因為它闡釋了生活，並且比生活本身更發而有力，更廣闊 (它為
一個理想提供了形象；每個神話都是一個夢)。而且，紀德的這些故事，
正像每個神話一樣都是在抽象真實與具體虛構之間的一種平衡物。所
有這些著作都是基督式的作品。

小說《拉夫卡的歐歷險記》、《偽幣製造者》)。這些小說的特性是
它們的絕對無用性，它們是一些遊戲 (相對於義務的遊戲是「無為」
而為者)。它們什麼都不證明，甚至不是心理學現象，除非因為它們表
現了同生活本身十分符合的混亂和複雜的情境。它們是由構想故事的

無上快樂中產生的，作家在無限衆多和生動的可能方面中（他不可能具有其中任何一個方面）將自己輸入故事。正是和兒童相像的那種虛構本能賦予《拉夫卡的歐歷險記》如此豐富的輕巧行徑與如此妙趣橫生的魯莽言行，賦予了《僞幣製造者》以現實中極不可能發生的複雜情節。紀德懷著極大的快樂構思著他的人物，他的願望正是變成他們，他托現在他們身上，這些都在無數不可能騙住我們的瑣碎細節中加以證實：拉夫卡的歐穿新衣時的快樂是用心加以描繪的（就像孩子詳述他想要的玩具一般，特別當玩具只是在想像中存在時）；艾杜阿爾對奧利維的態度。正像在兒童的遊戲中一樣，現實突然溢入幻想世界：眞實情節被插入小說之中，紀德顧不上改變其中的名字，如老拉·普魯斯的一段，喬治行竊一段等等。

　　《僞幣製造者》。「我想讓這本小說成爲什麼呢？一個十字路口——衆多問題的交滙點」（《日記》，1923 年）。當然，批評家會有興趣把這本書看成是一部由一位偉大的法國作家構思和寫出的偉大俄國小說。在《僞幣製造者》第一場中，幾乎完全重複著《卡拉瑪助夫兄弟》中男孩們一段的情調和精神。像陀斯妥耶夫斯基的所有小說一樣（也許除了《永久夫婿》），《僞幣製造者》是由各個分散故事編織而成，這些故事之間的聯繫不是一目了然的（由於馬丁·德·加爾的勸告，紀德把這些彼此無關的情節串聯在一起）。《僞幣製造者》像《拉夫卡的歐歷險記》一樣是一部魔幻小說，我的意思是，行爲的統一性由於不可預料的和往往未加利用的情節展望而解體，於是我們在此重新發現了 場地獄幻想曲。相反的證明是，紀德的故事是宗敎式作品，它們的音調和情節都具有天使般的單純性。

　　紀德人物的專名詞源學。我們可以區別有首名的人物與有姓的人物。父姓往往是富有特徵或諷刺含義的（雖然是精心選擇的），如：巴拉格里奧，普羅費特地歐，弗羅雷斯瓦。紀德用他們的姓來嘲笑大多

數人沾沾自喜的東西，但在他看來這正是使他們不真實的原因。反之，首名永遠是模糊的，非個人性的，如：艾杜阿爾、密歇爾、貝爾納爾、羅伯爾。它們是鬆鬆散散的外衣，什麼都不洩漏。這些人物的個性表現於名字以外的什麼地方（如他們的家庭和社會），對此他們不可能負責。也有一些神秘性的或富於異國情調的首名（也是完全因為其響亮悅耳而選用的），如：梅那爾克，拉夫卡的歐；這些名字的歷史的或地理的古怪性使人物失去了社會身分或錯置了地位，從而提醒我們，我們不可能在我們當代社會中遇到他們，並（或許有諷刺性地）為其道德或行為的異常性進行辯護。他們似乎在說：「放心吧，你不會在我們中間找到梅那爾克或拉夫卡的歐的，但這真是太遺憾了。」

紀德的小說。注意，小說通常的方面（觀察，氛圍，心理）都略而不談了。這些因素都被看成既定的了。小說是從日常的經緯布局出發，往下寫下去的，它依賴於讀者的品質。在現代幾位最偉大的小說家中（實際上自從愛倫•坡以來），我們的時代被這種小說創作法所否定，從而藝術家本人分解了創作程序，對程序的興趣幾乎像對作品本身的興趣一樣大。因為我們理解藝術是一種遊戲，一種技巧（這種看法來自法國人發明的為藝術而藝術的公式。參見尼采的《超出善惡》，第254節）。如果我說瓦萊里使一位詩人能對詩學程序提供準確的論述，我不認為是誤解了他。艾杜阿爾的令人驚異的《日記》是如此，紀德自己的《日記》中的許多片段也是如此。

自然科學。《日記》將使未來的批評家注意紀德對自然科學的愛好。「⋯⋯我錯過了自己的事業。我曾想作一名博物學家，而且應當成為一名博物學家。」（《日記》，1938年）。這種愛好使他能非常細心地注意形式世界。在描繪一位詩人時，你總會發現一位博物學家。自然科學為紀德提供了許多比較，甚至於整段整段的證明（在《考里東》一書中他對馬特林斯克的科學書籍的批評）。因為沒有什麼比這類比較更清

楚地提出本體論的問題了。許多偉大的才智之士都利用科學來闡明這個問題，首先是對他們自己，然後再對讀者。瓦萊里對認識論的注意，紀德對自然科學的注意應當使我們思考……

平凡性。有時在紀德作品中我們看到一種平凡性的影子，但包裹在那種永遠令人讚美的風格中，這個影子或許此時在引導著他，欺騙著他。但我不敢肯定這種「中立的」思想不是特意形成的，以便更鮮明地與他語言表達的優美相對照，或者甚至出於謙卑，即出於使他如此詳細地（在《日記》中）說明不重要的翻譯問題的那種良心。對這個人來說，你無法肯定。他使自己處於阻止你猜測他的弱點的地位，因此你很難把這些弱點歸罪於他。你不能斷定他是否是故意地產生這些弱點，不加任何提示，不告訴我們，他究竟是否意識到這些弱點。

普通性的魅力。這表現在，在人人都具有相等的和通常的武器的地方更難發出亮光；勝利只是價值更高的東西。對紀德也一樣，他的平凡性與普通性中包含有一種媚力。他企圖借用和每個其他人同樣的觀念和字句去說某種正確的東西。這是一條經典規則：有勇氣最好地說出顯然的道理。因此，在我們第一次閱讀時，經典作家從不會使我們滿意。實際上，他是用未說出的東西來引誘我們，我們會很自然地被引導去發現它們。主要的線條是清楚地繪出的，但接著隱蔽住了次要的線條。這是一切藝術的特徵（在這一點上可參見畢加索的一些重要繪畫）。正如孟德斯鳩所說：「我們在描述時，總是省略一些中間的概念」。紀德對此補充道：「任何藝術品中都有透視性的縮短」。因此，一開始總有晦暗不明之處或極端簡單化的處理，以致於平庸之輩會說他不「理解」。在此意義上，經典作家是表現晦暗不明、甚至模稜兩可主題的大師；即省略掉多餘物（庸俗之輩總喜歡這些多餘之物）的大師。或者你也可以說，經典作家是表現那些適合於思索和個人發現的隱蔽事物的大師。古典文化的一個可能的定義是迫使我們為自己而思

考，因此它不再爲某一世紀所獨佔，而是屬於一切心靈了，不管他們被叫作拉辛、斯湯達、波德萊爾，還是紀德。

脫衣舞*

　　脫衣舞（至少巴黎的脫衣舞）是以一種矛盾爲基礎的：女人在脫光衣服的刹那間被剝奪了性感。因此我們可以說，在某種意義上我們面對的是一種以恐懼的，或準確些說以「使我恐懼」的場景的意義爲基礎的。在這裡色情似乎只是變成了一種美妙的驚恐，宣佈了它的儀式化記號，以便使人既想到性，又想到性的魔法。

　　把觀衆變成觀淫者的只是脫衣時花費的時間，但在這裡正像在任何有神秘化作用的場景中一樣，布景、道具和各種程式等一起和本來具有挑逗性的意圖發生對抗，並終於使其淹沒在無意義之中：宣佈惡，以便更有效地阻止它和驅除其魔力。法國的脫衣舞似乎產生於我先前說的人造奶油的運作，這種神秘化作用在於對觀衆輸入少許惡，以便之後將其淹沒在永不遭受玷污的道理至善之中。結果由烘托表演的情境所突出的少許色情感，實際上被一種使人放心的儀式所吸收，這種儀式徹底地否定了肉體，正像牛痘疫苗和禁忌限制控制住疾病或罪行一般。

　　因而在脫衣舞表演中，隨著她伴裝要把衣服脫光而有一整套遮掩物覆蓋在女人的軀體上。異國情調是這些障礙中的第一項，因爲它永遠具有一種固定性，這種性質把軀體放逐到傳說或浪漫世界中去。例

*本文譯自巴爾特：《神話學》，法文版，1957年，巴黎。

如，一個「中國女人」手拿著大烟槍（「中國女子」必不可少的象徵），一位混身扭捏的蕩婦配著一支特大的烟嘴，帶有貢杜拉小船的威尼斯布景，帶裙撑的女服和唱小夜曲的人，這一切從一開始就要把女人造成一個偽裝的對象。於是脫衣舞表演結束時並未使隱藏的深處顯明，而是通過脫去不協調的和人為的衣衫使裸體意味著女人的一件自然的衣服，從而最終相當於重新恢復了肉體的絕對貞潔。

　　音樂廳的古典道具總是為脫衣舞表演所用，這類道具永遠使不著衣衫的身體更顯得疏遠，並迫使它回到一種熟悉的儀式具有的瀰漫舞台的輕鬆氛圍之中：皮大衣、羽扇、手套、頭飾、網狀絲襪。總之，整整一套裝飾物使活生生的人體歸入了豪華物件類，這些物件用魔術般的裝飾把人包圍起來。披戴著羽飾或配戴著手套的女人在表演中相當於音樂廳中的一個固定成分；她脫掉這些飾物時的方式極具儀式性，以至於不再像是真正的脫衣動作了。羽飾、皮大衣和手套即使去掉以後也仍然以它們的魔力留在女人身上，賦予她某種使人想起一個豪華軀殼的東西，因為不言自明的規律是：整個脫衣舞的效力是存在於女人身上最初的衣衫本性之中的。如果不是這樣，如我們在中國女人或穿皮大衣的女人的例子中所見，後來出現的裸體就仍然是非真實的，無刺激力的，被裹嚴著的，正像一件美麗光滑的物體，由於它被人們過分使用而失去作用一樣。這就是掛滿寶石或金幣的內褲具有的深刻意義，它只能是脫衣舞生命的結束。這塊最後的三角，連同它的純幾何形狀，它的光亮硬挺的質地，就像一把純潔的利劍擋住了通往性部位的通路，並肯定將女人驅入了一個礦物世界；在這裡寶石成了純粹物性的不可否認的象徵，對於任何目的來說它都不再有任何用處了。

　　與一般成見相反，從頭到尾伴隨著脫衣舞表演的舞蹈，絕不是一種色情因素。也許正相反，有節奏的輕微扭動此時驅散了手足無措的

擔心，它不僅賦予表演以藝術的藉口(脫衣舞表演中的舞蹈永遠是「藝術性的」)，而且更主要的是它構成了最後一道障礙，而且是其中最有效的一種。舞蹈是由已被看過千萬遍的儀式化姿勢組成，其動作具有一種裝飾性，並使場景披上一種多餘而又必要的姿勢保護層，因爲在這裡，裸露行爲被轉化爲在不大可能發生的背景中實現的依附性活動領域了。於是我們看到脫衣舞職業演員都處在令人驚異的輕鬆氣氛中，這種氣氛始終圍繞著她們，使她們顯得遠不可及，使她們流露出熟練從業員具有的冷冰冰的無所謂的神情，高傲地躱藏在對本身技巧的自信中，結果，她們的專門技巧給她們披上了衣裳。

　　驅除性魔的所有這些細緻的技巧，都可在業餘脫衣舞「民間比賽」(sic)中從相反方面加以證實。在這裡「新手」當著幾百名觀衆脫去衣服，沒有魔術的憑藉或只能笨拙地求諸於魔法的護佑，這就肯定地使場景恢復了其色情力量。此時，我們一開始看到少數中國或西班牙女人，沒有（剪裁入時的）羽飾或皮大衣，一開始也沒有什麼僞裝物，笨拙的步法，糟糕的舞姿，姑娘們老是擔心無所動作，尤其是擔心「技巧的」拙劣（短褲、外衣或胸罩的妨礙），這一切使得脫衣動作的姿態具有了一種出乎意料的重要性，否定了女人的藝術性假托和成爲一件物體的逃避所，將其拘束在脆弱無依與羞怯難當的狀態中。

　　但是，在「紅磨坊」舞廳，我們看見了另外一類性的驅魔術，或許這是典型法國式的，這種驅魔術實際上與其說會使色情感失效，不如說想將其馴服。演出指揮者企圖賦予脫衣舞一種使人心安的小資產階級身份。首先，脫衣舞是一種運動。這裡有一種脫衣舞俱樂部，它組織健康的比賽，獲勝者頭戴皇冠走到台前並領取有教育意義的獎品（對身體訓練課的一種贊助），一本小說（它只能是羅伯－格里葉《窺視者》一類的書）或有用的獎品（一雙尼龍襪，五千元法郎等）。這樣，脫衣舞就被看成了一種專業(其中有新手、半職業家、職業家)，也就

是一種專業化的可敬的訓練(脫衣舞者成了技術性工人)。人們甚至可以使其以工作作爲有魔力作用的托詞: 即職業。人們會說, 一個姑娘「幹得好」或「前途大有可爲」, 或只說在艱難的脫衣舞表演中「剛邁出第一步」。最後尤其重要的是, 競爭者都具有社會位置, 她可以是女售貨員或女秘書 (在脫衣舞俱樂部中有很多女秘書)。在這種情況下, 脫衣舞又重新被納入公共世界, 爲人們所熟悉和成爲資產階級的。似乎法國人與美國觀衆不同(至少據說如此), 他們都遵循著自己社會身分的不可違抗的傾向, 只有賦予色情表現以某種習常性質才能對其加以設想, 這種習常性, 更多地是由每周體育運動爲藉口, 而很少是由一種魔術般的場景的假托加以認可的。因此在法國脫衣舞已被民族化了。

艾菲爾鐵塔*

莫泊桑常在艾菲爾鐵塔上用午餐,雖然他並不很喜歡那裡的菜餚。他常說:「這是巴黎唯一一處不是非得看見鐵塔的地方」。眞的, 在巴黎, 你要想看不見艾菲爾鐵塔, 就得時時處處當心。不管什麼季節, 不管雲霧瀰漫、陰天、晴天還是雨天, 不管你在那裡, 也不管那一幢建築物、教堂或樹木的枝葉把你和它隔開, 鐵塔總在那兒。它已被溶入我們的日常生活, 你不再能賦予它任何特殊屬性, 它只是被決定了像一塊岩石或一條河流一樣地存在著, 刻板呆滯地像一種自然現象, 其意義雖可不斷加以置疑, 而其存在卻是不容爭辯的。在一天的任何

---

*本文譯自《巴爾特文選》, 英文版, 1983 年。

時刻，巴黎人的目光都不會不觸及它。當我寫著關於它的這幾行字時，鐵塔正在那兒，在我眼前，它被框在我的窗子裡。而當無月的夜色模糊了它的形影，差不多要使它看不到了，使它不再顯現了時，兩束微弱的燈光點亮，在塔頂上輕柔地閃爍著。於是漫漫長夜中它將仍在那裡，從巴黎上空把我和我的每一個友人聯繫在一起，因為他們也在望著它。我們每個人都含有它的不同角度的形象，而它是那個不變的中心。艾菲爾鐵塔是友善的。

鐵塔其實也出現於整個世界。首先，作為巴黎的一個普遍象徵，它出現在世界各處，只要人們想用形象來表示巴黎時，從美國中西部到澳大利亞，任何到法國來的旅行計畫都會提到鐵塔的名字，任何有關法國的課本、招貼畫或電影都必定把它看作一個民族和一個國度的主要象徵：它屬於世界性的旅行語言。此外，它除了表示狹義的巴黎，也觸及最一般的人類形象語言。它的簡單質樸的外形賦予它一種含義無窮的密碼的使命，結果隨著我們的想像的推移，它依次成為如下事物的象徵：巴黎、現代、通訊、科學或十九世紀、火箭、樹幹、起重機、陰莖、避雷針或螢火蟲，隨著我們夢想的遨遊，它必然總是一個記號。正如每個巴黎人的目光都不得不與其交遇一樣，任何幻想都必然或遲或早地確認其形式和受其滋養。撿起一枝鉛筆，讓你的手，換言之你的思想，隨著活動，結果往往會是鐵塔的形象出現在紙上，那簡單線條的唯一神話式功能，是把底與頂或把地與天連結起來，正像詩人們所說的那樣。

這個純粹的（實際上是空的）記號，是不可避免要存在的，因為它意味著任何事物。為了否定艾菲爾鐵塔（雖然這樣做的企圖很少有，因為這個象徵物對我們並無任何冒犯），你必須像莫泊桑一樣爬上鐵塔並使自己和它融為一體。人是唯一不知道他自己目光的人，鐵塔也像人一樣是以它為中心的整個視覺系統中的唯一盲點，巴黎則是這個系

統中心的周圍地帶。但是在這個似乎限制了它的運動中，鐵塔獲得了一種新的力量。當我們看它時，它是一件物體；而當我們到鐵塔遊覽時，它就變成了一種景色，而且現在它構造了那個剛才還在望著它的巴黎，此時巴黎成為在它腳下既伸展又在收攏的對象。鐵塔是一件會看的物體，也是一束被看的目光。鐵塔是一個既主動又被動的完全動詞，不欠缺任何功能和語態（像我們在語法學中所說的，這裡當然帶有一種戲謔的含混性）。這種論證絕非陳詞濫調，它使鐵塔成為一個有獨特風格的紀念碑。因為世界通常（或者）產生純功能性的有機體（照相機或眼睛），它們的目的是看物，但不提供任何被看的東西，看的主體神秘地同藏於背後的東西聯繫起來（這是窺視癖者的主題）；或者產生景象，它們是盲目的並始終留在可見對象的純被動態中。鐵塔（而且這是它的神話力量之一）違犯了上述分離現象——看與被看的習慣性的分裂。它在兩種功能之間造成了一種充分的流通性。我們也許可以這樣說，凡具有兩種視覺「性別」之物即是一種完全之物。在知覺秩序中，這種輝煌的地位使其具有一種奇妙的意義傾向：鐵塔吸引著意義，有如避雷針吸引著雷電。對於一切意義創生的愛好者來說，它都起著一種迷人的作用，一個純能指的作用，即這樣一種形式的作用，人們可以不斷地把意義納入這種形式中（他們可以任意地從自己的知識、夢想和歷史中抽引出這些意義），而意義不會因此被限定和固定。誰能說鐵塔對明日的人類又意味著什麼呢？但不容置疑，它將永遠是某種東西，是某種與人類本身有關的東西。目光，物體，象徵，這就是功能的無限循環，它使鐵塔能永遠是什麼別的東西，是比艾菲爾鐵塔多得多的某種東西。

為了滿足這種使其成為某種完整的紀念塔的巨大夢幻功能，鐵塔必須逃脫理性。要實現這種成功的逃避，首要條件是：鐵塔需是一個完全無用的紀念塔。鐵塔的無用性一直隱隱約約地被人們看作一樁醜

聞，也就是這樣一種真實：造價昂貴，不能接受。甚至在鐵塔建造之前，人們就抱怨說它是無用的，當時人們認為，僅僅由於這個理由就足以對其加以譴責。一個通常信奉資產階級大企業的合理性和經驗主義時代精神的人，是無法容忍一個無用物體的存在的（除非它被公開宣稱為一件藝術品，而把鐵塔看成一件藝術品是不可思議的），所以古斯塔夫・艾菲爾在對「藝術家請願團」辯護自己的設計時，審慎地列舉了鐵塔未來的一切用途。我們可以想像，這位工程師列舉的項目都是科學的用途：空氣動力學測量，材料耐力研究，爬山者生理學，無線電研究，電信問題，氣象觀察等等。這些用途當然是無須爭辯的，但是一和鐵塔的壓倒一切的神話力量相比，和它在全世界所承擔的人類意義的神話相比，它們就顯得太可笑了。因為不管科學的神話會使功利的藉口顯得多麼堂而皇之，它們同使人成為真正人性的那種偉大的想像功能相比就不屑一顧了。但是，人類作品的無意義性是從來不會直接加以宣布的，它在用處這一範疇下被合理化了。艾菲爾把他的鐵塔看成是一件嚴肅的、合理的、有用的東西，而人們却還給它一個偉大的、奇異的夢想，這個夢想極其自然地達到了非理性的邊緣。

　　這種雙向運動是深刻的，建築物永遠既是夢想又是功能的體現者，既是某種空想的表現，又是一種使用的工具。甚至在鐵塔誕生之前，十九世紀（特別是在美國和英國）的人們已經常常在夢想一種具有驚人高度的建築物了，因為上一世紀對工業技術十分傾倒，於是對空間的征服願望再一次俘獲了人類。1881 年，正好在鐵塔建造之前，一位法國建築師設計了一個太陽塔。現在看來，這個設計方案從技術上說是相當荒謬的，因為它依賴的是磚石結構而不是鋼架結構，並且也以一種純經驗主義的功用性為理由。一方面，在建築物頂端有烟火裝置，它借助一組鏡面（這套裝置當然十分複雜）來照亮巴黎每一處黑暗的角落；另一方面，這個太陽塔（約一千英尺，與艾菲爾鐵塔相仿）設

計的最後一道幻想是有關一種日光浴室的，患者可以在室內呼吸到新鮮空氣，「就像山中的空氣一樣純淨」。但是太陽塔的情形也像鐵塔一樣,建築事業具有的單純功利主義與無限強大的夢幻功能是分不開的，實際上鼓舞人們進行這種創造的正是後一動機：用處除了掩飾意義之外別無所爲。因此我們可以在人類中間，看到一種眞正的聖經通天塔情結：通天塔應當用於與上帝交流。然而這是一種夢想，它所觸及的深度遠超過神學性構想的深度。擺脫了其功利性支托的這種宏偉的升天夢想，最終存留在畫家表現的無數個通天塔中，似乎藝術的功能只在於揭示物體的深刻的無用性。同樣地，鐵塔幾乎完全同認可其存在的科學考慮分離(在這裡鐵塔和其用途事實上並無多大關係)，它產生於人類的一種宏偉的夢想,其中各種可變的和無限的意義混合在一起：鐵塔重新克服了那種使其生存於人類想像中的基本無用性。最初，人們企圖（因爲一個空洞無用的紀念塔的概念是自相矛盾的）使其成爲一個「科學廟堂」，但它只是一個隱喻，實際上鐵塔什麼也不是；它達到了紀念塔的某種「零」狀態，它不參與任何儀式或禮拜，甚至也不參與藝術。你不可能把鐵塔當作一個博物館去參觀：在塔內毫無可看。但這座空的紀念塔每年接待的遊客比羅浮宮還多兩倍，比巴黎最大電影院的觀衆人數還多得多。

　　話說回來，我們爲什麼要去參觀艾菲爾鐵塔呢？毫無疑問，是爲了參與一個夢幻，在這個夢幻中，艾菲爾鐵塔與其說是一個眞實的物體，不如說是一種凝聚器(這是它的存在根源)。鐵塔並不是一種通常的景物，走進鐵塔向上爬去，沿著一層層通道環行，等於是既單純又深刻地臨近一種景象，並探索一件物體（雖然是一種鏤空雕塑品）的內部，把旅遊的儀式轉換爲對景觀和智慧的歷險。我想先簡單地談談它的這種雙重功能，最後再進而論述鐵塔的主要象徵功能，後一種功能才是其最終的意義。

鐵塔俯瞰著巴黎。參觀鐵塔就是讓自己登臨塔樓的看台，以便察覺、理解和品味一下巴黎的某種本質。同時鐵塔也是一座有獨特風格的紀念碑。觀景台習慣上也就是對自然風光的眺望台，這些觀景台把大自然的各種元素——水流、溪谷、森林盡收於眼底。於是「美景」的觀賞必然含蘊著一種崇拜自然的神話觀。雖然鐵塔所眺望的不僅有大自然而且還有城市，但是鐵塔由於其作為遊覽地的位置而使城市變成了一種自然；它使川流不息的人潮成為一種風景；它使那往往是嚴酷的都會神話，增添上一層浪漫色彩，一種和諧和鬆弛的氣氛。巴黎由於有了鐵塔並以它為起點而加入了滿足人類好奇心的各種大自然的主題曲：海洋、風暴、山岳、雨雪、河流。於是，去參觀鐵塔，就不是去和歷史聖地神交，像參觀大多數紀念碑時的情形那樣，而是和人類空間的新的大自然親和。鐵塔不是一處遺迹、一件紀念物、或一種文化現象，而是對一種人性的直接消費，這種人性由於把它轉換為一種空間的目光而成為自然的了。

我們可以說，正因如此，鐵塔把一種最初在文學中流露出來的想像加以物質化了（通常偉大作品的功能正在於預先完成那種隨後僅僅由技術加以實行的構想）。在十九世紀，鐵塔出現以前的五十年左右的確出現過兩部作品，它們都以傑出的詩意寫作(écriture)體現了這種（或許相當古老的）俯瞰全景的幻想：這就是提供了一幅巴黎鳥瞰圖景的《巴黎聖母院》和米歇萊的《編年紀事》。在一個是關於巴黎和另一個是關於法國的這兩幅宏偉圖景中最令人讚嘆之處在於，雨果和米歇萊都清楚地理解，全景圖像把一種理智作用的無比力量，添加到崇高地勢具有的撫慰人心的奇妙功能之上。每一位鐵塔的參觀者都可於瞬息之間將一幅鳥瞰圖景盡收眼底，這幅圖景，向我們呈現的是被讀解的世界，而不只是被覺察的世界，因此它相應於一種新的圖像觀感。在過去，旅遊（我們當然會想起——仍然是令人羨慕的——盧梭的漫

遊）就是使自己被塞入感覺之中，只去感覺一種事物的潮流。由我們
的浪漫派作家所表現的鳥瞰圖景則正相反，他們好像預感到了鐵塔的
建造和航空的出現似的；這樣的圖景使我們能超越感覺並看透事物的
結構。所以這類文學和這些觀賞建築標誌了一種新感覺，一種唯智主
義方式的出現（它們都產生於同一個世紀，而且也許產生於同一種歷
史）。巴黎和法國在雨果和米歇萊的筆下（而且在鐵塔的環視下）成為
可理解物，但並不損失它們的任何物質性（這一點正是新穎之處）。一
種新的範疇——具體的抽象範疇出現了；而且這就是我們今日可以賦
予結構這個詞的意義：一組理智的形式。

　　正像若爾丹先生面對散文時的情況一樣，每一位鐵塔的參觀者都
在不知不覺中實踐著結構主義（這並不妨礙散文和結構照舊存在）。巴
黎在他身下鋪開，他自動地區分開各個地點（因為已知道這些地點），
但並未停止把各個地點再聯結起來，在一個大功能空間內來知覺它們。
總之，他在進行區分和組合，巴黎對他呈現為一個潛在地為理智準備
好的，向理智敞開的對象，但他必須運用最後的心智活動親自將其構
造出來：鐵塔提供給巴黎的全景絕非消極被動的東西。由旅遊者一己
微弱的目光所傳達的這種心智活動有一個名稱：譯解。

　　究竟什麼是一幅全景呢？一個我們打算去譯解的形象，在其中我
們企圖認出已知的地點和識別街區標誌。讓我們看一幅從鐵塔上看到
的巴黎風景，你可以分辨出由夏約宮傾斜而下的山丘，在那邊是波羅
納森林。但凱旋門在那裡呢？你看不見它，它的不在，迫使你再一次
審睨全景，尋找這個在你的結構中失去的地點。你的知識（你對巴黎
地形可能有的知識）在和你的感覺鬥爭，而且在某種意義上，這就是
理智的含義：去構造，去協同運用記憶和感覺，以便在你心中產生一
個巴黎的模擬物，這個模擬物的諸成份展現在眼前，它們是真實的，
自古已然的，但卻在呈現給你的整個空間內迷失了方位。由此我們就

接近了一切全景圖都具有的複雜的、辯證的性質了。一方面它是一種令人心曠神怡的景象，因爲它可以緩慢而輕柔地滑過一個連續的巴黎形象的整個周長，而且最初沒有「偶然事件」希圖截斷這條巨大的礦物與植物層帶，這是你在居高臨下的喜悅中從遠處瞥見的。但另一方面，這個連續體又使你的心智捲入一場鬥爭中去，它求得被譯解，我們必須在其中發現記號，發現從歷史和神話中產生的某種熟知的東西。因此，一幅全景絕不可能被當作一件藝術品加以享用，一旦我們企圖在一幅畫中識別那些由我們的知識中推出的特殊之點，它的美學興味也就消失了。當我們說，這裡有巴黎美景展現在鐵塔脚下，那就無疑等於承認對這樣一種空間景觀的讚詞，這個景觀中只含有優美相連的空間地域。但它也掩蔽了面對著一個對象的目光所包含的理智活動，這個對象需要被區分、認識和重新使其與記憶聯繫起來。因爲感覺的歡快（沒有什麼比居高臨下、極目遠眺更使人欣快的了）並不足以逃脫心智在任何形象面前的求疑傾向。

　　全景觀的這種普遍理智化的特性，又由下述現象進一步加以證實，雨果和米歇萊進而將這個現象納入他們的鳥瞰圖的主要動因之內。從上空望巴黎時，必然會想像到一種歷史；從塔頂俯瞰時心靈會幻想到眼前風景的遞變；它會透過壯麗的空間景象沉浸於時間的神秘性中去，情不自禁地陶醉於往昔雲烟之中。結果，時間綿延本身成爲全景式的了。讓我們回到普通常識的水平上去（這並非難事），對巴黎的全景提一個普通的問題，這樣就有四種因素立即躍入我們的視野，即我們的意識之中。第一個是史前史的因素，那時巴黎爲一片水域所環繞，其中幾乎沒有幾塊陸地；遊客登上鐵塔的第一層時或許剛達到早先水面的高度，或許只能看見一些零散的孤島，戴高樂廣場，先賢祠，一片曾是蒙馬特區的林島和遠處兩條欄柱，巴黎聖母院塔樓，然後往左側可看見鄰近大湖的瓦勒林山的山坡。反之，如果在霧天遊客寧肯留

在這個高度，就會看見鐵塔的最高兩層從流動的底部拔起。鐵塔和水域的這種史前關係，可以說象徵地保留到今日，因爲鐵塔部分地建築於已填實的（直到大學路）塞納河的一段凹入處，而且它似乎仍像是從一條河流旁拔起，護衛著河上的橋樑。在鐵塔眼前橫陳的第二種歷史是中世紀。考克多曾說過，鐵塔就是左岸的聖母院；雖然這座巴黎大教堂不是都市紀念建築物中最高的一座（榮軍醫院、先賢祠、聖心大教堂都比它高），它却與鐵塔堪稱一對，它們是象徵的一對，可以說已爲旅遊的民俗學所認可，後者乾脆把巴黎就歸結爲它的鐵塔和聖母院了。這個象徵表現爲過去（中世紀永遠表示一種壓縮的時間）和現在的對立，以及像世界一樣古老的磚石和象徵現代性的金屬的對立。從鐵塔可以讀出的第三種因素是和一種通史有關，它從君主時代到帝國時代，從榮軍醫院到凱旋門，無法將其劃分。嚴格說來，這就是法國史，正如法國學童所學習的那種歷史，而且呈現在每個學童腦海中的法國史的許多片段都同巴黎有關。最後，鐵塔俯視著巴黎的第四種歷史，即當代人創造的歷史。有些現代紀念建築物（聯合國教科文組織大廈，無線電電視中心）開始在內部裝置上未來的標記。鐵塔能夠使這些互不適應的材料(玻璃、金屬)，這些新的形式同往昔的磚石和圓頂協調一致。在鐵塔的注視下，在歷史綿延中的巴黎，使自己成爲一塊抽象的畫布，在這塊畫布上，深色的橢圓形（從很久以前沿傳下來的）與現代建築的白色長方形交錯並列著。

　　一旦這些歷史遺蹟和空間位置爲遊客的目光從塔頂上所確定，想像還可繼續填充這幅巴黎全景圖，賦予它以結構；但此時介入的是人的某些功能了。遊客在爬到巴黎上空時，就像阿斯摩生斯妖似地產生出掀開了一個碩大無比的蓋子的幻覺，這個蓋子籠罩著千家萬戶的私人生活。於是都市變成了親近熟悉的東西，遊客要譯解它的各種功能或聯繫。在與河流的水平向曲線垂直的長對角線上，三個地區彼此聯

結，猶如傾斜軀體上人類生活的三種功能。在頂部，即在蒙馬特區下緣，是快樂；在中心，即大歌劇院周圍，是物質性、企業和商業；在底部，即在先賢祠腳下，是知識和學習。然後在左右側，有兩大片住宅區圍繞著這根重要的軸線，像兩個防護的手籠，一個是普通住宅區，另一個是藍領階層住宅區。再往前是兩條樹林帶，波羅納和文森。人們注意到，一種十分古老的法律，鼓勵著城市向西方向，即向太陽落山的方向發展。於是在西側是有錢人的街區，東側則一直是窮人區。鐵塔在建立時似乎有心地遵循著這一運動方向，我們可以說，它伴隨著巴黎向西移動，我們的首都也未離開向西方向的運動。而且鐵塔甚至吸引著城市，朝向它的展開軸線，朝向陽光較暖的南部和西部，從而參予那個使每個城市都變成一個生命機體的、重要的神話功能。鐵塔既非大腦也非器官，它座落在離巴黎主要街區略有距離之處，它只是見證人和目擊者，它以其微弱的信號審慎地凝視著巴黎地區整個的（地理的、歷史的和社會的）結構。由鐵塔的目光所實現的對巴黎的譯解，不只是一種心智活動，同時也是一種「入族式」。爬上鐵塔以便好好眺望巴黎，猶如從外省來到巴黎的少年所做的征服巴黎的初次旅行。幼年的艾菲爾，在十二歲時就隨母親乘驛車來到這裡，並發現了巴黎的「魔力」。這個作為繁華首都的大城市，呼喚著登上那包含著快樂、價值、藝術和豪華等高級存在領域的運動。這是一個無比珍貴的世界，對這個世界的認識使人成熟，標誌著你已進入了充滿熱情和責任的真正生活。鐵塔的旅遊，仍然能促使我們提出的正是這個神話（當然是一個十分古老的神話）。對爬上鐵塔的旅遊者來說，不管他性情多麼溫和，通過孤獨的沉思默想而使其呈現在眼前的巴黎，多少仍然是拉斯梯格納克所面對、所挑戰、所佔有的那個巴黎。因此在外國人或外省人遊覽過的一切名勝中，鐵塔是必須登臨的第一個紀念建築物。它是一座大門，標誌著向一種知識的過渡：人們必須通過一種「入族

禮」來臨祭鐵塔，而只有巴黎人才能找到免除致祭的托詞。鐵塔的確是這樣一個處所，它使人們加入一種競賽，而且當它注視著巴黎時，它所聚攏的正是首都的這一本質，並將其贈予向它奉獻自己「入族禮」的外來人。

　　現在，我們應該從被凝視思考的巴黎返回到鐵塔本身來：即（在被變成一個象徵以前）作為一件物體延存著的那個鐵塔。對旅遊者來說，每一目標通常都首先是一個內部地區，因為一切觀光活動都涉及到對一處封閉空間的探索。訪問一座教堂、一家博物館、一座皇宮，首先就是把自己關入其內。「巡視」其內部，多少有點像所有主的樣子：每次探索都是一次佔用。況且對內部的旅遊與外部提出的問題相互對應：紀念建築物是一個謎語，走進去就是為了解謎，就是為了擁有它。在此時的旅遊參觀中，我們又認出了談到參觀鐵塔時剛提到的那種「入族禮」功能。一群遊客被圍在建築物內，沿著屋內彎彎曲曲的通道魚貫而行，最後又回到外部，這時的遊客很像是新入族者，後者為了升至族內成員的地位，必須穿過行入族禮的建築內的黑暗而陌生的路徑。在宗教禮儀中同在旅遊活動中的情形類似，因此將人圍入建築物是儀式的一種功能。在這裡，鐵塔也是一個自相矛盾的物體：你不可能被關在它的內部，因為鐵塔的本性正是它的細長形狀和它的鏤空結構：你怎麼能被圈入空蕩蕩的場所之中呢？你又如何能訪問一條直線呢？但毫無疑問的是，我們的確在參觀鐵塔，在其內逗留，直到把它當作瞭望台。那麼究竟發生了什麼呢？內部的這種主要的探索功能，在應用於這個空的和無深處的建築物時又會怎樣呢？我們可以說，這個建築物是完全由一種外在的材料構成的。

　　為了理解現代旅遊者如何使自己適應於這個供其運用自己想像力的建築物，我們只需注意鐵塔給了他什麼，因為我們在其內看見一個物體，而不再是看見一處景觀。就此而言，鐵塔的供應內容有兩類，

第一類屬於技術層。鐵塔提供了一定數量的演示或者（如果你願意的話）矛盾論供人消費，而旅遊者變成了代理技師。首先，這裡有四塊基石，而且尤其是（碩大並不使人驚奇的）金屬柱子極度傾斜地插入岩石塊中。這種傾斜性很奇特，因為它產生一種直立形式，其垂直性本身使其起勢傾斜，而且在這裡對於參觀者還有一種令人欣悅的挑戰。然後是斜度驚人的升降梯，因為通常的想像力要求機械地升起的東西要沿著一根垂直軸滑行。而且對於任何爬樓梯的人來說，都會看到有關一切細節的放大景象，即鋼板、樑柱、鏍栓，它們構成了鐵塔。看到這種在巴黎每個角落都被利用著的直線形狀，如何由數不盡的相互連結和交叉的部分組成，真是令人驚嘆不已；這是一種把某一外觀(直線）歸結為其對立現實（由零碎材料組成的網眼狀物體）的操作，一種通過單純放大知覺水平而導致的非神秘化作用；正如在有些照片中，臉部曲線在放大時，看起來是由上千個五彩小方塊構成似的。於是作為物體的鐵塔為其觀察者（只要他漸漸進入其內的話）提供了一整套「矛盾論」，這就是一種外表和與其對立的現實二者所構成的令人愉快的對比關係。

　　作為一種物體的鐵塔的第二種供應內容是，儘管它在技術上別具特色，却構成了一個熟悉的「小世界」。從地面起，有一整套簡單的商業網點伴隨著旅遊的開始：明信片、紀念品、小玩意、氣球、玩具、太陽眼鏡等物品的售賣，預示出一種商業生活氣氛，我們再次看到它們又擺設在第二層平台上。現在，任何商業都具有一種馴服空間的功能。賣、買、交換，正是由於這些簡單的姿態，人們真地控制住了最荒野的處所和最神聖的建築物。有關被逐出寺院的放款者的神話，實際上含義並不清楚，因為這種商業行為證實了對一處紀念建築物在情感上的熟悉性，這個建築物的別具一格不再使人感到驚恐，而且由於一種基督教情感(因此在某種程度上由於一種特殊的基督教情感)，精

神性排除了熟悉性。在古代，在重大的宗教節日以及戲劇表演會上，一種真正神聖的慶典絕不妨礙對最日常的姿態的展現，如吃和喝等行爲。一切快樂都同時進行，不是由於某種疏忽大意的寬縱，而是由於慶典從來不是野蠻的，並肯定不會提出和平常事物相矛盾的東西。鐵塔不是一處神聖的紀念建築物，而且沒有什麼禁忌能禁止一種普通生活內容在那裡展開，然而在這裡也不可能有微不足道的現象。例如在塔上設立餐廳(食物是貿易活動中最具象徵性的對象)，是一種與閒暇的全部意義相符的現象。人似乎永遠傾向於（如果沒有什麼限制會阻擋住他的話）在其快樂中尋找一種對偶物，這就是人們說的舒適。艾菲爾鐵塔是一個舒適的物體，此外它因此也是一個很古老（例如類似於古代競技場）或很現代（類似於美國某些玩意，像汽車影院，在那裡觀眾可同時享用電影、汽車、食物和夜晚新鮮的空氣）。此外，通過向參觀者提供一整套綜合性的快樂，從技術性的奇蹟到高級烹調以及俯瞰都市全景，鐵塔最終同一切重要人類場所具有的基本功能重新統一起來了；它擁有了絕對的主權。鐵塔可獨立自存。你可以在那兒夢想、吃喝、觀賞、理解、驚嘆、購物；正像在一條大郵輪（這是令孩子們夢想的另一個神話對象）上一樣，你會感到完全與世隔絕，但仍然是世界的主人。

歷史的話語*

　　人們對於比語句更大的語言單位（即話語，discourse）進行形式的描述，不是新的事情。從高爾吉亞①到十九世紀，它一直都是古典修辭學主要關心的問題。然而語言科學晚近的發展使人們對這一主題

重新發生了興趣，並且它還帶來了處理這一問題的新穎技巧。現在，一門關於話語的語言學可以說已經跨入了可能性的門坎。它對文學分析——以及對於文學分析在其中起著很大作用的教育過程——所可能具有的意義使它成為符號學 ②(semiology) 當前重要的研究項目之一。

這樣一種第二級的語言學的目標，應該不只是去探求話語的一般性概念(如果存在的話)，以及表達一般性概念的單位和結合規則，而且也應用於判定結構分析是否認可了傳統的話語形態(discourse-genres)的類型學——譬如說，在把詩的和小說的話語、把虛構的和歷史的敍述加以對比時，我們是否總是有道理的呢？ 這兩組對比中的第二組也就是下面要探索的主題：實際上在事實的和想像的敍述之間有無任何特定的區別，有無任何語言學上的特徵，按照這一特徵，我們可以把適合於敍述歷史事件的方式——一個在我們的文化傳統中從屬於歷史「科學」規範的問題，它要求符合「實際發生的事情」這樣的準則，並根據「合理的」說明原則來加以判斷——與適合於史詩、小說或戲劇的方式加以區別嗎？ 如果存在著這些區別特徵，那麼它們又影響著話語的哪些部分，以及在語言行為(languagye act)的哪一點上起著作用呢？ 本文將通過對某些古典歷史學名家如希羅多德、馬基雅弗利、鮑緒埃③和米歇萊④的著作中的話語所做的非嚴謹的（並且絕非徹底的）考察，來對這個問題作一嘗試性的解答。

＊本文譯自M・雷恩（編）：《結構主義選讀》，英文版，1970 年，倫敦。

①與蘇格拉底同時代的古希臘詭辯學派著名學者。——中譯者。

②符號學為研究記號系統之學，它研究各人文學科中的記號現象，具體來說就是研究語言標誌（能指）與被標誌者（所指）之間複雜的意指關係。——中譯者

③鮑緒埃(J. B. Bossuet, 1627—1704 年)，法國神學家，歷史哲學家，曾任路易十四宮廷教師。——中譯者

④米歇萊(J. Michelet, 1798—1874 年)，法國歷史學家，曾著 17 卷《法國史》。——中譯者

(一)

　　首先，古典歷史學家是在什麼情況下在自己所寫的話語中被引導（或被允許）去談及表達話語的行爲的呢？在話語中，像雅克布遜（不過他所關心的是分析語言，而不是分析話語）所說的那種標誌著轉入和轉出自身指示(sui-referential)方式的轉換語⑤(shifters)，採取的形式是什麼呢？

　　歷史話語似乎有兩種標準類型的轉換語。第一種可以稱作審核方式(monitorial mode)，它對應著雅克布遜所說的（還是在語言的層次上）證據類(evidential category)；它把信息（報導的事件），代碼陳述（報導者的作用部分）以及有關代碼陳述的信息（作者對其資料來源的評價），組合在一起。因此，證據類顯然包括了對於資料來源和見證者報導的各種論述，以及對引證其他原文的該史學家的報導行爲的各種論述。這一方式的選擇是不受限制的——史學家可能心安理得地默默使用著他的資料來源；但是一旦他選擇了這一方式，他就接近於人種史學家的地位了，後者通常都需提供關於消息報導者的細節資料；因而審核方式爲希羅多德一類人種史家——歷史學家們所共同採用。它可能具有多種表現形式：像「據我所聞」、「據實而言」等開場白；現在時態的使用標誌著史學家的介入，或者標誌著對史學家個人經驗的任何談述。例如，米歇萊通過一種主觀解釋的過濾方式「審核」了法國史(1830年的革命)，並且明白地談到了這一點。但是審核方式當然不限於歷史的話語。它在會話和小說中的某些解說性手法裡（屬於虛構報導者的軼事等等）也是常見的。

---

⑤R.雅克布遜：《普通語言學文集》第9章，子夜出版社，巴黎，1963年。

　　第二種類型的轉換語包括所有那些作家據以表示離開或返回其敍述路線的方法，它包括著任何有關其話語組織情況的淸楚的路標。這是很重要的一類，它具有很多可能的形態；然而諸形態都可歸結爲一種有關內容的，或更準確些說，與內容在同一層次裡的某種話語置換的指示語，乾脆說就是以時間和地點指示詞這裡(voici)和那裡(voila)這種方式來表示。與敍事面(narrative dimension)的可能的關係包括不變（「如上所述」），倒退（「再次重覆」 altius repetere,「進一步重複」, replicare de piùalto luogo），復原（「但是回到我們本題上來，我認爲……」, ma ritornando all' ordine nosfro, dico come ……），結束（「關於這個問題無可再說了」），宣告（「這一統治時期的其他值得注意的業績還會談到」）。組織轉換語(organization-shifter)提出了一個值得注意的問題，現在我們只能簡單地談一下，這就是由歷史本身的時間制⑥與史書中的時間制的並存，或更確切說，二者之間的衝突所產生的困難。這一衝突在話語中引出了很多有趣的特徵，其中三個特徵可以在這裡談一下。第一個是有關種種加速現象的：同樣的頁數（如果這可以看作是史書自己的時間制的粗略的度量的話）覆蓋著歷史時間的很不同的時程。在馬基雅弗利的《佛羅倫薩史》中，同一文字容量（一章）可以包括二十年或幾個世紀。歷史家越接近自己的時代，話語行爲的壓力就越大，而時間制也就越緩慢：兩種時間制不是等時性的(isochronic)。

　　但是這就意味著話語不是線性的，並暗示著歷史陳述中的「雙關語式」(paragrammatism的可能性⑦。要注意的這個第二個特徵使我們想起，甚至在話語必須保持線性的這種純實質的意義上，它的作用

----

⑥由歷史時間劃分單位（如時、日、月、年、世紀……等）構成的時間系統，用以描述各種規模的歷史事件。——中譯者

似乎應該是對照於歷史本身曲折的進程給歷史時間增加深度。於是當
希羅多德頭次提到一個新人物時，他就回過頭來描述一下他的家世，
然後再返回起點並繼續向前，直到下一個新人物出場，這時整個的過
程又重複一遍。第三個特徵，很重要的一個特徵，說明歷史時間的均
勻時序，如何可能被標誌著歷史話語起點的組織轉換語所破壞，在這
一點上，歷史事件的開端與編年史事件的開端是相符的⑧。這種起點
可以取兩種形式中的一種：第一種可以叫作執行性開端(perfor-
mative opening)，這裡所用的言語不折不扣地是一個正式的開場白；
典型的例子是史詩詩人的「我歌唱」。於是熱萬維勒以宗教祈禱開始他
的歷史(「以全能上帝的名義，我，耶安，熱萬維勒之父，在此講述我
們神聖的國王路易的生平」)；甚至社會主義者路易·布朗也不輕視精
美的首句⑨；因為在任何語言行為的起始處總有某種令人敬畏的
——幾乎可以說神聖不可侵犯的——東西。第二種起始的形式——前
言，則普通得多；它是元陳述(metastatement)的典型的一例，它既可
以是展望性的 (要做的事被宣布時)，也可以是回溯性的 (完成的工作
被判斷時，如米歇萊在他的《法國史》全書完成並出版後所添加的前

⑦此詞來自索緒爾的「換音造詞法」(anagram)研究。J. 克莉思蒂娃在「巴赫丁，語言，
 對話，小說」(載《批評》雜誌 1967 年 4 月號) 中引用過。它指那種在兩個層次上的寫
 作，這種寫作方式保持著某一具體作品的本文與其他作品本文間的對話關係，因而提出
 了一種新的邏輯。

⑧在任何類型的話語中，開端都提出了一個十分有趣的修辭學的問題，它把默語的裂隙
 (breaches of silence) 也編織入話語中，並竭力抵制失語症(aphasia)。(此處所說的
 「失語症」係指患者喪失在語言中建立隱喻表達與換喻表達的能力，即喪失選擇替代詞
 的能力或詞語組合能力。) 雅克布遜曾從語言學角度對此進行研究。——中譯者

⑨「我們在動筆之前先捫心自省。我們知道，對於任何生物來說，專門利己之愛與毫不容
 情之恨都是不存在的，我確信自己可以在不損害正義與真實的必要前提下對人與事做
 出判斷。」(載路易·布朗：《十年歷史》，1842 年)

言）。這些例子表明，向自身指示性的元陳述方式的轉換，與其說是如通常所認爲的那樣，目的在於使歷史學家能夠表現其主觀世界，不如說是在於通過把它與話語本身中其他時間制的對比，來「反簡化」(desimplify)歷史的年代順序的時間(爲了簡便，我們把它稱作文獻時間，document-time)；在於使歷史線路「反年代順序化」(dechrono-Iogize)，並恢復——只要通過回憶和懷舊——一種旣是複數的，參數的，又是非線性的本原時間(Time)，它在其維度的豐富性上類似於與詩人或占卜者的語言不可分開的那種古代宇宙起源說的神秘時間。組織轉換語揭示(雖然事實有時被種種唯理主義的手法所僞裝)，歷史學家的作用是預斷性的：因爲他知道還沒有被講述的東西，所以歷史學家像說神話的人一樣，需要一種雙層時間(two-layered Time)來把主題的時序與報導主題的語言行爲的時序編織起來。

上面所討論的記號(signs)或轉換語只與語言行爲本身有關。還有其他一些表現雅克布遜稱之爲參加者(protagonist)——信息發出者與收受者——的詞項。非常奇怪的是，文學話語很少帶有任何承認讀者存在的標記；人們甚至可以把它描繪爲（似乎是）一種沒有你(Thou)這一人稱的話語——雖然實際上它的整個結構都暗含著作爲「主體」的讀者。在歷史的話語中，目的記號(destination—signs)通常是沒有的；只有當歷史作爲一種訓誡被講授時才能發現它們，如由教師向他的皇族弟子直接講述的鮑緒埃的《世界通史》；即使這樣，在某種意義上之所以可能有這種作品的結構，只因爲鮑緒埃的話語被看作是上帝本人的話語——因而也就是上帝賜予人類去沉思的歷史——對人類的異質同態的複述。正是因爲人的歷史就是神論，鮑緒埃才能用這樣一種方式來寫作，即：在年輕王子和他本人之間建立目的關係的方式來寫作。

　　表明作者存在的標幟當然要常見得多。它們包括所有那樣一類話語的片段，通過這些片段，最初我們除了其作家身份以外一無所知的歷史家其人，逐漸由於那些使他作爲一個人、一個心理實體建立起來的一切屬性而被充實。這種「充實方式」(filling-in)的一個特例，更直接地說是一個文學批評的問題，就是在作者企圖通過故意省略對作品創作者的任何直接暗示，以避開他本人的話語的地方，歷史似乎在自行寫作。這一方法被極爲廣泛地運用著，因爲它適合歷史話語的所謂「客觀的」方式，而歷史學家本身則從不在這種方式中出現。實際的情況是，作者放棄了人性的人物(human persona)，而代之以一個「客觀的」人物；作者的主體依然明顯，但他變成了一個客觀的主體。這就是福斯太・德庫朗惹⑩如示眞諦地或不如說天眞地稱作「歷史的貞潔」的過程。在話語層次上，客觀性，或者說對講述者的存在的任何提示的闕如，結果就成爲一種特殊形式的虛構，這是可被稱作指示性幻覺(referential illusion)的產物，歷史學家企圖通過指示性幻覺給人以這種印象：所指物在自言自話。這一幻覺不限於歷史話語：現實主義時代的小說家們大多數都認爲自己是「客觀的」，因爲他們在其作品的本文中壓制了一切「我」的痕迹。現在，語言學和精神分析學一起使我們對於這種禁欲主義的言語方式有了更爲淸醒的看法：我們認識到，一個記號的欠缺(absence)也是能夠有意義的。

　　語言行爲的最後一個方面還應略微提一下，它是這樣一種特殊情況——雅克布遜把它看作一系列轉換語之一（還是在語言而不是在話語的層次上）——在這裡話語的說者同時也是所描述的事件的參加者，也就是說，語言行爲的實行者與歷史事件的實行者是同一個人——一

⑩德庫朗惹(Fustel de Coulanges, 1830—1889年)，法國歷史學家，研究古代史和中世紀史，著有《古代城市》、《法國古代政治制度史》。——中譯者

句話，行動者成了歷史學家，如色諾芬⑪與萬人撤退的事件。關於歷史中的「我」與編史的「我」結合爲一體的最著名例子，即凱撒著作中有關人稱代辭「他」的著名用法；它被限用於對應著編史方式中的「我們」（「如前所示」）的歷史方式。乍看起來，凱撒的這個「他」似乎與其他人物無法區別，而且因此之故，它被看作是客觀性程度最高的記號；然而我們能從形式上按照搭配關係把它與其他人物區別開來，它被限用於幾個或許可稱爲領導系統組合段(syntagms of leader-ship)的組合段⑫(發令、主持會議、檢閱、祝賀、解釋、思考)，它們實際上都接近於其中言語和行爲是合二爲一的那種執行語。把「他」作爲過去的行動者和目前的講解者來運用的還有其他的例子（特別是在克勞塞維茨的著作中）：它們表明，選擇非個性的人稱代詞只是一種修辭學的托詞，而講解者的眞實處境在他選擇來表達其過去行爲的組合段中是一目了然的。

（二）

當然，把歷史學家的信息分解爲可依種種方式加以分類的內容分析單位(content-analytical units)應當是可能的。這些單位代表了史書所談論的對象；它們都具有所指對象(significata)的性質，不應被等同於全部話語，也不應被等同於純粹的所指物，而寧可說它們是相當

⑪色諾芬（公元前 435—前 354 年），古希臘歷史學家蘇格拉底弟子，曾隨斯巴達遠征軍至波斯，於庫納薩戰敗時率殘兵萬人逃回國，後將經歷記於史書中。——中譯者
⑫組合段爲結構主義語言學術語，指話語中詞項依一定構句規則組成的相互鄰接的語言組合體。結構主義符號學家認爲社會生活中到處都存在著類似於話語組合段的組合關係，此處涉及的是軍事隸屬關係中的「組合段」性質，即指揮行爲中各組成部分之間的固定關係，有類於話語組合段中各詞項間的相互制約關係。——中譯者

於那種被分開的、被命名的和可理解的所指物，但這些所指物還未被任何句法所制約。企圖對這些單位做徹底的分析爲時還過早；以下所談只是初步的。

歷史陳述與任何其他陳述一樣可被分爲「存在項」(existents, 實體或主題) 和「發生項」(occurrents, 屬性或主題)。經過初步考察，其中每一個似乎都是一個相對封閉的 (因此就是可限制的) 項目表或「集合」(collection)，它的項目總會重現，雖然不言而喻地是通過各種不同的組合的方式。例如在希羅多德的作品中，存在項的項目表僅包括王朝、君主、將帥、士兵、平民和場所等，而發生項則限於劫掠、征服、聯盟、遠征、祈靈等等活動。由於這些集合是 (相對) 有限的，它們必須服從替換(substitution)和轉換(transformation)規則，也必定有可能被賦予結構——這一工作對於某些歷史學家自然比其他歷史學家來得更爲容易一些。希羅多德作品中的單位大部分由軍事辭彙組成；或許值得探討一下，近代歷史學家在何種程度上需要更複雜的詞語組合，而且即使情況確是如此，歷史話語是否歸根結柢並不總是建立在某種結構完善的「集合」(不是「辭彙」，因爲我們是在內容層次上討論) 之上呢？馬基雅弗利似乎對這樣的結構有一種直覺，因爲在他的《佛羅倫薩史》的開頭，他就提出了自己的「集合」，也就是那些在其敍述中要被調配和組合起來的實體。

對於 (不如希羅多德那麼古遠的歷史學家的) 更富流動性的集合來說，內容單位(content-units)仍然可能達到不是經由辭彙而是經由作者本身個人性的執意所產生的高度結構化。這類重複出現的主題在米歇萊一流的浪漫派歷史學家的著作中是屢見不鮮的；但是他們也可以在一般認爲更富理智特徵的作家中看到——「詩敎之神」(fama)對於塔西佗來說是一個個人單位，而馬基雅弗利則把他的歷史建立在「維持」(mantenere, 指政府人士的基本能量) 和「毀滅」(ruinare, 指事

物頹敗的邏輯）之間的主題對比上。⑬

　　就一個主題單位(thematic unit)通常由同一個詞項來表示而言，它不只是用作內容單位的，而且也是用作話語單位的指示詞；這就使我們面臨著歷史實體名詞化(nominal ization)的問題，按照名詞化的方法，使用一個單個的詞可以免去列舉整套的情境或行動系列；這就促使結構化達到這樣一個程度：該詞對內容面(content plane)的反映(reflex)本身就是一個小型結構。這樣馬基雅弗利就使用「陰謀」一詞作爲一整套複雜史實的速記號，用以傳達當政府對所有公開反對者處於優勝地位時所存在的那種獨一無二的鬥爭形式。名詞性的風格促進了話語的清晰的分節(articulation)，從而也就加強了它的結構。一切結構程度高的歷史都是以名詞(substantives)來進行的；鮑埃緒——對他來說人類歷史是由上帝來組織的——常常使用整串的這類單個名詞速記法(single noun shorthand notation)。⑭

　　以上所談對於發生項與對於存在項都同樣適用。這就產生了一個有關編史工作過程（獨立於編史過程名稱的歷史）的性質的問題。一般來說，一個陳述可能是肯定的、否定的或疑問的。然而在歷史話語中陳述却只是肯定的——歷史事實在其語言表達上具有本體論的優越性；我們講述發生的事物，而不是沒有發生過的事物。或講述可能與不可能發生的事物。簡而言之，歷史話語沒有（或極少有，或在極反常情況下才有）否定句。奇怪而重要的是注意到這一點：精神病患者的情況也是這樣的，他不能夠把句子變換成否定句⑮。我們可以說，在

⑬參見E. 萊蒙地：《馬基雅弗利文集》。米蘭。1966 年。
⑭例如：「年輕的約瑟夫的單純和智慧……他的奇異的夢……他的嫉妒心強的兄弟們……這位偉大的人物被當作奴隸給賣掉了……他對主人忠誠……他的值得盛讚的貞潔以及因此而身受的種種迫害，他入獄而堅定不移的信念……」(載鮑緒埃：《世界史導論》)
⑮L. 艾瑞加雷：《精神分裂症患者語言中的否定與否定的轉換》，載《語言》雜誌，1967 年第五期，第 84—98 頁。

某種意義上，「客觀的」話語（如在實證論的歷史中）類似於精神分裂症的話語；在兩種情況下都存在著對言詞的徹底檢查，在二者的語言中都不可能表達否定性（雖然能夠感覺到），而且存在著大量的話語從任何一種自身指示的形式逆轉的現象，或者甚至（就歷史家來說）是朝向純所指物層次逆轉的現象——即無人對其負責的言語。

必須談一下歷史言語的另一本質的方面，在這裡，內容單位進入了較高層次的類或類的系列。我們的初步研究指出，這些類與虛構故事中的類是一樣的⑯。這樣一個類包括了所有那些以隱喻方式涉及一種含蓄意義的話語片段。例如，米歇萊描繪了十五世紀初的五彩衣裝，俗艷紋章和混雜的建築風格，並把他們作為這樣一種意義的等價表述：中世紀末的道德崩潰；因而此類中的諸項就是標誌（indexes，在皮爾士的意義上），或具體地說就是記號（signs）；它們在古典小說中是常見的。另一類包含了那些標誌著三段論式（或者更確切說，省略三段論式，因為它們幾乎總是不完全的、近似的三段論式）中推理步驟的話語中的項目。⑰

省略三段論不專限於歷史話語：它們在小說中也很常見，小說中情節線索的轉折由於一種三段論型式的假推理而被讀者認為是正當的。歷史話語中的省略三段論的有趣之處在於，它把可理解物（the intelligible）與非象徵物（the non-symbolic）結合了起來；對於試圖與經典的亞里士多德模式一刀兩斷的現代歷史是否也如此呢？最後非但最不重要的是，第三類具有普羅普⑱所說的那種敘事「功能」（functions of the narratives），即故事中的緊要轉折點；這些功能成組出現，它

⑯參見《故事結構分析導論》，載《通訊》雜誌，1966年第8期。

⑰米歇萊：《中世史》，第3卷第5冊第1章中的一段，即有下列三段論式的結構：⑴為了避免叛亂的威脅，必須先分散平民的注意力；⑵為達此目的，最佳對策是給他們一個替罪羊；⑶因而君主們選擇了奧勃雷歐。

們從句法上說是項目已定的功能表列，從邏輯上說是一種有盡的序列。例如在希羅多德的作品中就出現過幾次「神諭」序列；這個序列由三項組成，每一項都是一個二項選擇(binary choice，問或不問，答或不答，從或不從)，它們可以被其他的單位而不是被序列的部分截開——或者是其他重疊序列中的項目，或者是起催化作用的次要展開(minor developments)，它們填補了序列結(nodes of the sequence)之間的裂隙。

從有關信息結構的這些論說中作出普遍的結論時（也許有點倉促），我們可以假定，歷史話語按照標誌對功能的相互關係在兩軸之間擺動。當標誌型單位(units of index type)為主時（不斷涉及內含的意義），歷史就具有隱喩的形式，並傾向於成為抒情的和象徵的；其代表者為米歇萊。反之，當功能單位為主時，歷史就採取換喩形式，並傾向於成為史詩；其代表者有奧古斯丁、梯埃雷⑲。第三種類型是，話語結構企圖複製主人公實際所面臨的困境的結構。在這種情況下就以推理論說為主，歷史就具有反省的——可以說策略性的——風格。馬基雅弗利是這一類別最好的例子。

（三）

對於一種完全沒有意義的歷史來說，它的話語必定只是孤立觀察的無組織的羅列，如年表（從這個詞的嚴格意義上說）和編年史就是如此。在組織完好的「流動性的」話語中，事實或者作為標誌，或者

---

⑱俄國文學形式主義研究者，研究民間故事的形態學，他的學說對於法國結構主義者很有影響。——中譯者

⑲梯埃雷(J. N. A. Thierry, 1795—1856年)，法國歷史學家，倡實證主義歷史研究法。——中譯者

作爲標誌序列的節點，不可抵抗地起著作用；甚至對事實的一種無秩序的描述至少也傳達了「混亂」這個意義，並暗示了一種否定性的特殊的歷史哲學。

歷史話語能夠至少在兩個層次上有意義。在第一個層次上，意義是歷史內容所固有的——歷史家提供解釋（如米歇萊的十五世紀的五彩衣裝，或杜西底德思的某些特別「重要的」衝突），或吸取道德的或政治的教訓(如馬基雅弗利或鮑緒埃)。如果教訓是徹底的，我們就進入了第二類，其中意義獨立於歷史話語本身，並由歷史學家個人性的執意(private obsessions)的型式來表達；例如，希羅多德的極不完善的敍事結構（由於某些事件系列的非結束性收尾）歸根結柢表現了一種特殊的歷史哲學——即倡舉由人、處置由神；或者在米歇萊的著作中，有意義的項目是以在概念和形態兩方面形成對比的對極偶(pairs of polar opposites)形式，嚴密地組織起來的，其結果意味著摩尼教的生死觀。在我們的文明中，存在著提高歷史的意義性的永恆壓力；歷史學家與其說是在搜集事實，不如說是在搜集「能指」(signifiants)[20]；並且他把這些能指以這樣的方式聯合和組織起來，以取代受拘於固定意義的純事項清單的貧乏性。

十分明顯，歷史的話語，不按內容只按結構來看，本質上是意識形態的產物，或更準確些說，是想像的產物，如果我們接受這樣的觀點的話，即：對言語所負之責，正是經由想像性的語言，才從純語言的實體轉移到心理的或意識形態的實體上。正因如此，歷史「事實」這一恍念在各個時代中似乎都是可疑的了。尼采說：「不存在事實本身。」「事實要想存在，我們必須先引入意義。」一旦語言介入（實際總

---

[20]結構主義語言學術語，又稱「記號表現」，爲記號的物質性的（可知覺的）方面。結構主義者認爲，能指和他所標誌的「所指」之間的關係是任意性的，非代表性的。——中譯者

是如此)，事實只能同語反覆地加以定義：我們注意能夠給予注意的東
西；但是能注意的東西（而且對希羅多德來說這個詞已經失去其神話
的意義）不過就是值得注意的東西。結果，區別歷史話語與其他話語
的唯一特徵就成了一個悖論：「事實」只能作爲話語中的一項存在於語
言上，而我們通常的作法倒像是說，它完全是另一存在面上某物的、
以及某種結構之外(extra—structural)「現實」的單純複製。歷史話語
大概是針對著實際上永遠不可能達到的自身「之外」的所指物的唯一
的一種話語。因而我們必須再問自己：「現實」在話語結構中的位置究
竟是什麼？

　　歷史的話語預先假定了一種複雜的、双重的程序。在第一階段，
（當然是譬喻地說）所指物是與話語脫離的，而且是在它之前存在的；
這是「事物處理」(res gestae)時期，此時話語似乎不過是「被處理的
事物的歷史」(historia rerum gestarum)；但是之後就拋棄了歷史能
有一種非指示性的意義（所指）的想法。所指物及其表達（能指）被
看作是直接相關聯的；話語的功能只限定在現實的表達面內；而意
義，想像中的結構的基本項，則成爲多餘的了。如同一切自命爲「現
實主義」的話語一樣，歷史話語認爲只需要在其語義模式上承認兩項：
所指物和表達者。這一所指物與意義的（虛幻的）混淆，當然是像執
行語(performatives)這類自身指示的話語所特有的；我們可以說，歷
史的話語是一種假的執行語，其中自認爲是描述性成分的東西，實際
上僅只是該特定語言行爲的獨斷性的表現。㉑

　　換言之，在「客觀性的」歷史中，「現實」始終是藏身於表面上萬
能的所指物背後的、未加表述的意義。這種情況說明了我們可以稱作

㉑這種把指向的錯覺或意義與指向對象當成一回事的天眞現象，在梯埃雷一類注重歷史
　家理想的史學家中十分明顯。「完全屬實。正如其本來所是的那樣，不多不少，不多
　也不少。」（引自C. 吉里安：《十九世紀的法國歷史學家們》）

「現實效果」(reality effect)的東西。從「客觀性的」話語中刪除意義，只不過又產生一種新的意義；我們再次斷言：系統中一個成分的不存在正與它的存在同樣是有意義的。這一新的意義適用於整個話語，而且歸根結柢構成了使歷史話語區別於一切其他話語的東西；它是偷偷地變成了羞答答意義的現實：歷史話語並不順依現實，它只是賦予現實以意義；它隨時斷言：「該事發生了」，但所傳達的意義只不過是：某人作了這一斷言而已。

「某事發生了」這種斷言的無上權威具有真正歷史上的重要性。我們整個文明都被現實效果引導著，如現實主義小說，日記體，記實體，消遣小說等各種文學形式的發展，歷史博物館，古物陳列，以及特別是攝影藝術的大規模發展所證實的㉒。這就是我們世俗化了的聖骨匣；除了它與曾經存在過而現在不再存在的、但又表現為某件已死之物的當前記號的東西不可分之外，它已失去一切神聖意義的痕迹。反之，一旦我們達到這種洞識：現實不過就是意義，於是褻瀆這些聖骨就相當於摧殘現實本身，並且「正如我們所知道的」㉓，當歷史要求顛覆文明的基礎時，現實就可以被改變，以符合歷史的需要。

在否認這種看法時，在拒絕把所指物與對所指物的單純陳述分割時，歷史不得不——在十九世紀這種看法盛行的時期，歷史曾企圖成為一門獨立自存的學科——把事實的「直截了當的」敍述作為它們曾經是真實的最好證明，並因而把敍述提高到一種表現現實的優越形式。持這一觀點的理論家是奧古斯丁·梯埃雷，他在處理歷史敍述中，在其布局的精緻和所提供的「具體細節」㉔的豐富性中，盡力保證「真實性」。悖論繞了一圈又回到原位：敍述結構是在虛構文學(經由神話和

㉒參見《形象修辭學》，載《通訊》，1964 年第 4 期。

㉓這就是在 1967 年 1 月紅衛兵褻瀆孔廟的意義(但不只是一種對宗教的顛覆)，於是所謂「文化大革命」就不過是對「文明基礎的破壞」、使文明貧乏化的別稱而已。

最初的史詩）的嚴酷考驗中演進的，但它同時旣變成了現實的記號，
也變成了現實的證據。顯然，在處理結構而不是編年史料的當代歷史
學家中，敍述方式的減少(如果不是消失)，就不只意味著學派風格的
變化了；它實際上代表了一種根本的意識形態的轉變：歷史敍述正在
消亡：從今以後歷史的試金石與其說是現實，不如說是可理解性
(intelligbility)。

㉔「歷史家的目標是未經證明的故事。這是否正當，我們不淸楚。在歷史中最好的證明，
　最可取的證明，無可懷疑的證明……當可信爲最完美的歷史語言……」(A.梯林:《索羅
　維恩朝歷史》，1851 年第 2 卷)。

法蘭西學院文學符
號學講座就職講演[*]

(1977年)

　　在講演伊始，請允許我先回顧一下導致法蘭西學院接納一位眾議紛紜的人物的理由。這個人的每一種品質，在某種程度上都受到過他的對手的反對。因為儘管我任教多年，卻並無通常接受這一高級職位所需的資格。雖然長期以來我確實將我的著述列入了科學、文學、辭彙學和社會學諸領域，但應該承認，我所寫的只是各種隨筆文。這是一種性質含混的文體，在這種文體中寫作與分析各行其事。雖然很早以來我也確實使我的研究與符號學的產生和發展聯繫在一起，但我其實並無權利來代表這一研究領域，於是我在它似乎剛剛形成時就傾向於修改它的定義，使自己主要依賴於一種反常規的現代主義文藝的力量，結果對「太凱爾」(Tel Quel) 雜誌的接近遠超過許多其它也可表明符號學研究潛力的雜誌的接近。

　　於是不言而喻，在這座由科學、學術、嚴格性和革新性支配的大廈裡所接待的這個人，具有著不純的背景。一方面是出於慎重，另一方面是由於每當我遇到理智的困惑時總要問一下某一選擇是否使我感到快樂的習慣，我就不談那些促使法蘭西學院歡迎我的理由（因為在我看來這些理由是不無疑問的），而來談一下那些使我來到這裡感到快樂更甚於感到榮譽的理由。因為榮譽可以名實不符，快樂則表裡如一。我感到快樂，因為在這裡我又憶起或遇到我所熱愛的那些在法蘭西學院任教或曾經任教過的作家們。首先當然應當提到米歇萊，當我開始思想生活的時候，正是通過他我才發現了歷史學在人文科學全體中的主導地位以及寫作具有的力量，後來學術界對此也加以承認了。然後是那些距今不遠的人物如讓·巴魯吉和保羅·瓦萊里，我就在同一間大廳裡聽過他們的講課，那時我還是一個青年。再晚些的是摩里斯·梅羅—龐蒂和艾米爾·本維尼斯特。而現在呢，請允許我冒昧地提到

＊本文譯自羅蘭·巴爾特：《就職講演》，法文版，1978 年，巴黎色伊出版社。

米歇爾‧福柯，本來出於我們之間的友誼，應當對此保持緘默的，我的始終如一的感情、思想與感激都與他聯繫在一起，因為正是他向教授委員會提出設立這個講座和主持這個講座的人選的。

今天我感受到的另外一種快樂由於更起作用，因此也就更為重要，這就是我在走進一處我們可以嚴格地稱作「權勢之外」(hors-pouvoir)的學府時所感到的那種快樂。因為，如果輪到我來對學院進行解釋的話，我將說，在學術機構領域內，它是歷史的最後策略之一。榮譽通常都是權勢的一種損耗，而在這裡它乾脆是權勢的消除，是權勢鞭長莫及之處。在這裡教授除了研究和說話之外別無他務；我想說，這就是高聲談論他的研究夢想，而不必去判斷、選擇、推進，不必去屈從於某種有指導的學術活動。這在目前來說是一種巨大的、幾乎是不甚公平的特權了。因為當前文學教學已由於技術專制論的要求和學生革命願望的雙重壓力而疲憊不堪。當然，在學校允許的限度之外去教學和說話，並非是一種從道理上說可免除權勢影響的活動。權勢（支配性的利必多）總是存在的，它隱藏在一切話語之中，即使當話語產生於權勢以外的某處亦然。因此，這樣的教學越自由，就越需要探討在什麼條件下和按照什麼程序話語可以擺脫任何一種攫取的意志。在我看來，這種探索就構成了今日開創這個講座時最深刻的教學構想。

實際上，在這裡我們間接地但堅持著要去問詢的正是權勢。我們「單純的」現代人把權勢看成是一種有些人擁有、有些人不擁有的東西。我們曾經認為權勢是一種典型的政治現象；現在我們則相信它也是一種意識形態現象，它滲入了那類我們最初未曾從中看出它來的領域，滲入到學校、教學裡來，但它始終還是某種東西。然而如果權勢像魔鬼一樣是個複合的東西，那會怎麼樣呢？它可以說：「我的名字叫軍團」，它無處不在，各個方面，各種領導，大小機構，壓迫集團或壓

力集團，到處都有「有權威的」聲音，它被授權發出各種權勢的話語：
頤指氣使的話語。於是我們發現權勢出現於社會交流的各種精巧的機
構中，不只是在國家、階級、集團裡，而且也在時裝、輿論、演出、
遊樂、運動、新聞、家庭和私人關係中，甚至在那些企圖對抗權勢的
解放衝動中。我把所有那類話語都稱作權勢的話語，即在接受話語的
人中間導致錯誤乃至罪惡的那類話語。有些人期待我們知識份子會尋
找機會致力於反抗權勢，但是我們真正的戰鬥卻在別的地方，這將是
反抗各種權勢的戰鬥，而且它不會是一種輕而易舉的鬥爭。因爲如果
說權勢在社會空間內是多重性的，那麼在歷史時間它反過來就是永
存的。它在這裡被驅趕或耗盡，它又會在別處重新出現，它永不會消
失。如果爲了消滅它而去發動一場革命，不久它又會死灰復燃，會在
新的事態中重新發展。它這種無處不在、永久延存的原因是，權勢是
一種超社會有機體的寄生物，它和人類的整個歷史，而不只是和政治
的和歷史學的歷史聯繫在一起。在人類長存的歷史中，權勢於其中寄
寓的東西就是語言，或者再準確些說，是語言的必不可少的部分：語
言結構(la langue)。

　　語言(langage)是一種立法，語言結構則是一種法規(code)。我們
見不到存在於語言結構中的權勢，因爲我們忘記了整個語言結構是一
種分類現象，而所有的分類都是壓制性的：秩序既意味著分配又意味
著威脅。雅克布遜曾經指出過，一個習語與其說按照它允許去說的來
定義，不如說是按它迫使人說的來定義。在我們法語語言結構中（我
舉明顯的例子），我必須首先假定我自己是主語，然後才陳述行爲，後
者只不過是我的屬性；我所做的僅只是我所是的結果和推論。同樣，
我必須永遠在陰性與陽性之間進行選擇，中性和複數是對我禁用的。
此外同樣地，我必須指出我與他人的關係，或者通過tu(你)，或者通
過vous(你們)，感情上的和社會上的中斷對我是禁止的。同樣，語言

按其結構本身包含著一種不可避免的異化關係。說話(parler)，或更嚴格些說發出話語(discourir)，這並非像人們經常強調的那樣是去交流，而是使人屈服：全部語言結構是一種普遍化的支配力量。

我想引述雷南的幾句話，他在一次會議上說過：「女士們和先生們，法語從來也不是荒謬的語言，它也絕不會是一種反動的語言。我不能想像一種嚴肅的反應會以法語爲其發音手段」。是的，就雷南而言他是有洞察力的，他發現，語言結構不可能被其產生的信息所耗盡，它比後者存在更久並以一種往往是驚人的共振作用在後者之中使人們理解某種言外之意，在主體有意識的、理性的聲音之上，強加上結構具有的支配性的、固執的、不可違抗的聲音：也就是當其發話時的「類屬」(espéce)的聲音。雷南的錯誤是歷史性的，不是結構性的。他認爲法語是由理性構成的，它必然產生政治理性的表達，在他看來這種表達只可能是民主的。但是作爲語言結構的運用的語言既不是反動的也不是進步的，它不折不扣地是法西斯的。因爲法西斯主義並不阻止人說話，而是強迫人說話。

話一旦說出來了，即使它只在主體內心深處發出，語言也要爲權勢服務。在語言中必然出現兩個範疇：斷定的權威性和重複的群體性。一方面，語言具有直接的斷定性：否定、懷疑、可能性、終止判斷等需要一些特殊的機制，這些機制本身將參與各種語言僞裝的作用。語言學家所說的情態範疇只不過是語言結構的補充部分，通過這種類似於請求的方式，我企圖弱化語言結構的不可改變的確認力量(pouvoir de constatation)。另一方面，構成語言的記號之所以存在，只因爲它們被確認了，即只因爲它們被重複著。記號是追隨者、合群者，在每個記號中都隱藏著一個怪物：固定型式(stéreo type)。我只能通過聚集那些在語言結構中閒蕩著的記號來說話。每當我說話時，這兩個範疇都在我心中聯合行動，我於是既是主人又是奴僕。我不滿足於重複

已經說過的東西，不滿足於安然地爲記號所奴役；我說話，我斷言，我反駁著我所重複的東西。

　　但是在語言結構中奴役和權勢必然混合在一起。如果我們說自由不只是指逃避權勢的能力，同時尤其是指不使別人屈從自己的能力，那麼這種自由就只能存在於語言之外。遺憾的是人類語言沒有外部，它「禁止旁聽」。我們只能求諸不可能之事來越出語言之外，如通過一種神秘的個別性，像克爾凱戈爾所描述的那樣。他把亞伯拉罕的祭獻描繪成一種十分奇特的行爲，它不包含任何言語，甚至連內心的言語也沒有，以此來反抗語言的一般性、群體性和道德性。或者通過尼采的「阿門」，它像是給予語言奴役性的，給予德魯茲所說語言的反應性僞裝的一種令人愉快的震動。但對我們這些既非信仰的騎士又非超人的凡夫俗子來說，唯一可做的選擇仍然是（如果我可以這樣說的話）用語言來弄虛做假和對語言弄虛做假。這種有益的弄虛做假，這種躲躲閃閃，這種輝煌的欺騙使我們得以在權勢之外來理解語言，在語言永久革命的光輝燦爛之中來理解語言。我願把這種弄虛做假(tri-chevie)稱作文學。

　　我並不把文學理解爲一組或一套作品，甚至也不把它理解爲交往或教學的一個部分；而是理解爲有關一種實踐的踪跡(traces d'une pratique)的複雜字形記錄：我指的是寫作的實踐。因此對文學來說，我主要關心的是本文(texte)，也就是構成作品的能指的織體(tissu des signifiants)。因爲本文就是語言的外顯部分，而且正是在語言內部，語言結構可能被抗拒和使本身偏離正軌。但不是由於語言結構爲其工具的信息，而是由於語言結構爲其活動場所的字詞運用。所以我可以不加區別地使用文學、寫作或本文這些字眼。文學中的自由力量並不取決於作家的儒雅風度，也不取決於他的政治承諾（因爲他畢竟只是衆

人中的一員），甚至也不取決於他的作品的思想內容，而是取決於他對語言所做的改變。按此觀點，塞林與雨果不相伯仲，夏多布里昂與左拉旗鼓相當。我打算指出，在這裡起決定作用的是形式，但是我們不應根據意識形態的理由來評價這種作用，因此有關意識形態的科學對形式問題的影響一直十分有限。在文學的各種力量之中我想指出三種，並借助三個希臘文概念對它們加以討論，即Mathésis（科學）、Mimésis（模仿）、Semiosis（記號過程）。

文學包含有很多科學知識。在像《魯濱遜飄流記》這樣的小說裡包含了以下各種知識：歷史、地理、社會（殖民地）、技術、植物學、人類學（魯濱遜從自然向文化過渡）。如果由於社會主義或野蠻政策的難以想像的過激措施，我們的全部學科除了一門以外都從教學系統中排除了，那麼這唯一幸免的學科就會是文學，因為一切學科都出現在文學的紀念碑中。因此我們可以說，不管文學宣稱自己屬於何種流派，它斷然絕對地是現實主義的，它就是現實，即現實的閃現。但是由於本身這種真正百科全書式的特點，文學使這些知識發生了變化，它既未專注於某一門知識，又未使其偶像化；它賦予知識以間接的地位，而這種間接性正是文學珍貴性的所在。一方面，它可使人們確定可能的知識範圍（未被懷疑的，未完成的）：文學是在科學的間隙中存在的，它總是不是在科學之前就是在科學之後，非常像是波維納的石頭，它以白日的儲積用作晚間的照明，並以這間接的光亮來為次日新的一天來照明。科學是概略性的，生命卻是精微的，對我們來說文學的重要性正在於調整兩者之間的這種差距。另一方面，文學所聚集的知識既不全面又非確定不變，它不說它知道什麼，而是說它聽說過什麼，或者說它知道些有關的什麼，即它知道許多有關人的一切。它關於人所知道的東西也就是我們可以稱之為語言的巨大混沌的東西，人對這片混沌施以作用，這片混沌又對人施以作用。文學可以複製出各種各樣

的社會方言，但由於它頗爲這種多樣性的分裂所苦，就幻想和企圖發展一種可以作爲其零度的語言限制。由於文學要使語言自行表演，而不只是利用語言，它就使知識編入了具有無窮自反性的齒輪機制之中。通過寫作，知識不斷地反映著知識，所根據的話語不再是認識性的，而是戲劇性的了。

今日人們對科學和文學之間的對立提出疑問是頗有見地的，因爲有越來越多的模式方面或方法方面的聯繫把兩個領域結合起來，往往消除了二者之間的邊界。很可能有朝一日這種對立會變成一種歷史神話。但從我們在此討論的語言觀點看，這種對立卻是適宜的。此外，這種對立並不一定涉及眞實與幻想、客觀與主觀、眞與美之間的分界，而只涉及不同的言語領域。按照科學的話語（或按照科學的某一話語）來看，知識是一種陳述（énoncé），在寫作中它卻是一種陳述行爲（énon-ceation）。作爲語言學一般對象的陳述乃是陳述者不在（absence）的一種產物。陳述行爲在顯示主體的位置和能量、甚至主體的欠缺（man-que，它不同於不在）的同時，專注於語言的現實本身。它認識到語言是由含義、效果、迴響、曲折、返回、分階等組成的巨大光暈。陳述行爲的職責是使一個主體被理解，這個主體既堅定存在著又不可言傳，由於其令人不安的熟悉性，既不被認識又被認識。語言不再被虛幻地看作是一種簡單的工具，語言字詞是被作爲投射、爆發、震動、機件、趣味而表達的。寫作使知識成爲一種歡樂（fête）。

我在此提出的文學形態並非遵循一種功能劃分論；它並不想讓科學家和研究家在一邊，作家和散文家在另一邊。反之，它建議，寫作存在於任何其中字詞饒有趣味的本文裡（在拉丁文中「知識」savoir與「趣味」saveur字源相同）。克爾農斯基說過，在烹調中「一切都應具有它們本身的味道」。對知識來說，一切要想如其所是，就應具有其基本成分——字詞之妙趣。正是字詞的趣味性才使知識深刻和豐富。例

如我要說，大多數米歇萊的主張都爲歷史科學所否定，然而米歇萊還是奠定了某種類似於法國人種學的東西，而且每當一位歷史家在改變歷史學知識的時候（按這個詞的廣義理解，並不管其對象是什麼），我們就在他那裡直截了當地看到一種寫作。

文學的第二種力量即它的再現力。從古代直到先鋒派的探索活動，文學都與再現某種事物有關。什麼事物呢？我想粗略地說：現實。現實是無法再現的，而且因爲人不斷想用語言來再現現實，於是就有了文學史。人們可以用幾種不同的方式來表示現實的不可再現性（現實只能被指示），或者按照拉康的說法稱其爲不可能性，就是說這是不可達到的，話語無法捕捉的；或者用拓撲學術語說，我們不可能使一種多維系統（現實）與一種一維系統（語言）相互對應。但是正是這種拓撲學的不可能性，文學不願意且永遠不會願意受其拘束。人們不願意屈從於現實和語言之間分裂的事實，而且正是這種或許像語言本身一樣古老的拒絕態度，在紛擾不絕的人類生活中創造了文學。我們可以想像這樣一種文學史，或更明確地說，語言生產的歷史，也就是作爲往往不合理性的語言之權宜手段的歷史，人們運用這類手段去減弱、制服、否定或反之接受一種永遠是讕言妄語的東西，即語言和現實之間基本的不符合性。我剛才說過，就知識而言，文學是絕對現實性的，因爲只有現實才是文學中欲望的對象，現在我卻要說文學不可改變地也是非現實的，但我的話並不矛盾，因爲我現在用這個詞時是按其習常的意義。文學認爲對不可能之事的欲望是合理的。

文學的這種功能或許是反常的，但卻是適當的，它有一個名稱，即烏托邦的功能。因爲在十九世紀後半葉，也就是在資本主義弊病肆虐最甚的時期，文學從馬拉美開始找到了（至少對我們法國人來說）它的確切的形象：現代主義。從那時開始的我們的現代主義或許可用這樣一種新的現象來定義，這就是我們所說的語言烏托邦。沒有任何

「文學史」(如果仍然要寫這樣的文學史的話)能夠仍然是正當的，如果它像以往一樣滿足於把各種流派串連在一起而不指出它們彼此之間的重大差別來的話，這種差別揭示了一種新的預言觀，即寫作的預言觀。馬拉美說的「改變語言」與馬克思所說的「改變世界」是同時出現的。那些追隨過以及仍在追隨馬拉美的人從他的作品中體會到某種政治含義。

由此引出了關於文學語言的某種倫理問題，我們應當對其加以肯定，因為它是受到懷疑的。人們常責備作家、責備知識份子不寫「大衆」的語言。但是人們在同一種民族語言的內部 (對我們法國人來說)用若干種語言是適當的。如果我是立法者 (對於從字源上說是「無政府主義者」的人，這是一個反常的假定)，絕不強行推廣法語統一化，不論是資產階級的法語還是民衆的法語，反之我將鼓勵同時運用數種法語語言，運用使它們彼此平等的各種語言功能。但丁曾十分認眞地討論過用什麼語言來寫《新生》的問題，用拉丁文還是用托斯卡納語。他選擇民間語言，既非出於政治理由也非出於論戰的需要，而是考慮到某種語言與他的主題的適應性。這兩種語言於是構成了他可按欲望的眞實自由從中取用的儲備，正如我們有古典法語與現代法語或書寫法語與口頭法語的情形一樣。這種自由是一切社會都應使其成員享有的奢侈物，有多少欲望就有多少語言。之所以說這是一種烏托邦式的建議，是因為任何社會都還未打算承認存在著多種欲望的事實。因為不管什麼語言都不壓制另一種語言；因為主體可能毫無內疚和壓抑地了解掌握兩種語言的快樂；以及因為他可以任憑自己的嗜好而不必依照法則去說這種語言或那種語言。

當然，烏托邦並未使我們擺脫權勢。關於語言的烏托邦為關於烏托邦的語言所彌補，後者是一種語言，正像其它各種語言一樣。我們可以說，任何一位作家捲入了單槍匹馬反對語言權勢的鬥爭，都不可

能避免被其重新吞沒，或者以一種官方文化內墓誌銘這種身後出現的形式，或者以一種時裝的現在的形式，後者把自己的形象強加於他並迫使他符合人們期待於他的規則。對於這位作家來說別無出路，只有或者轉移或者固執己見，或者同時採取兩種態度。

固執意味著對文學的不可還原性的肯定。文學抗拒著和通過更長的延存而超過著圍繞著它的各種定型的話語，如哲學、科學、心理學，似乎它表現出了不可比較與不會衰亡的特點。一位作家（我用這個稱呼不是指一種功能的所有者或一種藝術的僕人，而是一種實踐的主體）應當稟賦監督者的頑強，他位於各種其它話語的交滙處，與各種學理的純粹性相比，他的地位是輕浮的（輕浮是「妓女」一詞的字源學屬性，她等待在三條路的交叉口上）。簡言之，固執就意味著不顧一切地維持一種轉移和一種期待的力量。而這正是由於文學固執地認為寫作被引向轉移之途了。因為權勢攫取了寫作的享樂，正像它攫取了其它一切享樂一樣，以便對其操縱並使其成為非變態的、合群的產物，其方式正如它攫取了愛情享樂的遺傳產物，以便為它自己的利益將其變為士兵和戰士一樣。於是轉移可以意味著：走到不為人們期待之地，或者更徹底地說，離棄你所寫的(但不一定離棄你所想的)，當合群的權勢在對其加以利用和役使之時。帕索里尼就是這樣被引向「離棄」(abjurer，這是他首創的詞）他的「生命三部曲」中的三部影片的，因為他宣稱權勢利用了它們，同時他並不遺憾自己曾寫過它們。他在死後才發表的文章中說到：「在行動之前，在任何情況下我們都不應害怕權勢和權勢的文化的兼併。我們必須我行我素，好像這種危險的可能性並不存在似的……。但是在此之後我們也必須想到我們最終會被權勢利用到什麼程度。而當我們的真誠和需要被利用和操縱以後，我想我們就必須有離棄的勇氣。」

簡單來說，固執和轉移都指一種遊戲方法。而且我們也無須驚奇，

如果在語言的無政府狀態的不可能領域中（在此，語言傾向於逃避它自己的權勢和奴性）我們發現了某種與戲劇有關的東西的話。我舉出克爾凱戈爾和尼采這兩位作家來表明語言的不可能領域。他們兩位都寫作，但都具有與作家身分相反的因素，他們都參與一種文字遊戲，都肆無忌憚地玩弄著專有名詞。一位不斷地使用著假名，另一位在他寫作生涯結束時，如克羅索夫斯基指出的，達到了戲劇化的極限。我們可以說，文學的第三種力量，它的嚴格的符號學力量，在於玩弄記號，而不是消除記號，這就是將記號置於一種語言機器裡，這種機器的制動器和安全栓都去掉了。簡言之，這就是在奴性語言的內部建立起各種各樣眞正的同形異質體。

於是我們就來到了符號學面前。

首先我們必須重複說，科學（至少是那些我在其中進行閱讀的科學）不是永恆的，它們是一些在交易所（即歷史交易所）中起伏不定的價值。對此我們只需舉出神學的交易值升降的變遷就夠了；今日神學話語的地位已很有限，而在過去它是列於七藝之外的領先學科。所謂人文科學的脆弱性或許表現在：它們都是不可預測的科學（由此產生了經濟學的挫折和分類的尷尬），於是就直接改變了科學的觀念。精神分析學這門有關欲望的科學有朝一日也避免不了衰亡的命運，儘管我們從這一學科中獲益甚多，正如我們曾從神學中獲益甚多一樣，因為欲望比對欲望的解釋更強而有力。

我們可以把符號學正式地定義作記號的科學或有關一切記號的科學，它是通過運作性概念從語言學中產生的。但是語言學本身多少有些像經濟學一樣（這種比較並非無關緊要），在我看來，正在經受著分裂。一方面，語言學正在趨向形式的一極，像經濟學一樣越來越變得形式化了。另一方面，它正吸收著越來越多的、越來越遠離其最初領

域的內容。正如今日經濟學的對象無處不在一樣（政治、社會、文化各個領域），語言學的對象也是沒有限制的。按照本維尼斯特的一種直觀的說法，語言結構就是社會性本身。簡言之，或者由於過度節制，或者由於過度飢渴，或者因爲過瘦，或者因爲過胖，語言學正在解體。對我來說，我把語言學的這種解體過程就稱作符號學。

你們可能注意到，隨著我的演講的進行，我已悄悄地從語言結構過渡到了話語，以便，有時不加提醒地，再從話語回到語言結構，似乎我在討論同一個對象似的。實際上我相信，按照今日演講中選擇的相關性(pertinence)標準，語言結構與話語未加區分，因爲它們都沿著同一權勢軸在滑動。然而在索緒爾最初提出這一區別時（即語言結構與言語的這對對立範疇），這個區別是十分有用的，它促使符號學有勇氣來創立門戶。按照這一對立，我可以將話語還原，把它縮小爲語法的事例，從而我可以期望把人的全部通訊控制在我的網絡中，正如瓦當和洛惹把阿爾伯雷希變爲小蛤蟆似的。但事例並不是「事物本身」，語言的事物不可能只存於語句的範圍內。受到有監督的自由系統轄制的不只是音素、字詞和句子連結，因爲我們不能任意地組合它們。話語的所有層次都受到由規則、限制因素、壓制因素、壓抑因素等組成的網絡所決定，這些因素在修詞的層次上是大量的和模糊的，而在語法的層次上是精細的和嚴格的。語言結構流入了話語，話語又回流入語言結構，二者爭相居上有如玩迭手遊戲時一樣。語言結構與話語之間的區別只有被當作一種暫時的運作程序時才出現，簡單來說，這種區別就是某種要「離棄」的東西。現在到了這樣一個時期，就像重聽日甚一日的患者一樣，我只聽到一種聲音，即語言結構與話語混合的聲音。於是在我看來，語言學的研究對象是一個巨大的圈套，是其通過抹消話語的錯綜複雜性以使後者不正當地純淨化了的對象，有如特里馬爾其諾剃光了他的奴隸的頭髮似的。因而符號學就是這樣一種研

究，它接收了語言的不純部分，語言學棄而不顧的部分以及信息的直接變形部分；這也就是欲望、恐懼、表情、威嚇、溫情、抗議、藉口、侵犯以及構成現行語言結構的各種譜式。

我了解，上述這樣一種定義未免過於個人化了。我知道它迫使我緘口無言。從某種意義上說，而且相當矛盾的是，所有的符號學，那些已被研究並已被承認作有關記號的實證科學的符號學，在雜誌上、協會裡、大學裡和各種研究中心裡都正在取得進展。然而我覺得，在法蘭西學院設立這一講座，與其說是爲了接受一門學科，不如說是爲一種個人的工作、爲一種主題的歷險提供繼續進行的機會。但是就我而言，符號學是一種具有情感性的運動的一部分。我以爲(大約在1954年前後)一種記號科學可能刺激社會批評，而且薩特、布萊希特和索緒爾本來有可能參加這一構想。簡言之，它有關於理解（或描述）一個社會如何產生各種固定型式，即作爲人爲方法的成就加以利用；接著社會又將其作爲內在的意義，即自然的成就，加以運用。符號學(至少是我的符號學)是由於不能容忍自我欺瞞和標誌一般道德的良心這二者的混合物而產生的。布萊希特把後者攻擊爲「偉大的習慣」。由權勢影響的語言結構，這就是這種最初符號學的對象。

於是符號學轉移了地盤，其形象色彩起了變化，但仍保持著同樣的對象——政治，因爲除此之外別無對象。轉移的發生是由於知識界的改變，如果說這種改變只是由1968年5月的「斷裂」造成的話。一方面，當代研究改變了並仍在改變著社會主體和說話主體的批評形象。另一方面，由於論爭的工具增加了，似乎作爲話語範疇的權勢本身也分化和擴展了，就像一片水窪四處流溢似地。每一個對立團體都以各自的方式成爲壓力集團，並以各自的名義爲權勢的話語本身——普遍的話語定出基調。每個政治團體都爲一種道德熱情所左右，甚至當人們爲了高興而要求道德時，其語調也充滿了威脅性。於是我們到處看

到解放的呼聲：社會的解放，文化的解放，藝術的解放，性的解放，它們都以權勢話語的形式表達出來。人們興高采烈地使那些已被粉碎了的東西重新出現，卻沒有注意到他們這樣做時又粉碎了其它的東西。

如果我所談論的符號學又回到了本文，這是因爲在各種小權勢的和諧一致的整體中，本文似乎是非權勢(depouvoir)的標誌本身。本文自身包含了無限逃避合群的言語（那些聚合的言語）的力量，甚至當言語企圖在本文中重新形成自己的時候。本文永遠延擱下去，這種幻影的運動正是我在談論文學的時候企圖去描述和辯護的。它延擱到了別處，即未被分類的、非其正常位置的地方，我們甚至可以說，它離開了政治化了的文化的型式法則。尼采對此說道：「那種去形成概念、種類、形式、目的、法則……的強制性；這是一個同一性的世界。」本文輕微地、暫時地揭掉了那個沉沉地壓在我們集體性話語上面的普遍性、道德性、非一區別性(in-différence；我們在此明確地使字頭與字根分開)的罩子。因此文學與符號學就結合起來彼此糾正對方。一方面，不斷回到古代和現代的本文中去，經常浸入意指性實踐的最複雜的活動——寫作中去(因爲寫作是用現成的記號來工作的)，這就迫使符號學研究區別性，使其避免獨斷性、避免「執著」，即避免把自己看作是本來不是的普遍性話語。而另一方面，專注於本文的符號學目光又迫使我們拒絕一種神話，這就是我們通常依靠來使文學擺脫開環繞著它、壓迫著它的合群性言語的神話，同時這也就是純創造性的神話。記號應當最好被看作（或被重新看作）是空的。

我所談論的符號學既是否定的又是肯定的。某些畢生或好或壞地被語言這個惡魔攪得精疲力竭的人，只能被語言的空虛(vide)的各種形式所迷惑，而語言的「空虛」與語言的「空洞」(creax)是正相對立的。因此我們在這裡提出的符號學是否定性的（或者最好說，儘管這

個詞有些言之過重，神學否定性的），不是因爲它否定了記號，而是因爲它否定了如下看法，即認爲有可能賦予記號以肯定的、固定的、非歷史性的、非具體性的，或乾脆說，科學性的屬性。這樣一種神學式的否定性至少產生了兩個直接與符號學教學有關的結論。

第一個結論是，符號學本身不可能是一種元語言，儘管在起初時人們是這樣來構想它的，因爲它是關於各種語言的語言。符號學正是在考慮記號問題時發現，一種語言與另一種語言的外在關係歸根結柢是不能證實的。時間磨損了我的距離的力量，使其腐壞，使其僵化。我不可能生存於語言之外，把它當作一個目標，也不可能生存於語言之內，把它當作一件武器。如果科學的主題眞的就是那種不能顯示出來的主題，簡言之就是那種我們稱作「元語言」的圖景的保持，那麼我被引導用記號來談論記號時去假定的就是這樣一種具有奇異相符性的圖景了，有如我在通過一種特殊的斜視與中國皮影戲表演者之間的關係一般，後者同時顯示了他的雙手以及他通過手影投射模擬出來的兔子、鴨子和狼。而如果有人企圖利用這一情況來否定一種肯定的符號學，即那種從事寫作的、與科學關係密切的符號學，我們就必須指出，這是由於我們從認識論上錯誤地把元語言與科學等量齊觀了（這種看法正在開始瓦解），似乎一方是另一方的必要條件似的，其實存在的只是歷史的、因而就是可以改變的記號。或許已經到了應當把元語言與科學加以區分的時候，前者是一種稱號。正如任何其它的稱號一樣，而後者的準則則存於別處（讓我們順便指出，也許眞正科學的東西就是那種毀壞在它之前的科學的東西）。

符號學與科學有一種關係，但它不是一門學科（這是它的神學否定性的第二個結論）。什麼樣的關係呢？女僕式的關係。它可以爲一些科學服務，在一段時間內作爲它們在旅途上的伴侶，爲它們提出一種運作規程，而每門科學在這種運作規程之外還應擬定各自的不同細節。

因此符號學中發展最充分的部分，即敍事分析，可爲歷史學、人種學、本文批評、釋經學、肖像學（一切形象都是某種敍事的表現）等研究服務。換言之，符號學不是一種構架，它不能將一幅襯補總圖紙強加於現實使其可被理解，它不能使我們直接把握現實。反之，它只是企圖時時處處引出現實來，它認爲通過引出現實所獲得的效果是無須任何構架來支持的。而當符號學想要成爲一種構架時，它就可能什麼也引不出來了。由此我們不妨說，符號學不可能起到代替任何其它學科的作用。我希望符號學不取代任何其它研究，而是反之幫助一切學科，它這把椅子是一種輪椅，是今日人類知識的「百搭」，正如記號本身是一切話語的百搭一樣。

　　這種否定性的符號學也是一種肯定性的符號學，它活動於死亡之外。我的意思是說它所依據的不是一種「記號物理學」(sémiophysis)，即那種關於記號的呆滯本性的研究；它也不是依據一種「記號分裂學」(sémioclastie)，即對記號的破壞。反之，讓我們再用希臘字形來表示，它是一種「記號譬喻學」(sémiotropie)，這種符號學朝向記號，爲記號所吸引，接受記號、處理記號，必要時模仿記號，如一種想像的圖景一樣。符號學家簡單說來就是一種藝術家（此處用這個稱呼不含褒貶之意，只是指出一種分類學的事實），他把記號當作一種有意的圈套來加以玩弄，他對此加以玩味並使別人也加以玩味和領悟其媚力。記號（至少他所看見的記號）永遠是直接的，由某種直觀到的明證所調節的，就像想像機能的一個扳機似的。因此符號學（是否需要我再重申一下，這是指我在此論述的符號學）不是一門解釋學。它塗染而不挖掘，它放下而不提起。它偏愛的對象是各種想像的本文，如小說、影像、肖像、語言表達、方言、情感、結構等，它們都玩弄著一種似眞的表面性和眞實的不確定性。我想把「符號學」稱作這樣一種運作的過程，按照這一過程有可能（甚至有必要）把記號當作一塊彩色面

紗，甚至當作一種虛構物來加以玩弄。

　　想像性記號帶來的這種享樂今日由於最近出現的一些變化而可以
令人理解了，這些變化對文化的影響甚於對社會本身的影響。我們對
我所談論的文學力量的運用已爲一種新的情況所改變。首先，一方面
因爲解放運動以來，有關法國大作家，即有關一切高級價值的神聖託
管者的神話已經解體和消散，並隨著兩次大戰之間最後一批餘存大師
的一一逝去而瀕於終結。一批新型人物出現在舞台上，我們不再知道
（或還不知道）怎樣稱呼他們：是作家、知識分子還是書寫家？無論
如何，文學的統治已經消失，作家再也不能耀武揚威了。其次另一方
面，1968 年 5 月也暴露了教學的危機，陳舊的價值不再被承繼，不再
被流傳，不再引人注意了。文學遭到了非神聖化洗禮，學校無能對其
加以保護或強行把它樹爲人的潛在的楷模。但這並不是說文學已被消
滅，而只是說它不再被看守了，因此這才眞正是從事文學的時代。文
學符號學似乎像是這樣一種旅程，它使我們踏上一處由於無人繼承而
成爲自由的土地，在這裡無論是天使還是魔鬼都不再維護它。於是我
們的目光不無任性地仍可落在那些陳舊而美好的事物上，它們的所指
是抽象的和過時的。這樣的時代旣是頹廢性的又是預見性的，這是溫
和的啓示性的時代，是包含有最大快樂的歷史時代。

　　如果在這種教學中因其本身之故除了聽衆的忠實以外不再期待任
何認可，如果方法只作爲一種系統性的程序來起作用，那麼它也不可
能是一種說明性的方法，它並不想導致任何解碼的活動，並不想提出
任何結論。在這裡，方法只可能針對著語言本身，因爲語言極力阻礙
著任何說出的話語，所以我們可以正確地說，這一方法本身也是一種
虛構。其實馬拉美早已提出過這個命題，當他在考慮一種語言學的問
題的時候。他說道：「一切方法都是一種虛構。語言本身似乎就是虛構
的工具。語言緊隨在語言的方法之後：語言反思著語言。」每年當我有

機會在此教學的時候，我所希望的就是能夠不斷更新授課和研究班討論的方式；簡單說來，即「提出」一種話語而非將其強加於人。這將是一種方法的賭注，一種探求(quaestio)，以及一種有待辯駁的論點。因為在教學中能夠變成壓制性的東西，最終並不是教學所傳達的知識或文化，而是人們藉以提出知識或文化的話語形式。因為這種教學，就如我試圖指出的，以在其權勢的必然性中提出的話語為對象，方法實際上只能與那種可以阻礙、擺脫、或至少是削弱這種權勢的正確手段有關。而且我在寫作或教學時越來越相信，這種擺脫權勢方法的基本程序在寫作中就是分割作用，而在講課時就是離題作用，或者用一個可貴的含義模糊的詞：偏離作用(excursion)。因此我喜歡用言語和聆聽這兩個詞，它們在這裡結合在一起頗像是一個在媽媽身邊玩的孩子的來來去去，孩子跑開又跑回，給媽媽帶回了一片石子、一根絨繩，於是圍繞著一處安靜的中心描繪起整個遊戲場來，在遊戲場內石子、絨繩最終都不如由它們所構成的滿懷熱忱的贈予行為本身重要了。

當孩子這樣做時，他所做的只不過是展現一種欲望的來來去去，對此他不斷地加以呈現和再現。我深深相信，在進行這樣一種教學的開頭必須同意人們永遠去安排一種幻想，這種幻想可年年改變。我知道，這一提議可能使人激怒，在即使如此自由的一所學府裡，我們如何敢於談論一種幻想式的教學呢？但是只要我們稍微考慮一下人文科學中最可靠的一門——即歷史學的話，就不得不承認它與幻想之間有著一種始終存在的關係。這就是米歇萊所理解的歷史，在他看來，歷史歸根結柢是有關典型的幻想領域——即人的身體的歷史。正是從這種幻想出發並通過使過去的身體重新活靈活現，米歇萊才能使歷史成為一門巨型人類學。這樣就從幻想中產生了科學。正是說出的或未說出的這種幻想，是教授在決定自己旅程方向時每年都應重新考慮的。這樣他就離開了人們期待他要達到的地方，這是他長眠地下的父輩的

地方，對此我們十分清楚。因為只有兒輩才有幻想，生存著的只有兒
輩。

　　有一天我重讀了托馬斯·曼的小說《魔山》。這本書描寫了我熟知
的一種病——肺結核。在閱讀時我意識到了與這種病有關的三種時間：
故事本身的時間，它發生於第一次大戰之前；我自己生肺結核病的時
間，大約在 1942 年前後，以及現在的時間，此時這種病已為化學療法
所征服，與以前的情況大不相同了。然而我所經歷過的肺結核病與《魔
山》中的肺結核病十分相近，這兩種時間混合在一起，都遠離開我的
現在了。於是我驚駭地（只有顯而易見的事物才能使人驚駭）察覺，
我自己的身體是歷史性的。在某種意義上，我的身體與《魔山》中的
主人翁漢斯·加斯托普屬於同一時代。1907 年時我的尚未誕生的身體
已經 20 歲了，這一年漢斯進入並定居在「山區」，我的身體比我老得
多，似乎我們永遠保持著這個社會性憂慮的年齡，這種憂慮是世態滄
桑使我們易於感受到的。如果我想生存，我就必須忘記我的身體是歷
史的，我就必須投入這樣的幻想，我與當前這個年輕的身體同齡，而
不是與我自己過去的身體同齡。簡言之，我必須周而復始地再生，使
我比我現在更年輕。米歇萊是五十一歲時開始他的新生的：新的作品
和新的愛情。我在比他年長的時候（你們會理解，我是出於感情的理
由做這個比較的）也進入了一種新生，今日它是以這個新處所、這次
新的熱情接待為標誌的。於是我企圖使自己獲得一切現存生命的力量
的支持，這種力量就是忘卻。在一種年齡上我們教授自己所知道的東
西；接著而來的是另一種年齡，這時我們教授自己所不知道的東西，
即所謂研究。現在來到的也許是體驗另一種經驗的年齡，即不學習的
年齡，也就是讓不可預見的變化去支配的年齡，這種變化是忘卻強加
於我們所遭遇的知識、文化、信仰的沉積之上的。我相信這種經驗有
一個響亮但過時的名稱，我在其字源學的交會點上毫無猶豫地想要採

取的這個名稱即是「薩皮安提亞」(sapientia)，其涵義包括：毫無權勢，
一些知識，一些智慧，以及盡可能多的趣味。我的話完了。

1977 年 1 月 7 日

附錄:
巴爾特研究

寫作本身：論羅蘭·巴爾特(1981年)蘇珊·桑塔格
人怎樣對文學說話(1971年)
朱麗葉·克莉思蒂娃

寫作本身：論羅蘭·巴爾特*（1981 年）

蘇珊·桑塔格

「最佳詩作將是修辭學的批評……」
——瓦勒斯·斯蒂文斯（引自 1899 年的一本雜誌）
「我很少忽略我自己」
——保羅·瓦萊里（引自《與太斯特先生共度的夜晚》）

　　教師、文學家、道德家、文化哲學家、急進觀念的鑒賞家、多才多藝的自傳家……；在二次大戰後從法國湧現的所有思想界的大師中，我敢絕對肯定地說，羅蘭·巴爾特是將使其著作永世長存的一位。正當巴爾特處於三十年來著述不絕的人生鼎盛之際，1980 年初當他穿過巴黎一條街道時竟被一輛貨車撞倒致死，惡耗傳來，友人和敬慕者無不爲其盛年早逝感到悲痛。但是人們在悲痛回顧的同時也認識到，他那卷帙浩繁、主題隨時改變的著作集，正像一切重要的成果一樣，具有一種回溯的完整性。巴爾特本人研究工作的發展，現在看來是合乎邏輯的，甚至於還是相當完整的。它甚至於以同一課題開始和結束，這就是在人的意識經歷中運用的典型手段——作者的日記。結果，巴爾特平生發表過的第一篇文章，對他在紀德的《日記》中發現的那種典型的意識加以讚揚，而在他死前發表的最後一部作品則表現了他對自己日記活動的沈思。這種對稱性儘管屬於巧合，却很恰如其分，因

＊譯自蘇珊·桑塔格（編）：《巴爾特文選》，英文版，1983 年，希爾和王出版公司，紐約。

爲巴爾特的寫作雖然涉及萬千主題，歸根結柢不過是一個大主題：寫作本身。

　　他早先的主題是一位自由派作家的主題，表現在文化新聞、文學討論、戲劇與書籍評論等各領域。此外還應加上來自和流傳於討論班和講壇上的一些論題，因爲巴爾特的文學經歷還伴隨著一種（十分成功的）學術界的經歷，而且從某一方面來說它就是一種學術界的經歷。可是他的聲音永遠是獨特的和自我關涉的(self referring)；其成就屬於另外一個更高的量級，甚至高於以驚人的敏識去實踐無比活躍的多學科探討時所可能達到的程度。儘管他對有關記號和結構主義的這門未來可能成立的學科有過突出貢獻，他一生活動的精華所在仍然是文學性的：一位作家，在一系列學術活動的支持下，組織著有關他自身心靈的理論。當他目前以符號學和結構主義爲標誌的名聲界域（如其必然會的那樣）瓦解之時，我想巴爾特將表現爲一位相當傳統的孤獨的漫步者(promeneur solitaire)，一位甚至比他狂熱的崇拜者現在所承認的更爲偉大的作家。

　　他總是大量寫作，總是全神貫注，熱情洋溢，而又不知疲倦。這種令人目眩的創新精神似乎不只是由於巴爾特作爲一個才智之士，作爲一個作家所具有的異乎尋常的精力。這種創新精神似乎包含著一種近乎「立場」的東西，這是一切批判性的話語必定具有的。他在發表於1953年的第一部書《寫作的零度》中說道：「文學有如磷光體，它在將要熄滅之際才閃爍出最大的光輝」。在巴爾特看來，文學已經是種「身後之業」了。他的著作肯定了一種強烈光輝的規範，它甚至就是這樣一個文化時代的理想，這個時代認爲自己（在多種意義上）將要完成自己最後的表白了。

　　撇開其才華橫溢不談，巴爾特的作品包含著和近代人類文化風格有聯繫的一些特徵，這個時代假定著在自己之前存在有無窮無盡的話

語，假定著理智活動的精緻化：正是著作本身喜歡緊湊的陳述，它極其不願意令人生厭或平淡無味；正是寫作迅速地覆蓋著大片的領域。巴爾特是一位富有靈感的、有獨創性的文章和「反文章」的從業者，他拒絕長篇大論的形式。他的語句通常是複合式的，受逗號支配並愛用分號的，其中塞滿了措詞緊密的思想意蘊，這些思想觀念被鋪陳得像是一種流暢的散文材料。這是一種論說風格，明確可辨的法文，其明顯的傳統可在兩次大戰之間發表於《新法國評論》(NRF)上的那些措詞緊密、風格獨特的文章中找到。一種NRF雜誌社語言風格的典型形式，可在每一頁上傳達較多的觀念而保持著那種風格的活力和鮮明的音色。巴爾特運用的語彙數量甚大，相當講究，而又毫無忌諱地精雕細琢。就連他那些不那麼機敏的、充斥著術語行話的作品（大部分發表於 1960 年以後），也都充滿著韻味。他總是設法大量運用生僻新穎的詞語。他的散文雖然才氣縱橫，却始終在追求著表述的簡潔性，因此情不自禁地往往是格言式的（我們甚至可以通讀巴爾特的作品，抽引出各種絕妙的字句——警語與格言，把它們滙集成一本小書，正像人們對王爾德和普魯斯特的作品所做過的那樣）。作爲一位格言家的巴爾特的力量在於，在開始進行任何理論論述之前，他已顯示了對結構理解的天賦敏感性。作爲一種藉助於正相對立的詞語進行壓縮表達的方法，箴言或格言必然顯示出情境或觀念的對稱性和互補性，後者設計了前者的形態。一位善於進行格言表達的天才，對素描比對油畫顯然更敏感，格言天賦是可被稱作形式主義氣質的東西的表徵之一。

　　形式主義的氣質正是許多在知識超飽和時代進行思索的才智之士共同具有的一種敏感性。比較一般地顯示這種敏感性特點的東西，就是它對趣味標準的依賴以及它對贊成任何不具有主觀性標記的看法的公然拒絕。雖然它肯定是斷言性的，但它堅持認爲自己的論述只不過具有臨時的效力(如果換一種做法就會變成……壞的趣味)。甚至於連

深富這種敏感性的人通常也決心反覆申述自己作爲業餘愛好者的身分。1975 年巴爾特對一位採訪者說:「在語言學領域內我只不過是一位業餘愛好者。」巴爾特在自己晚期的著作中不斷否認人們強加於他的體系建立者、權威、導師、專家等等似是而非的庸俗稱號，以便爲自己保留享受歡娛的特權和自由;對巴爾特來說，趣味的運用通常就意味著去稱讚。他選擇這樣一種角色，就意味著他暗中承擔了發現不熟悉的新事物以便加以稱讚的責任（這就需要與通行的趣味適當的相左才成），或者是以不同的方式去對一件熟悉的作品加以讚揚。

他的第二部書就是較早的一個例子，這部書發表於 1954 年，是關於法國歷史學家米歇萊(Michelet)的。通過列舉在這位十九世紀大史學家史詩般的記紋文中反覆出現的隱喩和主題，巴爾特揭示出一種更內在的敍事活動:米歇萊自身的歷史和「往昔人物的抒情式的復活」。巴爾特永遠追求另一種意義，一種更反常（往往是烏托邦式的）的話語。他最喜歡指出平淡無味的和反動的作品中所包含的特異性和破壞性，通過高度的想像力投射去顯示對立的一極。例如在他論述薩得的文章中指出，在譫妄的理性中實際起作用的是一種性理想;在論述富立葉的文章中指出，在感性的譫妄中實際起作用的是一種唯理主義的理想。當巴爾特提出某種引起爭辯的見解時，他的確扮演著影響文學準則的主要角色: 1960 年他寫了一本有關拉辛的小册子，這本書使學院派批評家大感憤慨（隨後開始的爭論以巴爾特對其誹謗者的完全勝利結束）;他還寫過有關普魯斯特和福樓拜的文章。但是更通常的情況是，巴爾特以他的基本上是對抗性的「本文」(text)概念爲工具，將其才智用於這個含糊不淸的文學主題:一件不重要的作品（比如說，巴爾扎克的《薩拉辛》、夏多布里昂的《蘭西的一生》）可以成爲一段傑出的「本文」。對巴爾特來說，把某種東西看成一個「本文」，正意味著去中止通常的評價(在重要文學與次要文學之間加以區別)，去推翻

現有的分類方法（體裁的區分，藝術門類的區別）。

　　雖然每種形式和價值的作品在「本文」的大民主之中都有公民身分，批評家仍傾向於避開一般人所接觸的本文和所了解的意義。現代文學批評中的形式主義派（從其最初階段，如史克洛夫斯基的疏導化主張以來）就是這樣進行教誨的。它責成批評家拋棄陳俗的意義，選擇新鮮的意義；它是一種責成搜尋新意義的訓令：令我吃驚(Etonne-moi)。

　　巴爾特的「本文」和「本文性」(textuality)概念也提出了同樣的訓令。它們把有關一種結尾開放與多義性的文學現代主義觀念，輸入了文學批評之中，從而使批評家正如現代派文學創作者一樣成爲意義的發明者（巴爾特斷言，文學的目的是把「意義」，而不是把「某種意義」放入世界中來）。去決定批評的目的在於改變和調整意義（使其增減或倍增），實際上就是使批評家的努力以一種廻避性活動爲基礎，從而使批評（如果它能存在下來的話）重新以趣味爲主導。因爲，歸根結蒂正是趣味的運用可識別熟悉的意義；正是趣味的判斷可貶低那些過於熟悉的意義；正是一種趣味的意識形態使熟悉的東西變成粗俗的和廉價的。因此，巴爾特的最爲明確的形式主義，卽他認爲批評家應當重新構造的不是一部作品的「信息」(message)而只是其「系統」（卽其形式和結構）的這種主張，或許最好被理解作對明顯成分的具有解放作用的廻避，以及理解作一種良好趣味的重要姿態。

　　對現代主義的（卽形式主義的）批評家而言，含有對其既定評價的作品業已存在。那麼此外還有什麼可說的呢？偉大作品的標準已經確定了，我們還能爲它增添或恢復些什麼呢？「信息」已被理解或已過時，我們不必再關心它了。

　　在巴爾特爲自己選擇論題(他具有極其流暢的、靈巧的概括能力)時所擁有的衆多手段之中，最重要的就是他作爲格言家去召喚出一個

生動的二元體的本領：任何事物都可以或者分裂爲自身和其對立物，或者分裂爲兩種自身；於是其中一項就與另外一項相對而產生了一種出乎意外的新關係。他說道，伏爾泰的旅行的眞意是去「顯示一種不動性」；波德萊爾「不得不保護戲劇性免受劇院之害」；艾菲爾鐵塔「使城市變爲一種大自然」等等。巴爾特的寫作充滿了這類顯然是矛盾的、警句式的表述，其目的在於進行某種概述。格言式思想的本性正在於永遠處於一種進行總結的狀態；表示最後意見的企圖是一切有力的造句法所固有的。

巴爾特所展示的分類法却並不那麼精緻，甚至追求一種僵化的明晰性，但作爲一種論述的工具相當有力，進行分類的目的是使自己捲入一場爭論，把要討論的問題分割爲兩個、三個、甚至四個部分。論證往往以下述宣稱開始，如敍事單元有兩個主類和兩個子類，神話以兩種方式有助於歷史研究，拉辛式的愛情有兩個側面，有兩種音樂，有兩種閱讀羅舍弗考爾德作品的方法，有兩類作家，對攝影有兩種興趣，等等。一位作家有三種修改作品的類型，拉辛作品中有三個地中海和三個悲劇地點，有三個理解《百科全書》插圖的層次，在日本木偶戲中的場景有三個領域和三種姿勢，有三種說話和寫作的態度，它們相當於三種使命：作家、知識分子和教師。以及有四種讀者，有四種記日記的理由，如此等等。

這是法國思想論述中故弄姿態的撰述風格，是法國人有欠準確地稱作笛卡爾式的修辭學策略的一個部分。雖然巴爾特運用的一些分類法是標準型的，如符號學的典型的三元體——所指、能指和記號，但很多分類法都是他爲了進行爭論而發明的。這正如他在晚近一本書《本文的喜悅》中所說，現代藝術家企圖摧毀藝術，「其努力具有三種形式」。這種嚴格分類的目的不只是去勾勒一幅思想地圖，巴爾特的分類學從來不是靜態的。其目的往往在於使一個類去破壞另一個類，就如他對

攝影感興趣的兩種形式（他稱作「斑點」和「抽像器」）那樣。巴爾特提出分類法以使問題保持開放，爲未編碼的、被迷惑的、難處置的、戲劇性的東西保留地盤。他喜歡標新立異的分類法和過細的分類法（如富立葉的分類），而且他對精神生活所做的大膽的身體性的隱喻，強調的不是形態分布而是變換。正如一切格言家都慣於用誇張修辭法一樣，巴爾特收集了戲劇中，往往是色情劇或粗野的情節劇中的一些觀念。他談到意義的顫抖、抖動或震顫，談到意義自身的顫動、聚集、鬆散、分散、加速、發光、折疊、沈默、延擱、滑動、分離、施加壓力、破碎、斷裂、分裂、被粉碎等等。巴爾特提出了某種類似於思維詩學的東西，它使主題的意義與意義的流動性，與意識自身的運動學等同了，並使批評家被解放爲一名藝術家。在巴爾特的想像中，二元式和三元式思維術的運用永遠是暫時的，可予修改、變動、壓縮的。

　　作爲一名作家，他偏愛簡短的形式，並曾計畫開設一個專門研究這個問題的討論班。他特別喜歡極短的形式，像日本俳句和語錄體；而且正像一切眞正的作家一樣，使他入迷的正是「細節」（他的用語）——經驗的簡短形式。甚至作爲一名散文家，巴爾特大多數情況下也只寫簡短的文章，他所寫的書籍往往是短文的集合，而不是「眞正的」書，是一個個問題的記敍而不是統一的論證。例如他的《米歇萊》一書就列舉了這位史學家的各種主題，使它們與從米歇萊豐富多彩的著作中摘出的大量簡短的片段相配合。使用語錄體進行見聞記敍式論證的最嚴格的例子是《S／Z》，這本出版於 1970 年的書是他對巴爾扎克的《薩拉辛》所作的典型注釋。他總是從展示其他人的本文過渡到展示他自己的思想。在收入有關《米歇萊》一書的同一套大作家叢書（「千古名家」叢書）中，最終他在 1975 年把有關自己的一本也列入了，這就是這套叢書裡那本扎眼的怪作：巴爾特本人寫的《羅蘭·巴爾特》。巴爾特晚期幾本書的高速編寫既表現了他的多產性（不可饜足和輕

率），又表現了他想破壞任何建立系統的傾向。

　　針對系統論述家的敵意，一個多世紀以來一直是良好思想趣味的一個特徵。克爾凱戈爾，尼采，維特根什坦就屬於這樣一群人，他們都斥責系統的荒謬，這類議論的獨特性儘管超凡不俗，但其論點却令人受不了。蔑視系統的現代形式是反對法則、反對權力本身的一個特徵。較早和較溫和的對系統的反對表現在從蒙田到紀德的法國懷疑主義系統中，這些作家都是他們自身意識的品味家，他們都要貶低「系統的硬化症」，巴爾特在自己論述紀德的第一篇文章中使用了這個詞。在拒絕系統性的同時逐漸發展了一門突出的現代文體學，其始原可至少上溯至斯太恩和德國浪漫主義作家：這就是反直線敘事形式的發明；在小說中取消了「故事」，在非小說類著作中放棄了直線性論述。對產生一種連續系統的論述的不可能性（或無關聯性）的假定，導致改變一些長篇幅的著作形式（論文和厚書）和重新構造小說、自傳和散文等樣式。巴爾特是這種文體學的特別富有創新性的實踐者。

　　浪漫主義的和後浪漫主義的感覺傾向在每本書中都可察覺到一種第一人稱的表演，於是寫作就是一種戲劇化的行為，可對其施以戲劇化的加工。一種策略是使用多種假名，克爾凱戈爾就是這樣做的，這樣就隱藏了和增多了作者的形象。例如自傳型的作品總要對不情願用第一人稱說話表白一番。《羅蘭‧巴爾特》一書的習慣用法之一是，自傳作者有時稱自己為「我」，有時又稱自己為「他」。巴爾特在寫自己的這本書的第一頁上宣稱，全書內容「應看作是由一部小說中的角色在講述」。在表演(performance)這個基本範疇內，不僅自傳和小說之間的界限，而且散文和小說之間的界限都模糊不清了。他在《羅蘭‧巴爾特》中說：「讓散文表明自己類似於小說吧。」寫作表現了新形式的對戲劇性的自我關涉的強調：寫作成為強迫去寫和拒絕去寫的記錄（把這種觀點進一步加以引申，寫作本身就成為作家的主題了）。

　　爲了達到一種理想的分散性布局和一種理想的集中性布局，有兩種寫作的策略被廣泛地使用著。一種是全部或部分地取消通常的話語區分或分割，如章節、段落、甚至標點，卽一切被看成是從形式上妨礙作家的聲音連續產生的東西，許多寫哲理小說的作家如H. 布洛赫、喬埃斯、斯泰因、貝克特等都喜用這種不分段的寫作方法。另一種策略正相反，卽增加切分話語的方式，發明分割話語的新方式。喬埃斯和斯泰因也使用這種方法；史克洛夫斯基在其二十年代以來發表的佳作中用單句段的方式寫作。由單句段方法產生的這種多重的開端和收尾可使話語具有盡可能地分化和多音性的特點。在說明性話語中其最普通的形式是：短的、一兩段的話語單元爲空白處隔開。「論……」(Notes on……)是常用的文學標題，巴爾特在自己論紀德的文章中卽用此形式，在後來的作品中也常常再用這種形式。他的很多寫作都採取中斷手法，有時其形式是在引用的原作選段後交替插入分離性的評述，如《米歇萊》和《S／Z》就是如此。用片段或「短文」的形式寫作產生了新的連載式的（而非直線式的）文章布局。這些片段可以任意加以呈現。例如，可以給各片段加上序號，維特根什坦十分精於這種方法。又有可以給各片段加上嘲諷性的或突出強調的標題，巴爾特在《羅蘭・巴爾特》一書中就採取這種寫作策略。標題可以增添某種可能性，如可按字母順序排列各組成部分以進一步突出序列的任意性，《情人話語的片段》(1977 年)一書就使用這種方法，此書的實際標題引起有關片段性的聯想，卽它是一段愛情話語的片段。

　　巴爾特後期的寫作屬於他在形式上進行最大膽的嘗試之列：一切主要作品都以連載的而非直線的形式組織起來。純粹的文章寫作保留給了文學的懿行（如序言之作，巴爾特寫過不少）或新聞式的卽興之作。然而晚期寫作中這些表現力甚強的形式只是揭示了他的一切作品中暗含著的一種欲望：巴爾特渴望對斷言性表達具有一種優先性關

係，這就是藝術具有的那種快樂性。這種寫作的理解排除了對矛盾的恐懼（用王爾德的話說：「藝術中的眞理表明，眞理的對立面也是眞理」。）因此巴爾特不斷把教授比作表演，把閱讀比作色情感受，把寫作比作勾引。他的聲音越來越富個人色彩，越來越充滿了「個人氣質」(grain)，如他自己所說的那樣。他的思想藝術越來越明顯地成爲一種表演，正像許多其他偉大的反系統論述家一樣。但是尼采用許多不同的腔調對讀者高談闊論，往往咄咄逼人——狂喜、訓斥、誘哄、激怒、嘲弄、拉攏；而巴爾特却總是用彬彬有禮的溫和姿態來表演。沒有粗暴的、預言家般的自詡，不和讀者爭辯，不企圖不被理解。這是演戲似的引誘，絕不是侵犯。巴爾特的全部作品都是對戲劇性和遊戲性的一種探索；是以各種巧妙的方式籲請人們品味風韻，籲請讀者以歡悅的（而非獨斷的或輕信的）態度對待思想。無論對巴爾特還是對尼采來說，其目的都不在於對我們給予特別的指教，而在於使我們勇敢、敏識、精審、智慧、超脫；而且在於給我們以愉悅。

　　寫作是巴爾特的永恆事業。或許自福樓拜（在其書信集中）以來沒有任何人像巴爾特這樣才華橫溢和感情充沛地思考過究竟何爲寫作。他的許多著作都致力於描繪作家的天職：從早期收在《神話學》中的有關作爲被他人注視的作家的揭露性研究，如「休假中的作家」一文，到後來更熱心的論作家寫作的文章，即那些作爲英雄和殉道者的作家，如「福樓拜和句子」一文，它寫了作家的「風格的苦惱」。巴爾特那些論作家的傑出文章應當看作是他爲作家職責所作的各種形式的重要辯解。儘管他充分尊重福樓拜設定的具有自責味道的誠實標準，他却敢於把寫作想像爲一種快樂，他論伏爾泰的文章(「最後的快樂作家」)和對富立葉的描繪的要點就是如此，這兩位作家都不曾爲惡的意識所折磨。在他的晚期著作中他更直接地談論了他自己的實踐、顧慮和狂喜。

巴爾特把寫作解釋成一種在觀念表達上複雜的意識形式，其方式既是被動的又是主動的，既是社會性的又是非社會性的，既是呈現個人生活又是不呈現個人生活的。他的作家職責觀排除了福樓拜認為是不可避免的那種隔絕性，巴爾特似乎否認在作家必然具有的內在性與其名利快感之間有任何衝突。可以說，福樓拜的觀念為紀德有力地修正了，後者具有素養更高、非刻意追求的精確感，對排除狂熱更為執著和處置有術。的確，巴爾特在自己的全部寫作中所勾勒的那幅自畫像（作為作家自我的肖像），已充分潛存於他論述紀德「自我主義」的《日記》的第一篇文章中了。紀德提供給巴爾特一個高貴的作家範型：無所不適，不拘一格；從不喋喋不休或牢騷滿腹；既胸懷坦蕩……而又適度地以自我為中心；不會多受別人意見影響。他指出，紀德如何很少由於廣泛閱讀而改變自己（「如此徹底的孤芳自賞」），他的「發現」如何絕不會導致「自我否定」。而且他讚揚彌漫於紀德內心的猶豫不決，注意到紀德「處於各種相互抵觸的思潮的交滙口，決然沒有輕易應付之策……」。於是巴爾特也同意紀德這樣的看法：寫作是稍縱即逝的，它應甘於渺小。他對政治的態度也與紀德類似：在意識形態充分活躍的時代願意去採取正確的立場，具有政治性，但最終又不具有；或許這就意味著，去說出任何其他人很難說出的真理（參見巴爾特1974年中國之行後所寫的短文）。巴爾特同紀德頗多相似之處，他對紀德的許多論述都可不加改變地用於他自己。值得人們注意的是，在他開始自己的文學生涯之前一切已安排就緒（包括他那「永遠自我更正」的計畫）（當他於1942年為學生結核療養院刊物撰寫這篇文章時，正在療養院中修養的他，時年27歲；以後五年間他也尚未進入巴黎文學界）。

當巴爾特在紀德的心理和道德思想影響下開始經常寫作時，紀德的重要作品已成過去，其影響已微乎其微（他死於1951年）。而且巴爾特披戴上了戰後有關文學責任辯論的盔甲，這個詞是由薩特提出的，

它要求作家接受一種戰鬥性的道德態度，薩特把這種態度同語反覆似地稱作「道德承諾」(commitment)。當然，紀德和薩特是本世紀法國兩位最有影響的道德主義作家，這兩位法蘭西新教文化之子的作品却提出了相反的道德的和美學的選擇。但正是這種兩極化傾向，作為另一位反叛新教道德主義的新教徒巴爾特要想加以避免。巴爾特儘管是一位溫和的紀德派，却也熱情地接受薩特的模式。雖然他與薩特文學觀的爭辯潛存於他的第一部書《寫作的零度》之中（書中並未提及薩特的名字），他與薩特想像觀的一致以及堅持這種一致性的熱情却浮泛於巴爾特的最後一本書《描像器》中（「獻給」作為《想像》一書作者的早期薩特的）。卽使在其第一本書中，巴爾特也接受了不少薩特有關文學和語言的觀點，例如把詩歌與其它「藝術」比較，把文學等同於散文和論辯。巴爾特的文學觀在他後來的寫作中越變越複雜了。雖然他從來未曾討論過詩歌，他的文學標準却接近詩人的標準：語言經受了劇變，從其無用的環境中被移位、被解放了，語言可以說自存自在了。雖然巴爾特同意薩特的看法，認為作家的職責包含著一種倫理的律令，他却堅持說其性質相當複雜和含混不清。薩特所籲求的是目的的道德性，巴爾特所乞靈的是「形式的道德性」，這就是說那種使文學成為一個問題而非一種解決的東西，使文學成其為文學的東西。

然而，把文學設想為成功的「交流」和立場的選擇，却是一種不可避免地成為隨遇而安的觀點。在薩特的《什麼是文學？》(1948 年)一書中闡述的工具性文學觀,使文學變成了一種永遠不合時宜的東西,懂在優勢的倫理鬥士和唯藝術論者（卽現代派作家）之間徒勞無益的（不恰當的）鬥爭（可將這種文學觀中潛在的庸俗氣味與薩特關於視覺形象不得不說的那些看法中所包含的敏識與銳見相對照）。薩特結果被對文學的熱愛（他在自己的傑作《詞語》中描述過這種愛）和傳道士般地對文學的輕蔑扯得四分五裂，這位本世紀偉大的文士之一的

晚年是在用貧瘠的觀念痛責文學和自己之中度過的，他所用的觀念就是「文學的神經症」。他所宣揚的爲道德承諾而進行自我設計的作家觀，已不再使人信服了。薩特因此被指責爲把文學歸結成了政治，對此他辯解說，不如更準確地指責他過高估計了文學。1960 年在接受訪問時他宣稱，「如果文學不是重要事物，就不值得一個人花上個把小時去操心它了」。「這就是我用『承諾』一詞時的意思」。但是薩特把文學誇張爲「重要事物」，這表明了對文學的另外一種方式的蔑視。

　　人們也可責備巴爾特過份重視文學，責備他把文學當成了「重要事物」，但他至少提供了這樣去做的一個良好的實例。因爲巴爾特理解（而薩特却不理解）文學歸根到底只是語言。正是語言成爲重要事物。這就是說，一切現實都以語言的形式呈現出來，這是詩人的銳見，也是結構主義者的敏識。而且巴爾特把他所謂的「對寫作徹底的探索」視作當然之理（而把寫作當作交流的薩特却不這樣看），馬拉美、喬埃斯、普魯斯特和他們的繼承者都從事過這種探索。沒有任何大膽的嘗試是有價值的，除非可以把它看作一種徹底的態度，這種徹底性將同任何明確的內容脫離，或許這就是我們所說的現代主義的實質。巴爾特在如下意義上也屬於現代主義的精神，即後者認爲必須也承認相反的立場。按現代主義標準看待的文學，但不一定是一種現代主義的文學。寧可說，一切種類的相反立場均可接受。

　　薩特和巴爾特之間最顯著的區別或許是氣質上的深刻差異。薩特具有一種理智上專斷而又天眞的世界觀，這種世界觀渴望的是簡單、決斷、一目了然。巴爾特的世界觀則是無可改變地複雜、自我專注、典雅、不求決斷。薩特熱切地、過於熱切地尋求對決，他的偉大一生的悲劇，他運用自己巨大才智的悲劇，正在於他使自身單純化的意願。巴爾特則寧可避免對決和躲避極端化。他把作家定義作「站在一切其他話語交滙點上的觀望者」，這正好是行動者或傳播教訓者的形象的對

立面。

　　巴爾特的文學理想境界具有同薩特幾乎正相對立的倫理性格。它產生於他在欲望和閱讀，欲望和寫作之間所建立的聯繫之中，這就是說他堅持認爲，他自己的寫作比任何其它的東西更加是欲望的產物。「快樂」、「喜悅」、「欣喜」等詞語不斷出現於他的著作中，具有一種力量，使人想起了紀德，它們旣具有感官的誘力又富於破壞性。正像一位道德家（清敎徒的或反淸敎徒的）會一本正經地區分性生殖與性快樂一樣，巴爾特也把作家分爲兩類，一類是寫重要事物的人（薩特所說的作家），另一類是不寫什麼重要事物而只是去寫的人，後者才是眞正的作家。巴爾特認爲動詞「寫」(to write)的不及物含義不僅是作家幸福的源泉，也是自由的模式。在巴爾特看來，不是寫作對自身以外事物（對社會的或道德的目標）的承諾使文學成爲一種對立和破壞的工具，而是寫作本身的某種實踐，這就是過渡的、遊戲的、複雜的、精緻的、感官性的語言，它絕不能成爲力量的語言。

　　巴爾特對作爲無用而自由之活動的寫作的讚揚，在某種意義上就是一種政治觀。他把文學看作一種對個人表白權利的永久更新，而一切權利最終都是政治性的。不過巴爾特對政治仍然採取一種躱躱閃閃的態度，而且他是現代重要的拒絕歷史的人物之一。巴爾特是在二次大戰災難的後果中開始發表作品和漸有影響的，但令人驚詫的是，對此他從不提及；甚至在他的一切作品中，就我記憶所及，他從未說過「戰爭」這個詞。從最好的意思上說，巴爾特理解政治問題的下恤態度馴化了政治。他絕對沒有瓦爾特・本傑明一類的悲劇意識，後者認爲文明的每一業績也是野蠻的一項業績。本傑明的倫理重負乃是一種殉道精神，他總情不自禁地要使它同政治掛鈎。巴爾特則把政治看作對人類（和思想）主體的一種壓抑，對此必須以智克之。在《羅蘭・巴爾特》一書中，他宣稱自己喜歡「輕鬆信奉的」政治立場。所以他

或許從未被那種對本傑明來說以及對一切真正現代主義來說十分重要的計畫左右過，這就是去探索「現代」的本性。巴爾特未曾被現代性的災難所折磨過或被其革命性的幻想所誘惑過，他具有一種後悲劇時代的感覺。他把現前的文學時代稱作是「一個從容啓示的時代」。能夠說出這種語句的作家眞是幸福呀。

巴爾特的很多著作都呈現著快樂的面面觀，他在論述布里阿─薩瓦林的《關於趣味的生理學》的文章中把這種快樂稱作「欲望的偉大歷險」。他從自己所研究的每件事物中收集一種快樂的型式，把思想實踐本身比作情欲行爲。巴爾特把心靈的生命稱作欲望，並熱心維護「欲望的多樣性」。意義絕不是「一夫一妻制」的。他的愉快的智慧或快樂科學提出了有關一種自由而寬廣的、心滿意足的意識的理想；提出了有關一種生存條件的理想，在這種條件下人無需抉擇於善與惡及眞與僞之間，在這種條件下不一定要去辨別是非。吸引著巴爾特的本文和活動，往往是那些他可在其中讀到反抗這類對立的東西。例如，這就是巴爾特爲何把作爲一個研究領域的時裝解釋爲色情的緣故，在色情中不存在對立物（「時裝尋求等價性、適當性，而不是眞實性」）；在這裡人們可以使自己獲得滿足；在這裡意義（以及快樂）十分豐富。

爲了這樣來解釋，巴爾特需要一種主導性的範疇，使一切事物都可通過這個範疇來間接地加以測定，這個範疇可以導致最大量的思想活動。包容最廣的範疇是語言，最廣義的語言就是意義形式本身。因此，《時裝系統》（1967 年）一書的主題不是時裝，而是關於時裝的語言。當然，巴爾特認爲，關於時裝的語言亦是時裝的一部分，他在一次採訪中說：「時裝只存在於有關它的話語中」。這種假定（神話是一種語言，時裝也是一種語言）成爲當代思想活動的一種主導的、往往是具有還原論的常規。在巴爾特的著作裡這種假定較少具有還原論味道，而具有較多的擴散性，這就是對於作爲藝術家的批評家來說因過

於豐富而產生的困擾。去規定語言之外不存在理解，就是去斷言處處都有意義。

　　巴爾特通過擴大意義的範圍使這個概念具有至高無上的地位，以便達到這樣一種自鳴得意的矛盾性，卽空的主題反而無所不包，空的記號可賦予其一切意義。巴爾特按照這種意義可擴大繁衍的欣快性(euphoric)認識，把作爲「紀念碑的零度」的埃菲爾鐵塔塔理解作「意指一切」（著重號爲巴爾特所加）的「純（實卽空的）記號」（巴爾特的矛盾論證法的特點在於爲不受功用性約束的主題作辯護：正是埃菲爾鐵塔的無用性使它作爲一個記號來說無限地有用，正如眞正文學的無用性也就是它在道德上有用的原因一樣）。巴爾特在日本找到了一個具有這樣解放作用的意義欠缺的世界，它旣是現代主義的又是非西方的；他指出，日本充滿了空的記號。巴爾特提出了一種互補性的對立觀來取代道德主義的對立——眞僞對立和善惡對立。在五十年代有關神話的一篇文章中他寫道：「它的形式是空的，但存在，它的意義欠缺，但充實」。有關許多主題的論證都具有這種同一性的頂點：不在卽存在，空卽實，無個性卽個性的最高實現。

　　正如宗敎理解包含的那種令人愉悅的味道一樣（它可在最平常而又無意味的事物裡瞥見豐富的意義，它可用最欠缺意義的事物來充作意義最豐富的載者），巴爾特著作中才華橫溢的描述也顯示著理解的一種迷醉般的經驗。而這種迷醉狀態（無論是宗敎的、美學的還是性的）永遠是用空與實、零態與最大的充盈等各種隱喻來表示的，二者旣相互交替又彼此等價。把主題轉換爲關於主題的話語這個過程本身也和如下的步驟相同：使主題空無以便再使其充實。正是一種理解的方法在導致迷醉的同時促成了超脫。而且他的語言觀也支撐了巴爾特的感受性的兩個方面：索緒爾的理論（語言是形式而不是實體）在承認意義豐富性的同時，也與一種對雅致的、卽嚴謹的話語的趣味保持絕妙

的一致。巴爾特的方法在通過否定性空間的理智等價程序創造出意義以後，却從不談論主義本身：時裝是關於時裝的語言，一個國家（日本）是「記號的帝國」——最終的認可。因爲作爲記號而存在的現實與最大的禮儀觀念相符：一切意義都被延遲，都是間接的，雅致的。

巴爾特有關非個性化、嚴謹、雅致的理想在他對日本文化的欣賞由得到最優美的說明，卽在題爲《記號的帝國》（1970 年）的書中和論文樂木偶戲的文章中。「寫作中的敎訓」這篇文章令人想起克萊斯特的「論木偶劇院」一文，它同樣地稱讚憩靜、輕鬆和擺脫掉思想、意義，擺脫掉「意識的無秩序」的優雅。文樂中的木偶正像克萊斯特文章中的木偶一樣，被看作是體現了一種理想的「無爲、清明、敏捷、精緻」。旣寧靜無爲又狂放不羈，旣空洞無物又深不可測，旣無自我意識又極富感官性——巴爾特從日本文明各個方面中感覺到的這些品質，展現了一種有關趣味和行爲的理想，這是一種廣義而言的唯美主義者的理想，自十八世紀末葉唯美派以來就廣泛流傳了。巴爾特遠非頭一位把日本看作唯美主義者理想國的西方觀察家，在日本你可以隨處看到唯美觀念，並自由自在地實現個人的唯美觀。在日本文化中唯美主義的目的佔有中心地位，不像在西方被看成反常的，這樣的文化必然引起強烈的反應（1942 年有關紀德那篇文章中已提到日本）。

在以審美眼光看待世界的各種現存方式中，或許以法國的和日本的方式最意味深長。法國具有一個文學傳統，雖然另加上兩項民俗藝術：烹調與服裝。巴爾特的確把飲食的主題當作意識形態、當作分類法、當作趣味，他經常談到風味，似乎他也把時裝的主題同樣地加以看待。從波德萊爾到考克多，許多作家都認眞看待時裝，而且文學現代主義的奠基人之一馬拉美曾編過一份時裝雜誌。在法國文化中唯美主義理想比在任何其他歐洲文化中都更明顯和更具影響，這種文化能夠在先鋒派藝術觀和時裝觀念之間建立一種聯繫（法國從不接受英美

國家認為流行風尚是不嚴肅的看法）。在日本，美學標準似乎充滿了整個文化，早在近代反諷風格開始之前就已如此，這些標準早於十世紀末葉卽已形成，如在淸少納言的《枕草子》中，這是一種講求精美享受的生活態度的概略，其寫作方式在我們看來具有令人驚詫的現代分離的形式，如筆記、軼事和列舉。巴爾特對日本的興趣表現出一種對不那麼自以為是、更為單純和更為精緻的唯美主義態度的傾向，這種態度比法國的更空靈、更優美，也更不加掩飾（沒有波德萊爾詩作裡醜中之美一類的形式）；它的前啓示性的，細膩而又澄明。

在西方文化中，唯美主義始終表現出兩種或此或彼傾向，唯美態度具有誇張的性格。在較老的一種形式上，唯美主義者在趣味上是任性的排它者，這種態度使他可以喜歡、安於、贊同最少量的事物，把事物化歸為對事物的最瑣細的表達（當趣味表示其增增減減時，喜歡選用有親暱味道的形容詞，如在讚揚時用「快樂」、「使開心」、「迷人的」、「悅人的」、「適合的」等詞）。優雅同最大的拒絕相當。這種態度作為語言時，在沮喪的諷刺語，在輕蔑的諧句中得到最充分的表現。在另一種形式中，唯美主義者支持的標準使他得以喜歡最大量的事物，攫取新的、非常規的、甚至不合法的快樂源泉。明顯反映這一態度的文學手段是他按字母順序排列的特殊目錄（《羅蘭·巴爾特》一書中卽包括這種目錄）；卽怪誕的審美上的重疊作用，它使明顯不同、甚至互不協調的事物與經驗同時並列，運用其技巧使這一切都成為人工對象和美學對象。在這裡優雅相當於最機智的領受。唯美主義者的姿態搖擺於從不滿足和永遠找尋一種滿足方式，卽實際上喜愛一切這二者之間。①

雖然唯美主義趣味的兩個方向都以超脫為前提，但排它者類型更為冷靜。包容者類型可能是熱情洋溢的，甚至是感情奔放的。用於讚揚的形容詞傾向於誇張外露，而不是收斂克制。巴爾特富有豐富的排

它型的唯美趣味，而且更傾向於它的現代的、民主化的形式：審美方面的齊一性；所以他才想在如許多事物裡找到魅力、愉快、幸福和快樂。例如，他對富立葉的論述最終卻是一種唯美主義者的讚揚。他談到了構成「整個富立葉」的「瑣碎細節」，巴爾特寫道：「我爲一種語言表達的魅力所吸引、迷惑和折服……富立葉的文字眞是妙語連珠……我抗拒不了這種快樂；它們對我來說似乎是『眞的』。」同樣，另一位必須處處找到快樂的閒蕩者在東京街頭的人潮中可能體驗到的壓抑性，對巴爾特意味著「量變到質變」，這是一種作爲「無窮的快樂源泉」的新關係。

　　巴爾特的很多判斷和興趣無疑都是對唯美主義者的標準的肯定。他一些較早的文章爲羅伯-格里葉的小說大肆鼓吹，巴爾特因此獲得了引人誤解的現代派文學擁護者的名聲，實際上那些文章都是一些唯美主義的論辯。「客觀性」、「照字面理解」這類限制性嚴的、內涵最少的文學觀念，實際上是巴爾特對唯美主義者主要論點之一的巧妙的重述：這就是，表面與深處同樣有效。巴爾特在五十年代羅伯-格里葉作品中所發現的東西是一位唯美派作家高度技巧化的新形式。在羅伯-格里葉身上他所熱情讚許的是「在表面上創立小說」的願望，從而阻止我們「依賴一門心理學」的願望。認爲深部使人糊塗、具有煽動性的觀念，認爲在事物底部沒有人類的本質在活動的看法，以及認爲自由存於表層，存於欲望在其上浮動的大玻璃上的看法，就是近代唯美主義立場的主要論點，在過去的一個世紀中它體現於各種形式裡（波德萊

①我曾企圖把這種唯美主義態度歸入「集團」的名目之下，可以把它看成一種使審美趣味不那麼排它的趣味技巧（一種喜歡的方式，喜歡的程度超過人們實際願意去喜歡的），以及把它看成使唯美主義態度民主化努力的一部分。然而集團趣味仍然以較老的高辨別標準爲前提，這種趣味是同由安迪·華霍爾體現的那種標準成爲對照。他是那種將一切拉平的唯美主義的供應者和消費者。

爾、王爾德、杜尙、凱支等)。

　　巴爾特不斷爲反對深層觀，反對認爲潛在的、深藏的東西才最眞
實的觀念進行論證。文樂中的木偶被看成是拒絕物質與靈魂，內與外
的相互對立。他在《今日神話》(1956 年) 中聲稱，「神話並不隱藏任
何東西」。美學的立場不只把深層、隱蔽性等概念看成是故弄玄虛和謊
言，而且反對對立觀念本身。當然，談論深層和表層已經是誤解了唯
美主義的美學觀，重複了一種二元論，如它正好反對的形式與內容的
二元論，這一立場的最詳盡的發揮是由尼采完成的，他的著作包含了
對固定性對立 (善與惡，對與錯，眞與僞) 的批評。

　　但是，尼采雖然嘲諷「深部」概念，却頌揚「高處」觀。在後尼
采的傳統中旣無深度也無高度，只存在各種表面和景象。尼采說，每
一種深刻的性質都需要一種面具，並深刻地讚揚了理智的狡獪，但當
他說未來的一個世紀，卽二十世紀，將是演員的時代時，却在提出最
陰暗的預測。在尼采作品的底層存在著一種嚴肅性和眞誠的理想，這
一理想使他的思想與眞正唯美主義者 (如王爾德和巴爾特) 的思想之
間的重合成爲可疑的了。尼采是戲劇性的思想家，但不是戲劇性的熱
愛者。他對待場景的曖昧態度(歸根結蒂，他對瓦格納音樂的批評是：
它是一種引誘)，他對場景眞實性的堅持，意味著有效的不是戲劇性而
是準則。按照唯美主義者的立場，現實和場景的概念正好彼此加強和
融和，而且引誘永遠是某種肯定的東西。在這個問題上，巴爾特的思
想具有一種典型的前後一致性。戲劇概念直接和間接地充滿了他的一
切作品 (後來他在《羅蘭・巴爾特》　書中洩漏了秘密，他的作品中
沒有一篇「不曾處理某種戲劇，而場景是普遍的範疇，通過它的形式
可以看到世界」)。巴爾特把羅伯一格里葉的空洞的、「選集式的」描述
解釋爲一種對戲劇性間距化技巧 (把一個對象呈現作「似乎它本身只
是一個場景」)。時裝當然是戲劇性的另一領域。巴爾特對攝影的興趣

也是如此，他把攝影看作一個有關純粹魂魄的領域。當它在《描像器》中論述攝影時，幾乎看不到任何攝影師：主題是照片（實際上被當成現存的對象）和被照片迷住的人：作爲色情夢幻的對象，作爲死的象徵。

　　1954 年他發現了布萊希特（當柏林劇團帶著《母親的勇氣》劇目訪問巴黎時），並幫助法國人了解了他。他對布萊希特的論述不如他對作爲戲劇性形式的一些問題的論述更和戲劇性問題有關。七十年代期間，他常常在研究班中使用布萊希特的材料，朗讀一些散文作品，以作爲批評敏銳性的範例。對巴爾特來說，重要的不是作爲教化性場景創作者的布萊希特，而是作爲教化性知識分子的布萊希特。與此相反，對於文樂木偶來說，巴爾特看重的是戲劇性因素本身。在巴爾特早期作品中，戲劇性因素構成了自由的領域，它是這樣一個領域，在其中只有角色具有身分，而我們可以改變角色；它也是這樣一個領域，在其中意義本身可被拒絕（巴爾特談到了文樂中木偶特有的「免除意義作用」）。巴爾特對戲劇性問題的討論，正像他對快樂的熱情頌揚一樣，是一種把意義本身改變成對邏格斯理性消弱、減輕和阻擋的方式。

　　對場景概念的肯定是唯美主義者立場的勝利：傳播遊戲觀，拒絕悲劇觀。巴爾特的所有思想活動都有排除其「內容」和目的的悲劇性因素的效果。這就是我們說他的作品具有眞正破壞性、解放性、遊戲性的意義所在。在主要的唯美主義傳統中，正是不合規範的話語具有排除話語「內質」的自由，以便更好地去欣賞其「形式」。似乎是在各種所謂形式主義理論的幫助下，不合規範的話語受到了尊重。在有關其思想發展的種種論述中，巴爾特把自己描述爲永遠的生徒，但其實際意思是說，他將始終是不受外界影響的。他談到了自己在許多理論和導師的指導下工作過。實際上，巴爾特的作品既具有較大的一致性，又具有矛盾性。儘管他同一些教導性學說有著各種聯繫，然而他對學

說的信奉只是表面性的。結果，一切理智上的新奇玩意兒都必然被拋棄了。他最後幾本書就是對他個人思想的一種揭示。他說，《羅蘭·巴爾特》是他抗拒自己思想、毀壞自己權威性的一部書。而在標誌著他登上最高權威位置——法蘭西學院文學符號學講座——的 1977 年就職講演中，巴爾特極富個人特色地選擇了有關一種溫和的思想權威性的論題。他讚許教學是一種寬縱的而非強制的領域，在這裡人們可以精神放鬆，消除戒備，悠哉游哉。

巴爾特在《寫作的零度》結尾一段中曾把語言本身愉快地稱作一種「烏托邦」，現在則把它作爲另一種形式的「權力」加以批評，而且他在努力傳達他對語言成爲「權力」的方式的感受時，在講演中使用如下這種很快招致議論的誇張的措詞：語言的權力「簡直就是法西斯」。假定社會被各種無所不在的意識形態和壓制性的神秘化作用所控制，必然導致巴爾特對後革命的而又自相矛盾的自我主義的擁護：他對毫不妥協的個人性的肯定乃是一種破壞性行爲。這是唯美主義態度的一種典型的引伸，這種肯定於是具有了政治性：一種徹底個人性的政治。快樂主要被等同於不被認可的快樂，個性肯定的權利又被等同於非社會自我的神聖不可侵犯性。在他的後期著作中，反抗權力的主題表現爲對（作爲被偶像化的共同參與的）經驗賦以越來越具私人性的定義和賦予思想以一種遊戲式的定義。巴爾特在最近的一次訪問中說道：「最大的問題是去勝過『所指』、勝過法律、勝過父親、勝過被壓制者，我不說駁倒，而是說勝過。」唯美主義的超脫理想，超脫的自私性的理想考慮到了對熱情而執者的共同參與性的表白：狂熱與迷戀的自私性（王爾德談到了他自己內心中的「狂熱與漠不關心的奇妙的混合……，我會一念之下走上絞架，而直到最後一息仍是一名懷疑論者」）。巴爾特不得不熱情洋溢地一面去不斷重申唯美主義的超脫觀而一面又對其加以破壞。

正像一切偉大的唯美主義者一樣，巴爾特善於從正反兩面來對待它。於是他既使寫作等同於對待世界的一種寬厚的態度（寫作是「永久的生產」），又使其等同於對待世界的一種挑戰的態度（寫作是超出權力界域的「永久的語言革命」）。他既需要一種政治又需要一種反政治，既需要去批評世界又需要去超越道德考慮。唯美主義的激進態度是一個放縱不羈、甚至多求務得的心靈的激進態度，但它仍然是一種眞正的激進態度。一切眞正的道德觀都是以一種取捨觀爲根據的，而可能成爲隨遇而安者的唯美主義的人生觀，確實爲一種偉大的取捨權提供了某種不只是優雅的、而且是潛在上強而有力的基礎。

唯美主義的激進態度渴望多樣化以及使多種多樣的事物同一化，並充分承認個性的特殊地位。巴爾特的著作（他承認他是由於不可擺脫的迷執而從事寫作的）中既有連續性又有迂迴性，包含著各種觀點的累積以及最終將它們都擺脫掉；總之，是連續行進和興之所至的混合體。在巴爾特看來自由是一種狀態，它始終是多元性的、流動性的、隨理論而搖擺不定的；其代價是遲疑不決、憂心忡忡、深怕被當成欺世盜名者。巴爾特所描繪的那種作家的自由，從局部上說就是逃逸。作家是他本身自我的代言人，這個自我在被寫作凝固下來之前始終在逃避之中，正如心靈始終在逃避著理論。「說者非寫者，寫者非存在者」。巴爾特想要走自己的路，這是唯美主義人生觀中的絕對律令之一。

巴爾特在全部作品裡都把自己投射入其主題中。他就是富立葉，不爲罪惡之感所惑，疏遠政治，「那種必要的淸瀉」，他於是「把它吐個乾淨」。他就是文樂戲中的木偶，不具人格，飄忽不定。他就是紀德，那位無年齡變化的作家（永遠年輕、永遠成熟），那位自我主義者的作家，那位具有「同時性存在」或多重欲望的成功典型。他就是一切他稱讚的主題中的主題（他必須以自己特有方式進行讚揚，或許同他想爲自己設計確定的、創造性的準則有關）。因此巴爾特的很多作品現在

看來都帶有自傳性。

　　最後，他的作品從直接意義上說也具有自傳性。對個人與自我的勇敢的思索成爲他後期寫作和研究班授課的中心部分。巴爾特的很多作品，特別是最後三部書都包含著尖銳的有關缺失(loss)的主題，它們爲他的色情觀(以及他的性欲)、他的嗜好、他體驗世界人生的方式加以坦率的辯護。這些書從藝術角度說也是反懺悔式的。《描像器》是一本「元書」(meta-book)，是關於一本甚至更具個人性自傳的思索，他曾打算在這本書中寫 1978 年逝去的母親的照片，但後來擱置了下來。巴爾特從一種現代主義的寫作模式開始，它優於任何有關意圖或單純表現性的觀念，它是一種面具。瓦萊里強調說：「作品不應賦予書中人物以任何可歸結爲作者個人及其思想的觀念。」②但是他對非個人性的這種信奉並未妨礙他的自我表白，它只是自我體察構想的另一種形式，卽法國文學中那種最高貴的構想。瓦萊里提供了一種非個人的、超脫世俗的自我專注的理想。盧梭提供了另外一種理想，熱情洋溢，自讚自責。巴爾特作品中的很多主題都屬於法國文學文化的經典話語之列：對優雅的抽象、特別對情感的形式分析的喜愛；對單純心理描繪的輕視；以及對非個人性特點的調情(福樓拜自言：「包法利夫人，這就是我！」但在信中又強調自己小說的「非個人性」和與自己毫無聯繫)。

　　巴爾特是由蒙田倡導的偉大法國文學構想的最後一名重要的參與者，這個構想就是：自我作爲天職以及生活作爲對自我的一次讀解。這一事業把自我解釋爲一切可能性的滙聚地：貪婪、不畏矛盾（無可

②認爲從理想上說寫作是一種非個人性或不在性形式的現代派格言，促使巴爾特在考慮一本書時排除掉「作者」(他的《S／Z》)的方法是，把巴爾札克一篇短篇小說實際當作一個無作者的本文加以示範性的讀解。一方面，巴爾特作爲批評家爲作家擬定了一份某種現代主義(如福樓拜、瓦萊里、艾略特)的訓諭，這是一份讀者總綱。另一方面，在實踐中他卻違反這個訓諭，因爲大部分巴爾特的寫作正是致力於個人特性的表白。

失去，凡物可得）；把意識的運用解釋作人生最高目的，因為人們唯其充分自覺才可獲得自由。法國特有的烏托邦傳統就是這樣一種現實觀，這個現實將為意識所補償、恢復和超越。這個傳統也是這樣一種心靈生命觀，這是一種欲望的生命，充滿著智慧和歡樂；這樣的傳統同譬如說德國和俄國文學中具有高度道德嚴肅性的傳統相去甚遠。

巴爾特的寫作不可避免地要以自傳來結束。巴爾特有一次在研究班上說道：「人必須在當恐怖主義者和當自我主義者之間進行抉擇。」這樣一種取捨似乎是純法國式的。思想的恐怖主義是法國精神實踐中主要的、受尊敬的形式，它被容忍、遷就和鼓勵著：粗暴陳說和無恥的意識形態翻雲覆雨的「雅各賓」傳統；不斷指責、評判、漫罵、過度讚揚的訓令；偏好極端立場，只是偶爾才溫和態度，以及偏好故意的挑釁。與此相比，微不足道的自我主義又如何呢！

巴爾特的聲音變得越來越內向，他的主題也變得越來越內向。肯定他個人的特性（但不對其加以破譯），是《羅蘭·巴爾特》一書的主要題旨。他寫了身體、趣味、愛情、孤獨、性的淒涼，最後，死亡，或準確地說：欲望和死亡，這是《論攝影》一書的雙重主題。就像在柏拉圖對話錄中一樣，思想家（作家、讀者、教師）和情人（這是巴爾特自我中的兩個主要形象）合為一體。當然，巴爾特是相當地從字面上，盡可能地從字面上，來表示其文學色情學的。〔本文進入(enters)、充滿(fills)、給與(grants)快感〕。然而到頭來他竟是一位十足的柏拉圖主義者。《情人話語的片段》中的獨白表面上像是一椿椿失戀故事，最後却以典型的柏拉圖式的靈愛觀而告終，結果低級的愛轉化為無所不容的高級的愛。巴爾特自認，他「想要揭穿真象，不再去解釋，而是由意識本身中產生一種良藥，從而接近一種不可歸約的現實觀、清澈澄明的偉大戲劇和預言式的愛」。

當巴爾特放棄了理論時，他對現代主義的錯綜複雜標準就不那麼

重視了。他說，他並不想在自己和讀者之間設置任何障礙。他的最後一部書是（對母親的）回憶，是性愛的沈思，是攝影形象的論述，是死的乞靈，總之，一部關於憐憫、自棄、欲望的書，他在這本書中放棄了華麗風格，觀點本身被平鋪直敍出來。攝影的主題明顯地免除了或者消除了形式主義風格的矯揉造作。巴爾特在選擇攝影作爲寫作主題時，趁機採用了最熟知的一種現實主義：照片有吸引力，是由於它所表現的對象。而且照片可以引起進一步排除自我的欲望。（他在《描像器》中說：「看著某些照片，我就想變成一個無文化的原始人」。）蘇格拉底的甜蜜和嫵媚變爲哀怨和絕望：寫作是擁抱，又是被擁抱；每一種觀念都是向外延伸的觀念。他的觀念和他本人似乎都在分裂，當他對他所謂的「細節」越執迷時，就越有這種感覺。在《薩得，富立葉，羅約拉》一書的序言中巴爾特寫道：「如果我是一個作家而且死去，當我的一生由於某位友好而公正的傳記家的努力而被歸結爲一些細節，一些偏好，一些波動變化，或者說，歸結爲『傳記素』(biogra-phemes)，它們的特徵和變化將超越任何個人命運的局限，並像伊壁鳩魯的原子一樣觸及某個未來的、注定遭到同樣分解作用的軀體的話，我會非常高興的。」這甚至是在展望到自身必死性時那種觸及其他軀體的需要。

　　巴爾特的後期著作中充滿了他已到達某種事物（作爲藝術家的批評家的活動）終極的信號，並企圖成爲另一類作家（他表示過想寫一部小說的意圖）。他欣然承認了自身的弱點和孤獨感，越來越欣嘗一種類似於神秘的清瀉(kenosis)作用的寫作觀。他承認，不只是思想系統（他的思想處在一種融化狀態），而且連「我」都必須加以拆除（巴爾特說，眞正的知識有賴於「摘除『我』的假面」）。不在的美學（空的記號，空的主題，意義的消除），是偉大的非個人化構想的全部旨意，它也是唯美主義者美好趣味的最高姿態。在巴爾特的寫作行將終結時，

這一理想又改變了調門。一種非個人化的精神的理想出現了，或許這是每一位嚴肅的唯美主義者立場（試想王爾德、瓦萊里）特有的終結點。在這一點上唯美主義觀開始自我毀滅了：其結果或者是沈寂，或者變成了其他的東西。

　　巴爾特身上懷有他的唯美主義立場不可能加以支撐的精神努力。結果他必然要超越這一立場，在他最後的作品和教學活動中就是這樣做的。最後他採取的是一種不在的美學，並把文學說成是主客觀的涵蘊。柏拉圖式的「智慧」觀出現了，當然其中摻雜了一種世俗智慧：懷疑獨斷論，熱中於快樂的滿足，憧憬理想的境界。巴爾特的氣質、風格、感覺走完了自己的旅程。從這個角度來看，他的作品現在似乎更加精細和敏銳地，並以遠遠超出任何其他現代同代人的智慧力量，揭示了和唯美主義態度有關的重要眞理，和理智探險的信奉以及和承受矛盾與逆轉的天賦有關的眞理；這就是體驗、評價、解釋世界的「新近的」方式，在這個世界中生存，吸取力量，找尋安慰（但最終找尋不到），享受歡樂，表現情愛。

人怎樣對文學說話＊（1971 年）

朱麗葉・克莉思蒂娃

「……一種寫作的熱情，它一步步地追隨著資產階級意識的解體。」
——引自羅蘭・巴爾特：《寫作的零度》

　　當資本主義社會在經濟和社會領域正奄奄一息之時，話語也在以前所未有的速率逐漸失效和趨於瓦解。各種哲學發現，各色各樣的「教導」，各種科學的或美學的形式主義，一個接著一個地彼此互不相讓，而又逐次消失，既未留下信從的聽衆，又未留下值得注意的追隨者。在不管什麼「領域」裡，任何一種教導術、修辭學、獨斷論都不再引起人們的注意了。它們在整個學術界以某種改變了的形式延存著，或將繼續延存著。只有一種語言越來越成爲當代性的，這就是已逾三十年之久的，與《爲芬尼根守靈》中的語言相當的那種語言。

　　結果，文學先鋒派的經驗由於其本身特性而被嚴厲地批評作一種新話語的（以及一種新主題的）實驗場，於是就導致了一種改變，「或許其重要性和所牽扯到的問題正如那種標誌了從中世紀向文藝復興時期過渡的改變一樣。」（《批評與眞實》，第 48 頁①）。它也拒絕一切那些不論是停滯不前的還是學術折衷主義的話語，它在並非必要時就已預先獲取了自己的知識，並發明了另外一種有獨創性的、流動性的和變換性的語言。它在這樣做時，刺激和揭示了那些目前正尋求著它們自

＊譯自 J・克莉思蒂娃：〈語言中的慾望〉，英文版，1980 年，哥倫比亞大學出版社，紐約。

己準確政治表達的、深刻的意識形態的變化，這是與從未停止過剝削和支配的資產階級「自由主義」的崩潰相對立的，是與修正主義和一種教條主義的倉促結合相對立的，後者從未停止過進行壓制及在其(革命的) 偽裝下隨風搖擺。

文學是怎樣完成對舊世界的這種積極顛覆的呢？主體和歷史共同具有的這種否定性是怎樣通過其實際經驗出現的呢？這種否定性能夠清除意識形態，甚至清除語言，以便抑制新的意指工具。它怎樣使主體的粉碎與社會的粉碎都壓縮入象徵與現實之間，主體與客體之間的新關係格局中去呢？

對這些當代意識形態反叛的研究，是圍繞著一種文學「機器」的知識來進行的。我對羅蘭‧巴爾特著作的評述就是按照這樣的觀點來展開的。巴爾特是現代文學研究的先驅和奠基者，正因為他使文學實踐存於主體和歷史的交叉點上；並因為他把這一實踐當作社會構架中意識形態的徵兆加以研究；而且因為他在「本文」範圍內探索那種象徵地 (以符號學方式) 控制這一分裂的準確機制，因此他企圖形成一門研究的具體對象，其多樣性、多重性和流動性使他得以防止舊的話語的飽和性。這種知識在某種意義上說已經是一種寫作，一種本文了。

――――――――――

①本文提及巴爾特的書籍所使用的版本如下：

　《批評文集》，英文版，西北大學出版社，1972 年。

　《批評與眞實》，法文版，色伊出版社，1966 年。

　《符號學原理》，英文版，黑爾和王出版社，1968 年。

　《米歇萊論米歇萊》，法文版，色伊出版社，1954 年。

　《神話學》，英文版，黑爾和王出版社，1972 年。

　《薩得、富立葉、羅約拉》，英文版，黑爾和王出版社，1976 年。

　《時裝系統》，法文版，色伊出版社，1967 年。

　《S/Z》，英文版，黑爾和王出版社，1974 年。

　《寫作的零度》，英文版，黑爾和王出版社，1967 年。

　　現在我將評述我認為在巴爾特著作中的一個主要部分，這一部分旨在詳細闡發文學在話語系統中的關鍵作用，這就是寫作的概念；被看作否定性的寫作；語言理想的非實體化；將非象徵化的現實轉為寫作構架的作用；寫作中主體的欲望；在書寫本文中身體的動力學，以及最後歷史的考慮；在可能的文學知識內元語言的地位(「科學」與「批評」的分裂) 等等。

　　這篇評論將是「與典籍本文有關的」，甚至是啓發式的，其唯一抱負只在於引起注意和提請讀者參照羅蘭・巴爾特的本文。我能怎樣估量他作為一名作家的天才呢？我既不想寫一篇對任何一個特殊本文的科學分析，也不想進行全面的評估，而只打算去採取一種「觀點」──一種移位(displacement)，這或許可以說明這一工作的正當性。換句話說，既然我將必須從巴爾特的全部本文中進行刪選，那我就從先鋒派本文的觀點出發，從往往是繼巴爾特的寫作之後而來的當前先鋒派傾向出發，從而使巴爾特的構架移位。因此我的「觀點」是：文學先鋒派運動使我們能在巴爾特的著作（它本身是該運動的一部分）中讀解當前話語與意識形態變化的當代因素。

1. 發 現

　　寫作的概念（《寫作的零度》）既改變了文學實踐的概念，又改變了對這一實踐的可能的知識。「文學」變成了寫作；「知識」或「科學」變成了寫作欲望的客觀表述，二者的相互關係既牽扯到「文學的」個人又牽扯到吹毛求疵的「科學的」專家，從而使關心的重點置於主體所在之處──即通過其身體和歷史的經驗而置於語言之內。於是寫作就是歷史在一已被一主體運用的語言之內所形成的一個部分。對寫作欲望的實現，要求（元語言的）主體產生粘著和離異的双向運動，在

其中他可通過一（語言的、符號學的等等）代碼的約束力來抑制其對能指的欲望，而這種約束力本身是被一種（烏托邦的?）倫理學所支配的。這就是在社會之內去插入一種由社會核查的實踐；去傳達社會不能理解或聽懂的東西；同時也就是去重建一種已發生內在破裂的社會話語的內聚力與和諧性。

因此，紐結就這樣形成了，按此文學將同時從各種觀點加以考慮：語言、主體—生產者、歷史、元語言的主體。它們也都在「進入」各門或者已經建立、或者正在建立中的科學，如語言學、精神分析學、社會學和歷史學。這些因素不僅彼此分不開，而且它們特有的混合方式正是這種知識可能性的條件。巴爾特的寫作或許在於這種双重的必要性：(1)各種科學方法都是同時性的，它們形成了一個有秩序的系列，並導致巴爾特的符號學概念。(2)它們是被文學「可能知識」的主體的審慎和明顯的存在所控制，其方式是通過他當前提出的對本文的讀解，本文像他本人一樣都是位於當代歷史中的。

⑴技術主義的幻想

如果沒有第一種必要性，我們就會看到文學實體被分割為「各種學科」，它們都聯接於文學實踐，靠文學而存在(歷史學、社會學，但在更現代和更間接的方式上還有各種形式主義，不管是語言學的還是語言學以外的，是俄國的還是新批評派的)。文學證實著一切人文科學的一切假設，它賦予語言學家和歷史學家以其剩餘價值，其條件是它始終存在於知識的陰影裡，作為一種消極因素，而從來不是作為一種動因。這就是說，文學並未被描述為一種準確的對象，這個對象被一種尋求其真理的、自足的和有限制的理論加以完整地描繪，它並未導致專門知識，而是導致這樣一些學說的應用，它們只不過是意識形態

的運用，因爲它們是經驗的和被切割的。

如果沒有第二種必要性，我們就會產生這樣一種技術主義的幻想，認爲「文學的科學」只需重複科學的規條（如果可能的話，即語言學的，或者甚至更「嚴格地」說，音位學的、結構語言學的、或生成語法的規條），以便使自身躋入尊貴而無定形的「大衆傳播中的研究」領域。

巴爾特的全部寫作可能並非都遵從（或者至少是並非都以同一方式遵從）這些從其全部作品中抽引出來的必要性。也可以肯定說，他的同事或學生都傾向於忽略它們。然而大多數巴爾特的本文都符合這兩種必要性。巴爾特的寫作往往以「隨筆」的形式發表，它們爲文學樹立了一種典範，並使文學成爲一種新客觀性話語的對象。但是同樣的話語却在那些（更富科學性或更像散文家的）人的作品中失敗了，他們雖仿效巴爾特却略去了其文學程序中的某些成分。「隨筆」這個詞不應被理解作顯示了某種修辭學的卑微性，也不應理解作是對理論性較弱的話語的評定（如人文科學中的「嚴格性」衛道者常常會認爲的那樣），而應理解作一種最嚴肅的方法論的迫切需要。文學科學是一種永遠沒完沒了的話語，一種對所謂文學實踐法則探索的永遠開放的陳述活動。這一探索的「目標」是去顯示這樣一種程序，通過這一程序，這門「科學」、它的「對象」以及二者之間的關係產生了出來，而不是去把某一種技術經驗地應用於一種漠不相關的對象上去。

(2)重新鑄造的軸心：歷史的主體

巴爾特的發現符合什麼樣的認識論的、意識形態的、或其他方面的要求呢？這種發現相當於一種重新鑄造。也許採取較不誇張的二分法要更愼重一些，如：文學和語言，文學和精神分析，文學和社會學，文學和意識形態等等。這份二分法清單還可繼續加長下去。

　　巴爾特企圖確定文學實踐中特定的和不可比較的因素。如果巴爾特的貢獻似乎是注意到了我們時代特有的技術支配論的要求（去構成一切所謂「人的」領域的專門化話語）並遵循著經驗批評性的假定（一切意指實踐都可歸入從某一精確科學中借取來的形式主義之內），實際情況却正相反，參照比較這些要求和前提正是爲了克服它們。在那些遭受語言異化和歷史困厄的文明中的主體看來，巴爾特的研究顯示出，文學正是這樣一個場所，在這裡這種異化和困厄時時都被人們以特殊方式加以反抗。

　　文學作爲一個能指和一種歷史之間的分界線地區，似乎是某種特殊形式的實踐知識，在這裡主體浸沒於該能指中，而歷史將其法則強加於他。正是在這裡集中了語言通訊和社會交換以外的東西，因爲語言通訊和社會交換遵從著經濟技術進化的規則。因此這種社會交換以外的東西的集中和沉積，按其定義來說並不是通訊科學或社會交換科學的實際對象。它的位置跨越科學爲本身規定的對象；它穿過諸科學却又存身於別處。當前階段的資本主義工業社會描繪了、如果不是支配著，通訊和技術的全部可能性，這個社會使其一部分分析活動可應付這種「位置的欠缺」。

　　我們的社會不論是頹廢還是受其壓制者所影響，它總能看到藝術是支配社會基本規則的標誌，正如親族結構作用是所謂原始社會的標誌一樣，前者甚至比後者更明顯。於是社會可以使這種「藝術」成爲一種「科學」的對象，以便理解它不可能像古代神話一樣被簡單地歸結爲一種（按照某種語言學方法被製作出來）認識的技術程序或被歸結爲社會功能(使其與某種經濟需要聯繫起來的)。但是相反，「藝術」揭示的是一種特定的實踐，它被凝結於一種具有極其多種多樣表現的生產方式中。它把陷入眾多複雜關係中的主體織入語言（或其他「意指材料」）之中，如「自然」和「文化」關係，不可窮源的意識形態傳

統和科學傳統（這種傳統因此是有效的）和現時存在之間的關係，以及在欲望和法則，身體、語言和「元語言」等等之間的關係中。

於是，我們在這樣一種關係網中所發現的東西，就是陷於本能衝動和語言內社會實踐之間的主體的功能，這個功能今日被劃分爲若干不可交流的、多重的體系；一座通天塔，文學特意將其打開、改造並將其寫入一個新的永恆矛盾的系列中去。這就是在基督教—資本主義時代達到其頂峰的主體，達到成爲其有力而隱蔽的、受壓制而富革新性的秘密動力。文學逐漸地描繪了這一過程的產生和鬥爭。巴爾特概述了科學的各種可能性，科學在這種文學即這種寫作之內尋求著主體的力量發展。

我們還沒有理解涉及到有關文學實踐主體而非有關神經學或心理學主體的思想的作用場所遭受改變的重要性。由巴爾特勾勒的這個方案雖然實際上爲精神分析學所認可，却仍然展現著一個不同的「主體」，我們知道，這個主體正是精神分析學在檢查「我」和「他人」之間種種曲折的關係時所難於對付的。「文學的」和（一般來說）「藝術的」實踐，把主體對能指的依賴轉變爲對其相對於能指和現實的自由的檢驗。在這一檢驗中，主體既達到了其界限（能指的法則），又達到了其移位的（語言學的和歷史的）客觀可能性，爲此它把「自我」的各種張力納入歷史的矛盾中，而當主體把把張力併入這些矛盾中並使它們在彼此鬥爭中相協調時，逐步地擺脫了這些張力。併入作用(inclusion)是「藝術」的一個基本特性，正是通過這種併入作用，一個所謂的「自我」成爲外於自我之物，它被客觀化了，或準確些說，它既非客觀的又非主觀的，而是同時成爲二者，因此成爲它們的「他者」，巴爾特爲這個「他者」起了一個名字：寫作。寫作作爲語言以下和語言以外的實體，作爲超語言(translanguage)，是一種分界域，在這裡主體的歷史發展得到了肯定，這就是一種非心理學的、非主觀性的主體，即一

種歷史的主體。因此寫作假定著另外一個主體，這個主體頭一次地成為明確反心理學的，因為最終決定著它的不是通訊（作為與他者的關係）的問題，而是主體在一種經驗——一種必要的實踐之內的超越的問題。因此，巴爾特可以說，「藝術是對偶然性的一種征服」（《批評文集》，第218頁），並說它像結構主義的設計一樣，「表明意義的位置，却並不為其命名」（《批評文集》，第219頁）。

(3)文學：人文科學正在失去的一個環節

因為文學實踐專注於語言和意識形態內的意義過程（從「自我」到歷史），它始終是所謂人文科學的社會交流性或主體超越性結構內正在失去的環節。沒有什麼比這一點更「自然」的了，因為文學實踐所陳述却並未為其命名的這個意義位置，正是人文科學尚未達到的唯物辨證法的位置。

把這種實踐插入社會科學體系，要求對「科學」概念本身作出修改，以便一種類比辨證法可以起作用。這就是說將在此程序內保留和描繪一個偶然性領域，其目的在於去理解這一實踐：一個被確定位置的偶然性作為客觀理解的條件，一個在元語言的主體和所研究的寫作中，以及（或者）在主體構成的語義的及意識形態的手段的關係中被發現的偶然性。一旦這一領域被確定了，文學實踐就可以被看成是一種可能知識的對象：話語的可能性出現於對其不可能的、但又能被其確定的一種現實之中。這裡的問題是與不可能的元語言有關的，它構成了巴爾特開創性工作的第二部分。在有關文學主體的問題上，巴爾特第一個指出了這種不可能性的，從而為哲學家或符號學家開闢了道路。

這種方法實際上要求引入語言學、精神分析學等等學科，只要它

們尊重這個方法的制約因素。巴爾特的研究爲這些學科提出了一個新的領域，一個新的對象，一個新的認知主體。這些學科正開始零零星星地注意到這一點。

2.語言和寫作

通過一種在偶然性與必然性之間建立的元語言去發現一種新對象，似乎是今日一切科學中的通理。這些限制本身似乎往往成爲一種不過是現代化的新康德主義的意識形態託詞，它的科學主產力剛一跨過「精確科學」的門檻，立刻就跌入一種認識論的閘壩，後者阻礙著有關說話的和認知的主體的科學理論（精神分析學）和有關歷史的科學理論（歷史唯物主義）。

同時很顯然，正是黑格爾的辯證法（它的超越論掩蓋了自從笛卡爾、康德和啓蒙時代以來所取得的客觀進步）頭一次指出了在有限和無限以及在理論基礎和客觀性之間相互作用的主要輪廓，這是當代科學的障礙物。它通過在其基礎上強加上一種紐結而導致這一結果（沒有它是看不到這些紐結的），對立面（主體和歷史）就是相互交織在這個紐結之中的。我們在巴爾特思想的十字路口上當然會遇到它們。

(1)本文中的知識

文學展示和掌握這些對立因素已有一個世紀了，它通過語言，並仕我們社會的意識形態內，一心一意地運用著一種它並不必然加以反映的「知識」。如果它因此運用話語的理性方面，就首先通過在語音的物質成分內駕馭矛盾去避免黑格爾的超越性，這些語言的物質成分猶如通過具體主體生物性的和歷史性的身體而形成的意義和觀念的產生者。因而任何語音單位都既是數又是無窮量，是過剩量和有意指作用

的東西，因爲它同時也是一個無窮微分。任何語句都旣是句法，又是非語句；旣是合乎規範的單一性，又是混亂的多重性。任何語句都旣是神話，又是熔合器，在其中語句被產生並由於其本身的歷史，主體的歷史和上層結構的客觀歷史而衰滅。任何語言鏈都具有一種發送源，它使身體與其生物學的和社會的歷史相聯繫。特殊的主體借助於語言以外的、生物學的和在社會中不可預見的不確定代碼，來爲日常通訊的常規語言編寫密碼，這些代碼不可能被有限數量的演繹的或「推理的」運算加以證明，而是在「客觀法則」的必然性之內起作用。這個特殊的主體（旣非認識的主體，也非索緒爾語言的主體，而是一段本文的主體，它是旣支離破碎又前後一貫的，由不可預見的必然性所調節），這個「主體」正是巴爾特在稱作寫作的文學中追求的對象。於是不言而喻，寫作的實踐及其主體是現代科學激變的同時期產物，甚至是其先驅者，它們的意識形態的和實踐的應對物。在主體陳述、「感覺」和「體驗」的方式同客觀知識在沒有主體情況下所得到的東西之間保持著一致性的諸單元，縫合（suture）往昔主觀主義意識形態和生產力及知識手段發展二者之間裂隙的操作符號，這兩方面都在這些裂隙之前發生並將其超越。

(2)兩種發現渠道：辯證法與社會學

　　摩里斯•布朗肖對黑格爾、馬拉美和卡夫卡的研究使我們注意到，巴爾特的寫作與寫作主體的觀念獲得了一種新的認識論身份。他們放棄了對富立葉、薩特、巴爾扎克等對絕對精神的撲朔迷離的思辨和對語言本質的思索；神話的、政治的和新聞的話語；新小說派；《太凱爾》雜誌；而且由於社會學（馬克思主義、薩特），結構主義（列維-斯特勞斯）和文學先鋒派活動的聯盟，一種新的性質是以一種隱含的三重命題爲基礎的：

(a)寫作的物質性（在語言內的客觀實踐）堅持同各語言科學（語言學、邏輯、符號學）接觸，但也堅持一種相對於這些科學的區分作用。

(b)它沒入歷史中一事導致對社會的和歷史的條件的思考。

(c)它的性多元決定論使其朝向精神分析學，並通過後者通向一系列身體的、物理的和實體的「秩序」。

寫作作爲一種知識的對象是從語言領域（意義）裡辯證法的變換中出現的，而巴爾特是使寫作成爲一門科學的唯理派經驗主義者。似乎巴爾特的有關寫作生產的含混性正表現在這裡。正是出於這一立場，他才使自己與任何先驗的或實證主義的現象學根本對立。正如這種相同的含混立場有時能夠導致對現實的和象徵的世界進行全面的象徵化那種「天眞的」形式主義誘惑一樣。

(3)語言學和現象學的理想世界

巴爾特認爲，意指系統旣屬於又不屬於語言學。像《寫作的零度》、《符號學原理》、《時裝系統》這類看來頗爲不同的著作所具有的深刻的統一性，表明了巴爾特思想中不斷起作用的矛盾。

由於意指系統具有如此明顯的語言學性質，巴爾特建議修改索緒爾的著名立場：「語言學不是一般記號科學的一部分，甚至不是主要部分，反之符號學是語言學的一部分。」（《符號學原理》，第 11 頁）這一必要性似乎是出於嚴格性和肯定性的考慮，因爲語言是主要的意指系統，亦最容易被理解。

但同時意指系統又是超語言學的，這些系統是作爲穿過語音秩序、句法秩序、甚至風格秩序的大單元被連接起來，以便借助那些對由另一主體推動的其他系統中第二力量起作用的同樣語言學範疇，來組織其他的組合系統。

圓環已經結成了：穿達俄國形式主義只有助於使我們比以往更堅決地回到《寫作的零度》一書中超語言學的、甚至反語言學的立場（「在寫作中基本上存在著異於語言的『情況』」——第20頁），並使我們能夠證實它們。

我們會批評這一程序中的「意識形態」因素，如果我們只把它看作從複雜的意指實踐向中立的和普遍的可理解性的還原的話。但這樣一來就等於忽略了巴爾特受如下願望支配的路線，他想測定一幅地圖（通信不等於寫作），並因此使符號學的系統化同一種批評的寫作（我們將再談這個問題）結合起來，從而破壞元語言的「中立的和普遍的」立場。

巴爾特的符號學本文（它們都是符號學的本文，如果我們願意保留這個詞，不用它來指形式化，而是指對意指過程中辯證法則的研究的話），首先要求一種意指性觀念的非實體化。它們的意義首先是否定的（「沒有任何現存的符號學是最後不能被看成記號破壞論的」。《神話學》，第9頁）；這種否定性反對著語言和一般象徵功能的透明性。一種語言學方法所發現的現象學觀念的存在，在巴爾特看來，是隱蔽著正有待於建立的另一種秩序的門面。在實體化的、不透明的語言學範疇和結構背後，有這樣一種情境在起著作用，在其中由其與他者交流的型式所規定的主體，開始否定這種交流，以便形成另一種方式。作為對先前所謂「天然語言」之否定的這種新「語言」，因此就不再是交流性的了。我將稱其為轉換性的，或者甚至稱其為死的，不論對「我」還是對「他者」來說都如此。它在一種兩可之間的經驗中導致一種反語言（喬埃斯），導致一種獻祭語言（巴太伊），在其他方面不過是指出同時是脫裂的社會結構。雖然這另一種情境仍被理解作意指性的，但它只是部分語言學性的。就是說，它只是部分地依賴於由語言科學建立的觀念性存在，因為它只是部分地交流性的。反之，它通過展開

這些語言觀念的現象實體而接近它們的形成過程。語言學單元和結構
不再決定寫作，因為它不只是或不專門是指向另一人的話語。在邏輯
上先於語言學實體和其主體的精力、釋放和量化的性能(cathexes)的
移位和推進，標誌了「自我」的構成和運動，並被象徵秩序和語言秩
序的表達所顯示②。寫作將是衝動（其中最具特徵的是死亡衝動）的
移位、推進、釋放、性能的辯證法在象徵秩序中的記錄，它作用著並
構成著能指；但也超過能指：它將通過運用意指過程（移位、壓縮、
重複、逆反）的最基本法則使自己併入語言的直線性秩序中去；它將
支配其他輔助網絡並產生一種超意義。對此巴太伊寫道：「反之，寫作
永遠植根於某種超過語言的東西之內，它像一粒種子而不是像一條線
一樣地展開，它顯示了一種本質並抑制著一種秘密的威脅，它是一種
反交流，它是一種恐嚇行為。因此一切寫作都將包含著本身既是語言
又是強制力這樣一種對象的含混性：在寫作中存在著一種異於語言的
『環境』，似乎存在著一種目光的威力，它傳達著已不再是語言性的一
種意圖。這種目光可以清楚地表明一種語言的熱情，如在文學寫作方
式中一樣：它也可表達懲戒的威脅，像在政治寫作中那樣……在文學
的寫作方式中記號的統一性不斷地為語言之下或之外的區域所吸引。」
（《寫作的零度》，第 20 頁，著重號為我所加）。

　　這段寫於 1953 年的文字後來成為 1969 年《S／Z》一書中的分析
方法。

---

② 「有關『精神能量』和『釋放』的概念及對作為一種量值的精神能量的處理，自從我開
　始從哲學角度整理精神病理學資料以來，現已成為我的思想習慣」；弗洛伊德：《玩笑及
　其與無意識的關係》，英文版，1960 年，第 147 頁。
　在巴爾特的著作中只是最近才援引弗洛伊德，而且從未加以發展。它從未涉及弗洛伊德
　學說中有關精神活動的經濟學概念（本能衝動的各理論，元心理學）；然而控制著寫作
　概念的辯證語意學及其同說話主體的明顯關係，令人信服地使巴爾特的研究列入一種
　同這些弗洛伊德的立場一致的（或可以使其一致的）思想之中。

⑷神話、歷史、美學

　　神話的觀念性存在經受了類似的非實體化作用，這些觀念性存在像結晶體一樣從歷史主體實踐中構成。「神話不是由其信息的對象所確定，而是由它表達這一信息的方式所確定；存在著神話的形式界限，但不存在實體的界限。」(《神話學》，第109頁)。

　　雖然這一立場與巴爾特適巧陷入的結構主義方法有顯著的類似性，他的計畫却是根本不同的。雖然神話可以是一個結構，它只是作爲一種歷史生產才可被理解；因此應當在歷史中而非在音位學中去發現其法則。「我們可以想像十分古老的神話，但不存在永恆的神話；因爲正是人類歷史把現實轉爲言語，而且是歷史本身制約著神話語言的存亡。不管神話是否是古代的，它只能有一個歷史基礎，因爲神話是一種由歷史選定的言語。它不可能從『事物本性』中逐漸產生。」(《神話學》，第110頁，著重號爲我所加)。於是同一種在神話中尋求「人心永恆結構」的結構主義相反，巴爾特或許更接近於列維-斯特勞斯最近聲明的觀點③，巴爾特通過或超過話語現象，去追溯其社會的和歷史的多元決定作用。但因爲巴爾特以另一種經驗開始，他的立場也就不同於結構主義立場。對他來說，歷史是與意指性主體深處的展開不可分的，歷史正是由於這個主體才是可讀解的。「於是歷史使作家面臨著在同語言有聯繫的若干種道德態度間的必要選擇；它迫使作家根據在其控制以外的諸可能性來意指文學。」(《寫作的零度》，第2頁，著重號爲我所加)。

---

③「……一套神話，它在因果上可以其每一個成分與歷史相聯繫，但它從整體來說拒絕著後者的進程，並不斷重新調節著它自己的構架，以便對事件之流提出最小的抗拒，經驗證明，事件之流強大得足以將其粉碎並以強勢將其捲走。」──克勞德‧列維─斯特勞斯；「神話時間」，載於《年鑑》，1971年5月─8月，26(3)，第540頁。

這種強迫性的但非可被掌握的必要性迫使作家必須去意指，這種
必要性是一種主要經驗的產物。「結構主義的」思考通過主體和歷史「在
深處」展開象徵功能而導致這種必要性。這就是「美學」。「結構主義」
並未使歷史脫離世界，它企圖使歷史不僅與內容相聯（這已經做過無
數次了），而且也與某些形式相聯；不僅與物質性相連，而且也與可理
解性相連；不只與意識形態相連，而且也與美學相連。」（《批評文集》，
第 219 頁）

⑸使迷惑和使客觀化：布朗肖與薩特

　　兩種不同的比較或許將有助於我們更清楚地理解產生巴爾特寫作
的那種非實體化方略。作爲一種超語言學的表述，它接近於布朗肖的
「入迷的」寫作活動和薩特的「作爲個人客觀化表現的作品」。在這兩
種看起來互不相容的極限之間，巴爾特指出一種辯證的近似性，或準
確些說，一種被轉換的辯證法的共同因素。它把寫作置於區分二者的
區域之內，把它當作可由理解闡明的一種操作程序。

　　寫作的概念首先在《寫作的零度》中提出，其後他又以各種方式
繼續進行分析。寫作具有「迷惑」(fascination)的特徵（在前引該書第
20 頁的文字中可從字面上看出），勃朗肖曾在「致力於時間的不在」的
一種「寫作活動」中對「迷惑」問題加以思考，而且它穿過了否定性
與肯定性，使自身置於辯證法之外，置身於一種「存在的失去中，在
這裡存在是欠缺的」，它存於一種炫目的光亮中，沒有形象，無固定形
態，它是一種非個人式的個人」，它的伊底普斯母親似乎是基底④。在
巴爾特看來，寫作是熟悉目的論辯證法的這種復歸性的。這種復歸性
使否定的方式被吸收入一種肯定的相似物中（書寫的因素），但它只是
一個類似物，因爲被書寫的東西在不可把握的、非個人的、超主體的、
無名稱的、音樂式的超語法化本文多重體中，永遠是已經破碎的⑤。

《S／Z》就是這樣一個本文，它的符號學網絡借助於有代表性的去勢
行為，既掩蓋了又揭露了被去勢者的聲音、音樂和藝術，他們似乎是
由切割(incision)而釋放出的光亮。然而如果這種破裂現象容許書寫態
勢的炫目光亮「在空間即是空間定位的迷亂作用之處」⑥閃爍，並暗
示著推動寫作主體的正是一種母性之光，那麼這種光亮只能投射到研
究的地平線上。符號學家在這種炫目光亮的掩護下，在他要照亮的昏
暗的形式黑夜中，對炫目的這一側進行掃視，於是對巴爾特來說，寫
作與其說是一種炫目之光，在此過程中主體由於迷亂作用而成為其根
由，不如說是邏輯上在此迷亂「之前」的一種操作程序，他通過語言
的語義容量遵從著此程序的運用，並在其形式化表現的嚴格性中來呈
現它。

　　正是根據這種語義操作程序的踪跡，迷惑作用顯得像是一種客觀
化作用。主體的雲霧凝結為有自身歷史並處於歷史中的個人實踐之中；
而本文表現為一個主體(米歇萊、巴爾扎克、羅約拉、薩得、富立葉)
的作品，這個作品超越了生活，但主體的生活也分擔著作品的結構。
於是形式化表現中摻入了一種客觀性的主體，對後者來說這種形式化
表現就是實踐。人們需要一種双重方法來對待本文：它必須通過語言

---

④「也許母性形象的力量從迷惑力量本身引出了其迸發性。我們也可以說，如果母親運用
　其迷惑吸引力，這只是因為孩子先前完全生活在迷惑的目光下；它將一切魅惑的力量
　都集中於自身了。……迷惑基本上是與不確定的某人，完全無定型的某人的中性和非個
　人的存在聯繫在一起的。……去寫作就是進入一種對孤獨性的肯定，在這裡，迷惑是作
　為一種威脅的因素起作用的。」摩里斯‧布朗肖：《文學的空間》，法文版，加里瑪出版
　社，1955 年，第 24 頁。

⑤「錯拚」(paragram)概念與索緒爾的「換音造詞」(anagrams)概念有關係。克莉思
　蒂娃在其論文「論超字符符號學」中曾對此加以討論。該文收入她的《意指分析論》(編
　者)。

⑥布朗肖，第 22 頁。

的網絡來顯現，但也須通過傳記來顯現。每一種方法的比例已經核定
以有利於書寫的成分，然而後者僅只是釋放著、書寫著和理解著「生
命體驗」而已。

因此並不存在本文的「絕對」匿名性，除了在研究的第一階段以
外，而且僅只當非個人性構成著有關操作程序的「上」限時才如此。
但是在稟賦著傳記、身體和歷史的主體之內還存在著分割性的客觀化，
主體的這些因素應被插入本文以便確定其「下」限。

這種作爲客觀性實踐的辯證寫作觀也爲薩特探索過，即便他並未
將其完成⑦。巴爾特首次將其實現於有關米歇萊的論說中。因而語言
不只是空洞而無限的意義萌生活動，通過語言學的和符號學的關係和
單元來開闢自己的道路，而同時它也成爲一種實踐，一種針對異質性
和物質性的關係。⑧

但是，如果寫作是「人」的客觀化表現，是對這種客觀化表現的
超越，並賦予它歷史的可理解性，而且如果由於同樣的原因寫作被看
作是一般符號學的「實踐」(praxis) 觀的基礎（而不被看作是對以一種
「實踐」理論爲基礎的記號過程的解釋，如通行的存在主義的方法所

---

⑦「作品向生活提出問題。但我們必須理解這是什麼意思；作爲個人客觀化表現的作品，
　實際上比生活更完全、更完整。肯定它有其生活之根源；它闡明了生活，但它只在自身
　發現了它的完整說明。然而對於這完整的說明爲我們所知來說它仍然過於短促了（著重
　號爲我所加）。生活是由作爲一種現實的作品所闡明的，其完整的決定作用是存於其本
　身之外的，旣存於產生它的條件之中，又存於藝術創作之中，後者實現著它，並通過表
　現它來將其完成。因此，作品（當我們探討它時）成爲一種假設和一種關鍵傳記的研究
　工具。……但我們也必須知道，作品從不揭示傳記的秘密。」——薩特：《方法的探求》，
　英文版，克諾普夫出版社，第 142—143 頁。
⑧「作爲一個人與另一個人的實踐關係的語言是實踐(praxis)，而實踐永遠是語言（不管
　是眞的，還是欺騙的），因爲它不可能不意指自身而發生。……『人的關係』實際上是
　一種個人間的諸結構，它們的共同紐帶是語言，而且它實際存在於歷史的每一瞬間」。
　——薩特：《辯證理性批判》第 1 卷，英文版，新左翼出版社，1976 年，第 99 頁。

認爲的那樣⑨），那麼巴爾特的目標就是徹底分析性的，並消除了那些存在主義思想所特有的、以及從思辯哲學繼承來的實體因素。他代之以一種意指性作品，這些實體通過這個作品而被構成。(「作品」和「個人」的)「整體性」以及「表現」和「生命體驗」，無疑是在此程序中遭受損害最大的存在主義柱石。從此以後，企圖根據把傳記和作品聯結起來的搖擺運動去做出概括，而不細緻地檢驗意指性本文織體向符號學家提供的各種方式，那將是過於天眞或幾乎不可能了。

(6)清晰、夜、顔色

　　寫作陷於客觀化作用和迷惑作用之間，在介入態度 (involvement) 和無神論之間，將受到科學研究之光的照射。巴爾特所提出的現代化方略旣出現於他的嚴格的符號學的作品中，又出現在他的一切本文所固有的系統化層次中，這種現代化方略旣符合又通過這種科研之光產生作用。它通過證明、分析、綜合等程序演繹地、謹愼地、一貫地、耐心地發揮作用。它說明著、證明著和闡釋著。象徵的過程是在其聯接方式中起作用的。

　　巴爾特投射到幾乎是非個人性的寫作實踐上的光亮避免了意義的躲閃 (它的黑暗一側，與匿名性的炫耀一致) 和歷史的神秘主宰，即「形式」的事件序列，它伴隨著時間中的基礎與上層結構的序列。這樣一種符號學的理性之光不考慮主體消失爲荒謬，消失爲無意義。這種唯理主義旣不承認作爲詩的否定性，又不承認作爲運動的客觀性。

　　這種使符號學的和倫理的話語充滿活力的理解之光把詩人甩到一邊，「他聽見的是並不理解的語言」(勃朗肖)。是否這是因爲，如黑格

---

⑨「從直接性中產生的第一種考慮是主體自身與其本質的區別過程。」——黑格爾：《精神現象學》，英文版，麥克米倫公司，1949 年，第 804 頁。

爾會說的，詩的作品被抽出了倫理的實體呢？是否在這種作品中任何
固定的明確性都被無意識所吸收，在這裡任何（語言的或主體的）實
體都是流動性的和耀眼的，像被用乾的一種墨水呢？是否在這種作品
中主體在多重意義的外表下並不是「空的」，而是一種「主體的剩餘」，
它通過荒謬性而超過了主體，一種象徵的形式程序與荒謬性相對，其
作用是去確定意義和主體呢？面對著這種彌漫著詩的剩餘的形式之
夜，面對著這種未由語言的主體主人照亮的夜的形式，巴爾特的光亮
失效了。從主體在非個人性與母性之「人」中的黑暗顯現裡，它只保
持了經典的系統性，但未保持住被壓制的詩的鬥爭強度；只保持了被
多元化了的支配作用，而未保持進行多元化的否定性。類似地，作為
連續序列的歷史被分割為人的經驗。歷史只被概略地敍述，它被充滿
了欲望之流中的諸原子所取代，這些欲望可通過它們口頭的(富立葉)
或針對客體的（薩拉辛）連接物被讀解。這些原子出現在它們各自的
時間中，但却是一種不流動的時間，這種時間把諸原子帶來或帶走，
却並不傳遞它們，並不結合它們，並不弄空它們，而只是進一步使它
們充實。於是（眞實的或文學的歷史就是巴爾特在其有關米歇萊的論
述中稱作一種「熱誠的歷史」的東西，這是對社會或文學系統中嚴格
的立法機制的一種軟化作用，一種巴爾特在米歇萊著作中看到的親密
性的補充物，它具有著那種「孕育著雙性群衆的德性」的形式（《米歇
萊論米歇萊》。第 53 頁）。通過理解的篩選，時間和運動爲「個性」或「話
語」所體現，這就是一種撒滿了無時間的「型式」的歷史性，「在這裡
不再有延續性，一分鐘和一個世紀相當），或再準確些說：「不再有世
紀、年代、月份、日期、小時……。時間不再存在，時間消失了」（同
上書，第 55 頁）。
　　但是這種逃脫了符號學理解之光的夜與運動的附加物，將由批評
家的寫作在語言本文織體之內產生出來，本文織體可產生光亮並融入

寫作，使其陰暗和染上色澤。

(7)作爲否定性的語言：死亡與反諷

因此，語言在被抽乾了實體和觀念性之後，變成爲主體與客體之間以及象徵與眞實之間的分界域。它被理解爲物質的界限，上述兩個方面按此界限彼此辯證地構成對方：「語言作爲可能性的最初界限否定地發揮作用。」(《寫作的零度》，第 13 頁)

在「結構主義」內部，巴爾特大槪是第一位把語言看作否定性的，這與其說是由於哲學的選擇，不如說是由於他的研究對象之故。對他來說，文學是語言過程特有的否定性的經驗和證明：「作家就是對他來說語言成爲一個問題之人，他體驗著它的深度，而不是體驗著它的工具性或美感。」(《批評與眞實》，第 46 頁)。寫作在經驗著這種否定性的歷程時，成爲爭執、斷裂、逃避和反諷。在寫作之內，否定性對語言的統一性和對這種統一性的動因起作用。寫作在和主體一同工作時，打破了個體的主人的、偶然性的、表面性的再現因素，使後者成爲一種無機的自然⑩，一種被分割成分的粉碎過程。「在資產階級意識形態之外不存在語言場。……唯一可能的反駁旣不是對抗也不是摧毀，而只是偷竊；把文化、科學、文學中舊的本文加以分割，並按照僞裝的程式改變其特性」；寫作能夠「超過一個社會、一種意識形態、一種哲學爲它們自身建立的法則，這些法則建立的目的是要在歷史可理解性的洶濤中使上述幾個方面彼此一致。」(《薩得，富立葉，羅約拉》，第 10 頁)。

但是這種否定性達到了一種肯定性的邊緣，因爲它在語言和主體的內部起作用。意指的物質性通過遵循那些也涉及到身體的和歷史的

---

⑩同上書，第 315 頁。

物質性的嚴格而抽象的法則，阻止了絕對否定性的運動，後者可能借助一種否定的神學而只存在於所指內。在寫作中否定性被表述著。新的意指過程歡迎否定性，以便把語言重新塑造爲一種普遍性的、國際性的和超歷史的寫作語言。巴爾特選擇的作家是分類家、代碼和語言的發明家、圖志學家、多面手。他們列舉，計數、綜合、連結、表述他們是新語言的建築師。這至少就是巴爾特在從《寫作的零度》、《S／Z》直到《薩得、富立葉、羅約拉》一系列作品中探索的軸線，他在他們的寫作的「血肉」中穿進穿出，以便發現新語言的新綜合結果。

　　對於批評家來說，他觸及並越過了語言中的這種意義破壞作用，所依靠的僅只是語言的和（或）自我指示性的傳遞軸。但是批評性寫作的表述程序必須與作家的表述程序區分。在文學批評中，寫作程序作用的否定性被一種肯定性加以把握。它最終被一種意義所阻扼，這種意義清楚地揭示了批評家的寫作是完全被他人的話語所引發、維持和決定的。這就是說，它在傳遞關係的辯證法中起作用。「雖然我們不知道讀者如何對一本書說話，批評家本人則必須生產一種特殊的『語調』；而這種語調歸根結蒂只能是肯定性的。」（《批評和眞實》，第78頁）。批評家「公開冒險試圖把一種精確的意義給予一部作品。」（同上書，第56頁）批評家不可能把「自我」融入產生著多面手的那種快速運行、自我調節的無機自然，但他仍然鎖接在他的儲備著多義性並認可它們的「我」之上的。「批評家就是那種不能產生小說中的『他』的人，但他也不可能把『我』拋回純粹的私生活中去，就是說，他不能放棄寫作。還是一種找的失語症，雖然他的語言中的其餘部分仍然是完整的，但卻以無限的曲折性爲標誌，這種曲折性（正如在失語症中一樣）是某一特殊記號的經常阻塞硬加於言語的」（同上書，第17頁）。他通過一種絕對同音異義過程，從他的混濁不清的「我」開始，然後移向某一他者的寫作，之後又回到這同一個「我」，它在此過程中變成

了語言：批評家「面對著⋯⋯他自己的語言」；「在文學批評中必定與主體對立的不是對象，而是對象的屬性。」（同上書，第 69 頁）；「象徵必須尋找象徵」（同上書，第 73 頁）。

因此，批評家使自己捲入語言這個否定的操作程序，並通過他者的中介從書寫的否定性中保持了一種弱化的但持續存在的效果。作家的死的衝動變成了批評家的反諷，因爲每當一種倏忽即逝的意義爲這樣一位讀者凝結起來時，就產生著反諷。弗洛伊德在《笑話與其對無意識的關係》一書中正是指出笑的這種機制。它是一種具有在意思和無意思之間兩種意義的釋放行爲。爲了使其發生，一種意義的類似物必須在轉瞬即逝的片刻出現。批評家的任務正在於在一片否定性的汪洋大海中去凝聚一個意義的小島，看來沒有什麼比這件事更滑稽的了。因而在巴爾特看來，批評家可能「發展了科學中正好欠缺的東西，它可以總括在一個詞裡：「反諷」；「反諷不過是由語言向語言提出的一個問題」（《批評與眞實》，第 74 頁）。肯定其我而並非放棄其我的批評家，利用反諷手法參與著書寫程序，這種反諷只構成了此程序中（眾多因素中）的一個因素。因爲拉伯雷、斯威夫特、勞特雷蒙和喬埃思是反諷式的，當我們把他們假定爲（或者當他們把自己假定爲）選擇一種意義的主體時，這種意義永遠是古老的，已經過時的，旣可笑又飄忽不定的。

⑻否定性的客觀化

旣然語言即是否定性，它是一種超出其主體中心並包含著構成客體的擴大的中心的運動，它是順從（甚至在其否定的活動性中）法則的。寫作或許是其他法則的書寫活動，雖然它們不可能與象徵功能中固有的否定性規則分離。當巴爾特談到「形式眞理」、「等式」、「必要性」、甚至「法則」時，就指的是這些法則。「人是被其語言顯示和表

達的，是被超越其謊言範圍的一種形式現實所揭示的，不論這些謊言的產生是出於自私還是慷慨。」(《寫作的零度》，第 81 頁)。「如果寫作眞的是中立的，而且如果語言不是一種麻煩的和固執的行爲，而是達到了一種純等式狀態，後者不過像一個代數式一樣明確，當它與人的最內在部分相接觸時，那麼文學就消失了」(同上書，第 78 頁)；「語言的社會的或神話的性質被取消了，以有利於一種中立的和惰性的形式狀態」(同上書，第 77 頁)；「如果福樓拜的寫作中秘藏著一個法則，如果馬拉美的寫作假定著一種沉默，而且如果其他人的寫作，如普魯斯特、塞林、奎諾、普雷維爾的寫作都以各自的方式建立在一種社會性自然的存在上，如果所有這些寫作方式都含蘊著一種形式的不透明性，並以一種語言和社會的問題爲前提，從而把言語確定爲一種對象，它必須在手藝匠、巫師或雕刻家的手中接受安排」(同上書同一頁，一切著重號爲我所加)。

(9)辯證的法則，書寫的法則：現實的寫作

寫作的實踐成爲區分和聯合由風格證實的主觀性的分水嶺(「從一種亞語言出發，它被形成於肉體和外在現實結合之處」(同上書，第 11 頁)，這是通過被社會歷史所代表的客觀性實現的。於是寫作被看作是一種「自在」和「自爲」的整體。比個人語言的否定的統一性更明確，它否定了它。比一個本身什麼也不是的外在客體更準確，它規定了它，正是通過借助否定性語言返回單個說話的人的途徑。簡言之，它使人返回他者，後者既不是主觀性個人又不是外在的客體，它是黑格爾的「自我運動」本身，並提供著法則的成分：「這個激勵原則的確定性就是區別，如果概念本身是法則的話。」⑪

---

⑪黑格爾：《小邏輯》，英文版，人文學出版社，1969 年，第 725 頁。

　　雖然對巴爾特來說，寫作所書寫的法則是辯證法的，它却不是黑格爾式的。我們記得，黑格爾說過「作為不穩定顯相的穩定預感或圖畫的法則」⑫，必定使本身掌握無限性，以便削平物自身固有的這個區別和使其本身與現象保持一致。為此，在第一階段，「理解就認識到，它是一個在顯相領域內為將要發生的不是區別的區別的法則。換句話說，它認識到，自我同一(Gleichnamige)的東西即自我排斥的東西……」⑬。在第二階段，並在一段準確的過程之後，一個反轉的世界(可感世界的自在)被假定著，並始終出現於可感的世界中。這樣一種逆反的辯證法通向了黑格爾的無限性，後者由於自我同一性而存於再現作用之外。⑭

　　寫作確立了另一種合法性。寫作不是由理解的主體所支持，而是由一個被劃分的主體，甚至是一個被多元化的主體所支持，它不是佔有一個陳述作用的位置，而是佔有可轉換的、多重的和可動的位置。因此它在一個同音異義的空間內把現象的命名（現象進入象徵法則）

---

⑫黑格爾：《精神現象學》：第195頁。

⑬同上書，第202頁。

⑭「這個絕對的區別概念，必須純粹作為內在的區分、對作為自我同一的自我同一的自我排斥、以及作為非相似的非相似的相似性，加以說明和把握。我們必須思考純流動，對立本身中的對立或矛盾。因為在作為一種內在區分的區分內，對立面不只是兩個因素之一（如果是這樣的話，它就不是一個對立面，而是一個純存在物了），它是一個對立面的對立面，或者說他本身直接地和立即地出現於它的內部。無疑我使對立面和作為此對立面的對立面的他者區別開來；這就是說，我使此對立面在一側，按其本身來把握，不考慮他者。然而正因如此，我完全按其本身把握此對立面，它就是它本身自我的對立面，就是說它實際上直接將他者納入它自身之中。因此作為顛倒世界的超感覺世界同時超越了他者的世界並在本身之內擁有了他者；它是自我意識到了被顛倒(für slch verkehrte)，即它是它自身的被顛倒的形式；它是那個在單一統一體中的世界本身和其對立面。只有這樣，它才是作為內在區別的區別，或區別本身；換言之，只有這樣，它才具有無限的形式。」同上書，第206—207頁。

和這些名稱的否定（語音的、語義的和句法的破壞）結合起來。這種補充的否定（派生的否定、對同名性否定之否定）離開了齊一性的意義空間（命名的、或者「象徵的」空間），並且無「想像的」中介地移向超越其自身的生物──社會「基礎」，移向不能被象徵化之物（我們可以說，朝向「現實」）。

換言之，寫作的異主性的(heteronomical)否定性，一方面在理解（意義）的主體所實行的命名（話語和陳述）和多名性(polynomia)之間起作用，多名性即意義通過穿越無意思和顯示主體壓抑的各種手段（多語式、多義式等）而繁衍。《寫作的零度》用「寫作」這個詞來表示這種異主性類型；《S／Z》分析了該本文中命名與多名性，主體與其消失之間的矛盾。但同時在另一方面，異主性的否定性在多名性及其本能的性能(instinctual cathexis)之間起作用。多名性是生物秩序和社會秩序的指示或意符(ideogram)。它是身體的一種非象徵性的記憶。在《寫作的零度》中，它就是表示包含在寫作中的這種異主性的風格。的確，「作為一種參照架的風格是生物學性質的或傳記性質的……，與社會無關的和對社會透明的，它是一個封閉的個人過程……。一種在肉體和外界現實會聚處發展起來的亞語言」（《寫作的零度》，第 11 頁）；「它的秘密是鎖在一位作家身體內的記憶」（同上書，第 12 頁）。「由於其生物學的根源，風格是存於藝術之外的，即存於把作家與社會結合在一起的契約之外的」（同上書，第 12 頁，著重號為我所加）。巴爾特對富立葉和薩得的研究暗示了展向這種生物──身體性的、超象徵性的和超歷史的性能的可能性。

在這兩個方面（命名與多名性之間的矛盾和象徵性與非象徵性化之間的矛盾），書寫的異主性並未在兩種「同一」之間起作用，這兩種同一彼此排斥或融為一個統一體。於是它也避免了黑格爾的和後黑格爾的「美學宗教」。它絕不是從零產生，但沒有一個根源，它包含著一

種生產作用。「沒有根源」意味著，它是對一種第一層原初意義的　疊加意義或一種壓制，在巴爾特看來，這種原初意義永遠是一種中立　的象徵，一種無標記的代碼，一種未書寫的語言，一種空虛的意義。「它包含著一種生產」意味著，多名性的疊加意義（對第一種的，以及當一切說出和做完之後，虛無的意義的壓制）可在語言中辨識，它是一種象徵性「空虛」的超性能，其形成是由於一種生物與社會的，以及本能的基礎，後者又是通過第一層象徵作用（通過天然語言）而保持完整的，因此在某種意義上是在它之前的，這樣人們可以通過「初級過程」的、「能指邏輯」的相互作用來考察書寫行為，並穿越一個脫離書本的、戲劇化的主體的語言。因此對文學來說，語言似乎是「按照自然秩序的方式統一起來的全體歷史」（《寫作的零度》，第 10 頁）。「因此一種語言在文學的內側的風格幾乎超越了它。」（同上）；「另外一種寫作概念是可能的，它既不是裝飾性的又不是工具性的，總之是次要的而非主要的，是在它所穿越的人之前的，而人是如許多書寫現象的奠定者」（《薩得、富里葉、羅約拉》，第 40 頁）。

　　顯然，寫作中的命名及其否定對異質性的系列起作用，並使（被第一層否定——象徵作用所規定的）一個同名性(homonomic)意義的整體分裂，以便重新導致在現實與象徵的向後，在事實之後二者之間的主體生產作用。這樣就提出了一種寫作理論的條件。符號學可以是這類話語，如果它通過確認意義的異主性而從語言學開始，並進而與精神分析學和歷史交遇的話，因此性的名稱（「符號學」）關係甚小。

　　這條路徑已標誌清楚，寫作沿此路徑把被「命名的」、「現象」以不同方式組織入一種新立法程序中。它似乎要否認黑格爾的現象和法則，因為它與「第一次」命名發生衝突，後者是法的域領。本文，作為另一個名稱（一個假名）、一個反名和代名，「斜穿過各個話語以及『體裁』」。它只借助於分析陳述在語言成分中的位置來影響「文學史」

的回憶。巴爾特的第一次研究，記錄了寫作中陳述空間的多重性，他所依靠的是本維尼斯特對語言中主體的語言學分析，這一研究的對象就是菲里普‧索萊爾的小說《戲劇》（「戲劇、詩、小說」）⑮。在這裡，人稱代詞的戲劇揭示了在寫作的格架中被多元化的主體的行徑。寫作的「多重主體」既非抒情性的「我」、儀式性的「你」，也非史詩的、（或更散文化的）小說式的「他」，這個主體同時穿越過這三種話語動因的場所，引起了它們的衝突，並承受了它們不同的顯現。

　　既然寫作把「主體」破裂爲多重行爲者，破碎爲「話語」和「歷史」內意義保持和喪失的諸可能位置，它書寫的就不是根源性的父法，而是其他的法則，它們可以從這些代詞式的、超名詞的動因開始，以不同方式陳述自己。它的合法性是非法的、矛盾的、同形異義的；相對於黑格爾的法來說是異主性的，它與一致性和原初性抗爭著。雖然人們可以在寫作中看到一種運動，它似乎使人想起壓縮現象的概念辯證法和反轉的無限性，但書寫的邏輯是特別使其在一個被分割的空間內產生的，這個空間轉變了唯心主義的模式。寫作向閱讀行爲提供著一種非象徵性的「現象」，後者是無名稱的，因爲它是「實在的」，而且其新穎性是由於從象徵的、統一化的事例中產生的無限性。一種命名過程被這種使現實象徵化的不可能性所取代，然而其轉換作用和未來使它們能被書寫（例如以代名詞的方式）。

⑽再現作用的復歸

　　同樣也是在離開整體化的同音異義關係時，書寫法則不是假定著對再現的超越，而是假定著對它的滲入和更新。就這些法則是通過和透過陳述過程而言，後者產生於由脫離書的主體佔據的意義的多重的

⑮太凱爾：《整體理論》，法文版，色伊出版社，1968 年，第 25—39 頁。

和不能命名的位置,而且就它們把這些陳述與其動因結合在一起而言,它們解放了由這些陳述的主體產生的新再現作用。這種對「在過程中」的世界的新再現, 說明了對理解的一個主體的型式的壓制 (一種新的象徵對應著由欲望組織的本能衝動所連接的那種新圖志),也說明了對意識形態、習慣和社會規則的強烈批評 (寫作按其內在邏輯,否定了通過和透過對現存世界的否定而得到的新世界)。

對於符號學的元語言而言, 這種新的再現似乎是一種「双重編碼」⑯,似乎是服從「外在的」或補充的法則的語言的再分配。它表現爲單純的名詞性的否定, 因而也就是表現爲一種同音異義的否定, 使名稱被置於自身之外, 使其成爲其他複數化的名稱。但是, 文學先鋒派從這種否定中所把握的東西, 是存於命名本身之外的;它不再是語言, 或者只是隱喩地成爲語言, 因爲有關的東西乃是材料, 後者 (通過衝動) 在每一寫作中, 按照一種特殊的型式, 完成著一個永遠在變化過程中的句子。⑰

這就使重複有了理由。雖然我們可以在巴爾特的作品中發現與辯證原則、與先鋒派活動的奇異表現、以及與一種當代文學理論方案的基礎有類似之處, 這主要因爲我們是根據今日所寫的東西來讀解它們的。我們使用的術語, 我們研究巴爾特時面臨的問題, 都是由這類先鋒派活動引起的; 先鋒派的史詩般的節奏, 通過以新的方式把一種其破壞性影響被人們忽略了的批評傳統 (拉伯雷、喬埃思) 與本世紀先鋒派的形式經驗、與對正在衰微的語言和社會秩序的反叛加以綜合, 就瓦解了虛幻的社會神話學。

面對著這個本文時,而且如果我們接受巴爾特倫理設想的必要性,

---

⑯ I. 福納吉:「言語中的双重編碼」, 載《符號學》, 1971 年, 第 3(3)卷, 第 189—222 頁。
⑰有關在主體相對於去勢作用的準確位置所控制的獨一性本文中, 本能衝動通過語言的書寫活動的主體問題, 參見P.索萊爾:「物質及其語句」, 載《批評》, 1971 年 7 月號。

問題就仍然存在著：我們如何構成一個新異質性的有意指作用的身體，對於這個身體，文學，以及更明顯地，這種讓我們以新的和不同的方式來讀解的新「文學」，可以不再只是一個「對象」呢？沒有任何其他人的著作，可像巴爾特的著作這樣展示一條解答這個問題的研究途徑。

3. 科學和文學批評：音樂

「批評家」和「學者」的話語，取代了一般被看作軟弱無力的元語言，這些話語開始分化和結合，以詳細說明寫作立法的異主性。

「學者」在超再現性的和超主體性的齊一系統內描述著否定性：他的話語發現了一種被破壞的、被多數化了的意義的語言程式，它是作爲一種異主性程序的條件，或準確些說，作爲其標誌的。「一般話語的對象不是某特殊意義，而是作品意義的多重性」(《批評與眞實》，第56頁)；「內容之條件的科學即形式之科學：將與其有關的東西是被產生的，而且從某種意義上說，是可被作品本身產生的意義的改變。它將不解釋象徵符號，而只解釋其多義性，總之，其對象將不再是一部作品的充分意義，正相反，它將是支托全體意義的空的意義。」(同上書，第57頁)；「我們將不對作爲一種不變秩序的，而是作爲一種龐大『運作』性安排踪迹的可能意義全體進行分類……這種安排從作者擴大到了社會。」(同上書，第58頁)。

對「批評家」而言，他承擔了指出異主性的任務。怎樣進行的呢？通過話語中陳述的出現，通過引入主語的動因，通過採取被其「我」、因而也就是被其讀者的「我」所決定的一種再現性的、局部化的、偶然的言語。他在以自己的名字對某一他者說話時，引出了欲望：「在寫作內存在的一切欲望……都是清楚的」(《批評和眞實》，第33頁)；我們應當要求批評家「使我相信你說話的決定」(同上書，第75頁)；「從閱

讀移向批評就是在改變欲望；不再是去欲望作品，而是去欲望某人自己的語言」(同上書，第 79 頁)；「作品被重要的虛構的寫作活動所交叉，在此寫作中，人性在嘗試其各種意指作用，即其各種欲望。」(同上書，第 61 頁)；「除了某種欲望外，在文學作品中不存在任何其他主要的所指項(significicutum)：寫作就是一種愛欲(Eros)，」(《批評文集》，第 16 頁)；「同樣的寫作：在分類中同樣的感官快樂，同樣的對切分的熱望……同樣的對列舉的迷戀……同樣的形象實踐……同樣的對社會系統的色情的和幻想的塑造」(《薩得、富立葉、羅約拉》，第 3 頁)；「描述的熱情被轉爲精神運用的熱情」(同上書，第 70 頁)；「語言的能量(其運用是一種典型的藝術效果)是一種形式，而且是世界欲望的形式本身」(同上書，第 68 頁)。「對於這樣一種以欲望爲其目的想像(而且人們希望符號學的分析會大量指出這一點) 的值得注意之點是，其實體是基本上可理解的；一個名字會促進欲望，一個對象則不會；意義會促進一種銷售，一種夢境則不會」(《時裝系統》，第 10 頁)。

　　應該破譯的網絡似乎分裂爲二。欲望，在這裡主體被捲入了 (身體和歷史)，以及象徵秩序、理性、可理解性。批評的知識結合了和統一了它們彼此之間的纏結關係。

(1)作爲異質性標誌的欲望

　　欲望使能指呈現爲異質性的，反過來又通過能指來顯示異質性。因此，假定主體是經由其欲望而與能指相聯，就是說，主體通過能指而達到了象徵表現未闡明的東西，即使他對其進行了解釋：如將其看成本能衝動，歷史矛盾。

　　因而我們可以理解，巴爾特的作品爲什麼不只是對文學本文的科學法則的解釋。他的文學知識之所以是可貴的，正因爲它把作爲「現實的」異質性標誌的能指中的欲望侵入，聯接到科學所標點的「一種

龐大操作性程序的踪迹上去」。或許人們可以假定，對巴爾特來說，「欲望」似乎是意指著相對於符號表現的異質性成分的識別，這是一種物質性矛盾的空間，在這裡「他者」是主體的另一個型式，兩性的另一種實踐。因此，在語言和寫作之間存在著「欲望」，但是在寫作和批評知識之間也存著欲望。因此並未形成一個由若干重疊的元語言組成的等級系統，而是形成一個由若干自由意指程序組成的流動系統，這個系統是靈活的，處於始終創生的狀態之中。「愛特羅斯」作為揭示者的這個欲望，不只是一種愛欲的方式，這種方式後來發現了自己的絕對的說明。它同時也是使知識與真理過程結合起來的巴爾特的審慎細心的標誌。這種審慎細心的道德含義被抹消了，如果我們承認，對有關陳述主體科學的中性真理的這種侵入，並未使此真理失效，而是引起人們對其運作程序，對其客觀生成作用的注意。在「人文科學」中一切偉大學者 (從本維尼斯特到列維-斯特勞斯) 的陳述，即多半是立法性的並喪失了任何一種主體的那類陳述，表明已被這種「謙遜」所沾染，並被「寫作」所影響。

在這樣一種方法之內，陳述的理論基礎的單一性同寫作的異主性發展發生了矛盾。作為一種證明類型的「模式」本身，陷入於這一矛盾之中。它的可理解性在從語言學中抽出以後，例如按照所考察的對象 (一個神話，一首詩或小說) 被取得，因而被轉變之後，就不只是存在於純科學或任何其他系統性的規則之內，它根據後者以便賦予元語言以一致性和賦予其對象以意義，這樣一種模式所是的形式網絡，只能是這套本文全體的外側面，其內側面是由非象徵的「剩餘物」構成的，這種形式網絡只有在欲望的否定性中才可理解。沒有後者，模式就不會觸及意指運作程序的同音異義性以外的客觀性，這正是巴爾特的批評知識建議我們去研究的。

(2)作爲一種目標的欲望

巴爾特寫道：「似眞性的批評家，通常選擇字面意義的代碼」，而新批評則「把其描述的客觀性建立在描述的一致性之上」(《批評與眞實》，第 20 頁)。

主體的欲望把主體同能指聯繫在一起，它通過這個能指獲得了一個目標，個人以外的價值，自在的虛空，他者，儘管如此却仍然是(如同它在科學中的情形一樣) 一個主體的欲望。這種現象只發生在文學中。寫作正是這種「自發的運動」，它把對一個能指的欲望的陳述變爲客觀的法則，因爲特殊的寫作主體是「自在和自爲」，不是區分的位置，而是在將區分克服之後所獲得的運動的位置。因此，它是這樣的位置，在這裡主觀與客觀的區別證明是無效的，在其被抹消之處，它似乎就依賴於意識形態了。因爲弗洛伊德在主體中，注意到了對能指的欲望未能獲得客觀價值，我們就可以得出結論說，文學實踐不存在於由精神分析學所探討的領域內。

巴爾特的研究，不是對這種「欲望成爲目標」現象怎樣在文學本文內發生的研究。他在把文學揭示爲一種可能的科學時，現身說法地爲這樣一門嚴格的科學研究舖平了道路。他自己的工作闡明，文學的特殊性存在於去意指非象徵物和不可象徵物 (主體在其中凝合) 的這種欲望和在歷史中被確認的客觀性這二者間的過渡之中。

這是一種根本性的發現，對此，任何文學史、美學或風格學都不可能想像到，如果它們仍囿於彼此分割的狀態的話。此外，在 (欲望和客觀性的) 每一側面上，巴爾特都在追求不可能以圖式化形式掌握和驗證的東西，不論是規則性、代碼、程式、必然性還是代數學，簡言之，就是符號學。但是我們絕不應忘記，巴爾特的符號學圖譜中的這些頂峰是從一個基礎上拔起的，這個基礎不能加以公式化，它可被

概括爲兩個詞：欲望和歷史。因此，巴爾扎克、薩得和羅約拉都可在一個符號學圖式中被理解，這個圖式概括了他們的寫作的合乎規則的客觀性，它滲透進生物學的主體和描述的歷史之中。但同時，這些規則中的每一個都依賴於身體的、生物學的、生機的和歷史的因素。經驗的、不可控制的、無規則的、偶然的對象從此圖式以外的來源出現，前者支持著後者，使後者浮動，並產生著後者。巴爾特發現的特殊意義，正在於規則性與不可分類的客體多樣性之間的這種結合之中，即統一性與多元性的結合，即對客觀性同時加上客體的主觀欲望的一種渴望。巴爾特教導我們，從文學實踐內部進行闡述的法則，永遠顯示了這種二重性，這種非對稱性和這種辯證法。他發現這些法則正是本文的基本原則，正如我們已指出的，它們構成了他自己的行進之規。

(3)法則(Laws)與規則(Rules)

表面上，從巴爾特的本文分析內部開始產生的東西，就是對一種辯證的法則概念的粗略草圖。他爲意指系統擬制的這些法則，並不具有支配著一種形式的、邏輯的程序的規則(rules)的意義；但它們的確傳達了有關在寫作使其成爲目標的兩個層次（象徵與實現，主體與歷史）之間的一種辯證法，一種「運動」或一種「界限」的「精確性」（這些都是巴爾特的用語）的含義。巴爾特的符號學法則，描繪了主觀性穿過歷史和在意指本文網絡（語言、形象等）內形成的客觀化作用。因此，我們可以理解，巴爾特的符號學不是一種形式化工作；他的如此激怒語言純正癖者的表述方式都存在於這種辯證法則秩序的領域中。

這種理論態度，使巴爾特能夠逡巡於精神分析學的邊緣，不至於在論述寫作問題時犯錯誤。在他的寫作中，他的文學知識、他對文學的理解，都佔據著一種無意識理論及其在寫作中的作用的位置。但是

巴爾特有關「寫作」的概念和實踐，即作為代替「文學」的一個概念和作為一種程序的寫作，並不是與弗洛伊德的發現無涉。「客觀的」他者的自在和自為，否定著和決定著「主觀的」因素，它是在語言之內起作用並遵循著一定法則的；指出這一點將足以為精神分析法則和辯證法則確立共同的基礎了。

然而對巴爾特來說，這一立場與其說證明是一種理論的場所，不如說是一種有關寫作的「實踐知識」。

(4)音樂

對一段本文的讀解無疑是理論發展的第一階段。其概念支承面被減弱了的一種讀解，是下述問題的領域：讀解主體的欲望，他的衝動、性、對音樂網絡的注意、句式的節奏、使主體重新獲得一種感情的特殊義素，快樂，笑等等，不斷豐富、發展和繁衍著的最富「經驗性」的一種事件或讀解。讀解的我的身分在這裡失去了，被原子化了；這是一段享樂的時間，在這裡人們在另一個本文下，在其他者下發現了一段本文。這種罕有的能力正是論述「科學」和「批評」分界線的巴爾特著作產生的條作（巴爾特或許是唯一一位能理解其研究者的人）。「本文是一個快樂的對象」（《薩得、富立葉、羅約拉》，第7頁）；「問題在於，把從我們欣賞的本文中產生的不可理解的『程式』的諸片段引入日常生活」（同上）。

同時，一種規則性已經出現，它把這些原子聚攏：一個架構展示了欣快，並「使快樂、幸福、交流都依賴於一種穩定的秩序，或者更大膽地說，一種聯結詞。」（《薩得、富立葉、羅約拉》，第3頁）。一種和聲在我們周圍組織了聲音。「我」不是去讀解之人，規則性、構架、和聲的非個人性時間，抓住了為去讀解而被分散了的「我」。於是你在讀解時，正如你在聆聽音樂時一樣：「批評話語的度量是其精確性。正像

在音樂中一樣……。」(《批評與真實》，第72頁。)在我們達到說明性話語之前還剩下最後一步。我們必須通過發現一種代碼來找到去交流這一音樂的方式，同時允許已被說的東西和未被說的東西任意地飄浮。

⑸外在的括入

在這裡巴爾特的目標是攫獲形成音樂、產生寫作的欲望的法則。但同時，也是去體驗一位讀解者的欲望，去發現此欲望的代碼和將其記錄下來。因此元語言並未解決一切問題。理論話語並不是被拋棄的主體的話語，而是這樣一位主體的話語，他探索著其欲望的法則，並在浸入能指和拋棄其未知身分（理論話語非此非彼）之間起著鉸接器的作用。其新穎性是在一個前置詞的不同用法中被度量的。他並不說關於(about)文學的話，而是對(to)文學說話，猶如對其作為激發者的他者說話一樣。由於這種不同的前置詞用法，巴爾特的話語就存在於學者的有限制的話語之外，並促使他採取作為一種客觀必要性的「行話」：「『行話』是想像的產品（它像想像一樣引起震驚），是對隱喻性語言的接近，這種語言是思想的話語有朝一日所必須的」(《批評與真實》，第34頁，)；「『行話』是他者的語言；他者（但不是其他人們）即非自我者；由此而產生了其語言的試探性。」(同上書，第31頁)。但是客觀性又在何處呢？我們有什麼樣的「保證」來反對那種「歪曲」「對象」本身的、即文學本文的真理的欲望可能性呢？

這種話語的辯證客觀來自其「真理」，在一種外在於其「對象」的一種括入運作中構成著自身。其真理就在於產生這種括入運動（與經典科學的排除程序正好相反），後者假定著和超過了其主觀的中心（它在科學中被拋棄了，在意識形態中被人格化了），其方法是通過關注一種被認識的和永遠作為在認識性話語之外的（異質於認知性話語的）區分（寫作），同時揭示著由此話語所表述的辯證法則。這片知識

的新大陸，觸及了意識形態、宗教和「藝術」，這樣它就在其對象中通過一個外在的括入程序表述了自身。

由巴爾特所預見的這種對文學可能的理解，通過巴爾特所說的「批評的」作用，即借助於它所闡明和使其相互作用的欲望與異主性，具有一種科學無法得到的知識。它使認知主體捲入對語言的一種分析關係之中，捲入對徵象和其主體的不斷的質問，它以一種在哲學上毫不鬆懈的永久奮爭態度來這樣做。這樣一種話語宣布了似乎為一種最終意識形態更新所需要的東西：主體的覺醒。

這種覺醒出現的同時，使「現實」象徵化的能指的欲望也開始起作用，這個現實陷入了主體的過去，或者對社會來說它是可疑的了。與此同時也展現出同音異義的主體的欄柵，這個進行整體化的和被拋棄的主體對積極的、身體的和社會的物質性加以質問。這種同時性在文學中，特別在當代先鋒派的文學中被完成了。的確，因此之故，這樣一種文學才會在當前產生功效。

今日文學能完成什麼任務呢？這個倫理學的和政治的問題，永遠出現在新聞界和學術界傳聞添加於先鋒派的形式主義外表中。文學能完成什麼呢？也許沒有人知道，然而人們必須給出一個回答，如果他不想放棄時間的話：在其中形成著本文的歷史時間以及微觀時間這個「他者」。一個回答是：從何處？何時？巴爾特的工作和他倡導的文學批評趨勢（它仍然推動著他）也許是這樣一種徵兆，他指出，這種寫作力量在我們時代和按照歷史的必然性，穿透了一切並不逃避其主題性的話語：「知識」，「政治」，以及一般而言任何擁有意義的藝術。對巴爾特來說，有關這種寫作的可能知識的構成是一種深刻的社會變化的徵兆，「其重要性和所涉及的同樣問題，有如那種標誌著從中世紀向文藝復興過渡時的徵兆。」（《批評與真實》，第 84 頁）。

外中人名
對照表

外中人名對照表

Aragon, L.	阿拉貢
Balzac, H.	巴爾札克
Barres, M.	巴勒
Baruzi, J.	巴魯吉
Baudelaire, C.	波德萊爾
Belevitch, V.	貝勒維奇
Benveniste, E.	本維尼斯特
Blanchot, M.	布朗肖
Borgeaud	波爾果
Braudel, F.	布勞戴爾
Breton, A.	布雷通
Brocker	布洛克爾
Brondal, V.	布龍達爾
Buyssens, E.	布依森
Camus, A.	加繆
Cantineau	康提紐
Cayrol, J.	凱洛爾
Celine, L.	塞林
Char, R.	沙爾
Charlier, J.	沙利爾
Chateaubriand, F.	夏多布里昂

Jakobson, R.	雅克布遜
Jung, C.	雍格
Kafka, F.	卡夫卡
Kierkegaard, S.	克爾凱戈爾
Kristeva, J.	克莉思蒂娃
Laclos, P.	拉克羅
Laplanche, J.	拉普朗施
Lautreamont, I.	勞特雷蒙
Leclaire, S.	列克萊爾
Lemaitre, J.	勒麥特
Levi-Strauss, Cl.	列維—斯特勞斯
Lohmann	羅曼
Loti, T.	羅梯
Louys, P.	盧玉斯
Madelbrot, B.	曼德布洛特
Mallarme, S.	馬拉美
Mann, T.	托馬斯·曼
Martinet, A.	馬丁內
Matore	馬托里
Maupassant, G.	莫泊桑
Merleau-Ponty, M.	梅羅—龐蒂
Merimee, P.	梅里美
Michelet, J.	米歇萊
Moliere, J.	莫里埃
Monnier, H.	蒙尼埃
Mon aigne, M.	蒙田

Vauvenargues, L.	瓦渥納爾格
Voltaire, F.	伏爾泰
Wallon, H.	瓦隆
Wartburg, W.	瓦特伯格
Zipf	吉普夫
Zola, E.	左拉

近代思想圖書館系列⑤

寫作的零度
——結構主義文學理論論文選

原　著——羅蘭·巴爾特

譯　者——李幼蒸

發行人——臧遠侯

出版者——時報文化出版企業有限公司
台北市10909和平西路三段240號四樓
發行專線——(○二)三○六八四二
讀者服務專線——(○二)三○二四○九四
(如果您對本書品質與服務有任何不滿意的地方，請打這支電話。)
郵撥——○一○三八五四～○時報出版公司
信箱——台北郵政七九～九九信箱

主編——孟樊

責任編輯——李灄美

校對——閻富萍·林玉琴

排版——正豐電腦排版有限公司

製版——源耕印刷有限公司

印刷——華展彩色印刷有限公司

初版一刷——中華民國八○年二月五日

定價——新台幣二○○元

◎行政院新聞局局版台業字第○二二四號
版權所有　翻印必究
(缺頁或破損的書，請寄回更換)

ISBN 957-13-0230-9